风险视角下
电子产品闭环供应链
风险评价及定价决策

FENGXIAN SHIJIAO XIA
DIANZI CHANPIN BIHUAN GONGYINGLIAN
FENGXIAN PINGJIA JI DINGJIA JUECE

黄祖庆 蒋连杰 邵伟 魏晴晴 著

图书在版编目（CIP）数据

风险视角下电子产品闭环供应链风险评价及定价决策 / 黄祖庆等著. -- 北京：经济科学出版社，2023.4
ISBN 978-7-5218-4488-7

Ⅰ.①风… Ⅱ.①黄… Ⅲ.①电子产品-供应链管理研究 Ⅳ.①F407.63

中国国家版本馆 CIP 数据核字（2023）第014296号

责任编辑：周胜婷
责任校对：王肖楠
责任印制：张佳裕

风险视角下电子产品闭环供应链风险评价及定价决策
黄祖庆　蒋连杰　邵　伟　魏晴晴　著
经济科学出版社出版、发行　新华书店经销
社址：北京市海淀区阜成路甲28号　邮编：100142
总编部电话：010-88191217　发行部电话：010-88191522
网址：www.esp.com.cn
电子邮箱：esp@esp.com.cn
天猫网店：经济科学出版社旗舰店
网址：http://jjkxcbs.tmall.com
固安华明印业有限公司印装
710×1000　16开　12.75印张　250000字
2023年5月第1版　2023年5月第1次印刷
ISBN 978-7-5218-4488-7　定价：76.00元
（图书出现印装问题，本社负责调换。电话：010-88191545）

前　言

可持续发展是当今世界经济发展的主题。电器电子产品更新换代快，如何构建电器电子产品回收再造闭环供应链，妥善处理电子废旧物以降低环境伤害风险，发展循环经济，更好地保护环境已成为人类社会面临急需解决的重大课题。

本书基于风险视角，首先，分别基于 ISM－AHP 和模糊 BP 神经网络模型对电子产品闭环供应链的风险进行评价。其次，从消费者偏好和效用角度，构建了制造商风险中性与风险规避两种情形下的回收再制造定价模型，研究了存在消费者偏好和供应链竞争的普通产品供应链和低碳产品供应链的新品与回收品定价决策问题，以及消费者对再制品存在偏好且回收品质量不确定的闭环供应链差别定价决策问题。最后，在技术授权背景下，研究了供需波动环境下供应链成员企业的风险规避性对原始设备制造商授权决策的影响，以及供需波动和突发事件扰动两种不确定情形下 OEM 技术授权 TPR 回收再造的闭环供应链定价决策。

本书以妥善处理电子废旧物以降低环境伤害风险，发展循环经济为出发点，研究基于风险视角的电器电子产品闭环供应链风险评价及定价决策问题，不但可丰富供应链风险管理理论，而且对电子产业实现可持续发展提供理论指导。

本书是国家自然科学基金项目面上项目（71871206）及国家自然科学基金项目青年项目（718701199）的部分成果。

本书在写作过程中引用了不少学者的成果，在此一并致以诚挚的谢意。但由于作者水平有限，难免出现疏漏、错误之处，恳请广大读者及专家学者批评指正。

广州大学　黄祖庆

2022 年 8 月

目　　录

1 绪　论

1.1 研究背景及意义

自改革开放以来，我国在经济、文化、科技等多个方面都实现了持续稳定的快速发展，按照世界银行公开的消息，2009 年我国 GDP 便突破 50000 亿美元大关，达到 50597 亿美元；并于 2010 年实现 GDP 赶超日本，一跃成为世界第二大经济体。然而，经济迅速发展的同时，也带来了诸多问题，例如，能源短缺的问题日益突出，温室效应现象日益严重。经济高速增长的背后是能源的肆意开采、污染的肆意排放，再加上“先污染、后治理”的发展模式，使得能源危机、温室效应等一系列的环境问题日益严峻。虽然近些年提出了可持续发展和循环经济的理念，但之前发展模式对环境的破坏和能源的浪费是不可逆的。

以电子产品为例，早在 2010 年中国就已经成为仅次于美国的第二大电子垃圾生产国。在 2016 年 1 月 16 日于北京召开的第二届“世界环保大会”中，电子废弃物被称为“新时代下新出现的环境问题”，引起了全球各界的格外关注。随着电子产品更新换代速度的加快，废弃电子产品的增加量会越来越多。联合国发布的《2020 年全球电子废弃物监测》报告预测，到 2030 年，我国将会产生 2700 万吨的电子废弃物。由此可以看出，关于电子废弃物处理的形势十分严峻。

近年来，越来越多的国家意识到资源再用、环境保护的重要性和必要性，纷纷制定相关的法律法规。欧盟在 2005 年制定了 WEEE 指令，规定欧盟成员必须成立一个回收废旧电子产品的机制。欧盟还规定，到 2015 年，90% 的汽车必须被重新利用或再生，汽车废弃物的填埋量不得超过 5%。世界上单位 GDP 能耗最低国家之一的日本，立法更为全面，采用“谁生产销售，谁回收利用”的法规原则，已经颁布了《再生资源利用促进法》《家用电器再利用法》《食品再利用法》《环保食品购买法》《建设及材料再利用法》《容器再利用法》《汽车循环使用法》等多部法律。在我国，《废弃电器电子产品回收处理管理条例》已于2008年8月20日国务院第23次常务会议通过，并于2011年1月1日起正式生效。该条例更多的是宏观的指导意见，实施过程差异很大，2017年9月14日央视《焦点访谈》节目——“废家电去哪了”提到，废弃电器电子产品回到正规处理企业的比例只占28%，非法渠道回收处理对环境的伤害触目惊心。党的十八大报告提出，把生态文明建设放在突出地位，融入经济建设、政治建设、文化建设、社会建设各方面和全过程，努力建设美丽中国。党的十九大报告提出，“建设生态文明是中华民族永续发展的千年大计。必须树立和践行绿水青山就是金山银山的理念，坚持节约资源和保护环境的基本国策，像对待生命一样对待生态环境”。

然而，再制造闭环供应链要处理来自退货、维修、商业返回、终端使用返还等各类回收产品，而且这些回收产品的逆向供应活动发生的时间、地点和数量以及回收产品的质量（如损耗程度、污染程度、材料的混合程度等）参数不是由系统本身决定的，而是受外界的影响，均无法事先确定。同时，由于再制造产品市场的不成熟、专业化程度低以及消费者对再制造产品的接受程度不一，再制造产品的需求具有高度不确定性。此外，再制造闭环供应链运作离不开系统的外部环境，在与外部环境的相互作用中，必然会受到外界环境中自然、社会、经济、技术和市场等诸多因素的影响，而这些环境因素本身是动态的，存在着一定的不确定性。因而，再制造闭环供应链不可避免地会遇到由系统内耗和系统约束所产生的系统风险、消费者对再制品接受程度不一导致的市场风险、由成员有限理性所产生的组织风险以及源于“牛鞭效应”和委托代理机制等导致的信息传递和信息共享过程的信息风险等。

由于电器电子产品再制造闭环供应链的网络结构较传统正向供应链的结构更错综复杂，再制品与新产品的替代竞争及消费者对再制品的认可等因素所带来的市场风险及面临的外部环境具有不稳定性，若忽视风险管理将使其变得更加脆弱，更容易遭受各类风险的侵袭。只有正视这些风险的存在，认真识别和评估风险，做好风险的预防和控制，才能保证再制造闭环供应链的正常运作，实现资源循环利用，达到电子产业可持续发展的预期目标。

本专著从风险的视角，基于妥善处理电子废旧物以降低环境伤害风险、发展循环经济为出发点，研究基于风险视角的电器电子产品闭环供应链风险评价及定价决策问题，不但丰富了供应链风险管理理论研究，有助于进一步完善电器电子企业风险管理体系，降低电器电子产品再制造闭环供应链的运作风险，提高资源循环利用率，而且还对促进电子产业发展循环经济具有一定的指导作用。

1.2 国内外文献综述

1.2.1 关于供应链风险评价研究

哈利卡斯（Hallikas，2004）从风险事件的概率和结果的角度半定量化地研究供应链风险评估，将概率和结果划分为五个等级，将其以风险图表的方式表示，以使重要风险获取足够的关注，并说明降低风险的方式是降低概率和结果的组合。特蕾莎·吴（Wu，2006）采用加权的 AHP 方法分类、管理和评估国内供应链风险。索菲亚勒奥卢（Sofyalıoğlu，2012）和卡尔塔尔（Kartal，2012）将供应链风险分成供应风险、需求风险、运作风险和安全风险，并运用模糊 AHP 方法对其进行评价研究。威尔逊（Wilson，2007）使用系统动力仿真研究了运输突发风险对供应链绩效的影响。大卫（David，2007）和玛丽亚（Marija，2007）等用频度空间衡量供应链的风险和脆弱性，并使用活动法的净现值衡量风险带来的成本。肖美丹（2007）等采用未确知理论求得风险发生的概率，利用模糊数学求得风险发生的损失后果，通过风险因子的含义综合求得系统风险。桑海等（Schoenherr et al.，2008）列出 17 种风险因素，在离岸采购决策背景下结合 AHP 和群决策方法评估供应链风险，在此基础上为两个主要生产线寻找供应商。张仕军（2009）针对供应链风险评判过程中的复杂模糊关系，借助直觉模糊理论，将犹豫度引入具体的风险评判过程中，构建基于直觉模糊关系的供应链风险评价决策模型。王新利（2010）提出基于 BP 神经网络专家系统的供应链风险评价模型，该模型不仅可以评判风险的大小，也可以通过权矩阵分析影响供应链风险的主要因素。王晓军（Wang，2012）等提出两阶段模糊 AHP 风险评估模型对绿色倡议下时装供应链的全面风险进行结构化分析，评估结果可为考虑采用绿色实践的时装公司提供决策支持，以减少环境影响。

1.2.2 关于闭环供应链风险偏好研究

在闭环供应链管理中，识别、控制逆供应链的风险是一项极其重要而又非常复杂的工作，并且风险管理对其运作绩效起着决定性作用。当前，关于传统供应链风险管理的研究已取得不少成果，这些研究主要围绕供应链的风险识别、风险评估、风险控制等。但有关逆供应链风险，尤其是再制造闭环供应链风险的研究还刚刚起步，公开发表的文献很少，国内学者的研究成果更是鲜有报道。

埃克胡特（Eeckhoudt，1995）等在早期就通过建立单周期库存下的报童模型验证了报童的风险态度会影响到产品的零售价格和生产成本。有研究证明，供应链成员的风险敏感程度会对制造商和零售商的最优策略产生影响，并且供应链成员的风险敏感程度还会影响到供应链的回购策略和激励机制（Tsay，2002）。高鹏等（2014）为了研究制造商风险规避给供应链效率带来的损失问题，建立了制造商风险规避下的专利授权型二级闭环供应链定价模型，通过对制造商的风险规避程度进行灵敏度分析表明，制造商的风险规避程度会影响新品的零售价和废旧品的回收价格，并且制造商风险规避时无法对供应链进行完全的协调。李晨等（2017）在以上研究基础上研究了制造商风险规避情形下闭环供应链的回收渠道选择与产品定价问题，比较和分析了三种回收模式下（制造商回收、零售商回收和第三方回收时）的最优回收率、产品最优零售价格以及供应链最优利润，研究表明，零售商的回收率与制造商的风险规避程度有关，制造商风险规避程度低时，零售商回收率最高，当制造商风险规避程度较高时，零售商的回收率较低且供应链利润最低。陈玙等（2017）在制造商风险规避的基础上建立了考虑消费者环境偏好的闭环供应链定价模型，研究结果表明，消费者的环境偏好、制造商的风险规避程度以及政府补贴的提高都对产品的零售价格起到抑制作用，而产品零售价格的降低可以促进企业提升产品绿色度。

在以上研究中都是假设制造商为风险规避型，零售商为风险中性，而叶飞（2006）考虑了零售商在风险中性和风险规避型两种情形下的闭环供应链协调机制研究，研究发现，在实施了收益共享协调机制后制造商的最优批发价格要低于产品的生产成本，且当零售商风险规避时，只有制造商降低产品批发价格时，零售商收益才不会受损。查理斯·王等（Wang et al.，2007）考虑了分散化决策下单一制造商和单一零售商的闭环供应链模型，以零售商风险规避假设为前提，研究了损益共享契约对降低零售商订单数量和供应链总利润的损失规避效应的作用，并提出了一种损益共享-回购契约，该契约可以协调供应链并任意分配制造商和零售商之间的预期供应链利润。与损益共享契约相比，该契约的参数分布并不依赖于市场需求的概率分布。随后，杨磊（Yang，2009）等在此研究基础上基于条件风险价值（CVaR）框架下发现，不仅收益共享-回购契约可以使供应链得到协调，两部分关税和数量柔性契约也可以。此外，当零售价格固定时，收益分享契约相当于回购契约。肖复东等（2011）研究了零售商风险规避时制造商回收、零售商回收和第三方回收三种回收模式下的最优回收渠道选择和最优产品定价问题，研究表明零售商风险规避程度的大小会影响三种回收模式下的最优零售价和回收价，另外还会对闭环供应链选择何种回收模式造成影响。以上关于零售商风险规避的研究都是基于需求确定情形，而颜波（2016）考虑了需求扰动下零售商风险规避且为供应链领导者的双渠道定价模型，研究表明，需求扰动前后并不会改变零售商风险系数与供应链最优定价决策的关系，但在需求扰动时，供应链中的最优定价决策会相对于需求稳定时发生一定的变动。另外还根据需求扰动的变化区间给出了直销渠道与分销渠道的稳定关系。

也有学者考虑了制造商和零售商同时为风险规避时的情形。叶飞等（2012）研究了制造商和零售商均为风险规避情形下的两级供应链定价协调问题，主要研究了制造商和零售商的风险规避程度对供应链最优决策的影响，并提出了收益成本共享契约对供应链进行了协调。陈银平等（2018）将供应链成员风险偏好与渠道选择问题结合起来，讨论了在零售商风险规避下制造商是否开通直销渠道的问题，研究发现直销渠道并不是总会使零售商的收益受损，且仅当制造商开通直销渠道的成本满足一定条件时，制造商才会选择开通，否则将会亏损。陈良等（2018）研究了供应链成员的风险规避态度对三种情形下双渠道供应链定价问题，研究表明：制造商和零售商风险规避程度会对闭环供应链的最优决策和市场需求量造成不同的影响，且三种情形下垂直集中双渠道结构能给制造商带来最大的收益。傅端香等（2019）则从政府补贴的角度考虑供应链成员的风险规避程度对绿色供应链中的定价决策问题，研究表明：制造商和零售商的风险规避会对对方的收益起到一定的提升作用；当仅制造商风险规避时，产品的零售价格、废旧品的回收价格和绿色度以及自身利润都会下降；当仅零售商风险规避时，供应链的利润会得到提升，但产品的零售价和零售商自身利润变化不确定；当加入政府补贴时，会加重制造商风险规避带来的损失，却减轻零售商风险规避带来的损失。

综上所述，供应链风险偏好的研究中，大多都是基于制造商或零售商在面对市场中产品需求量不确定时的需求风险，未考虑到在逆向物流过程中的风险问题，如回收品的数量不确定、回收品的质量不确定等。而根据前文分析，废旧品的质量是制造商更难确定的，因此对回收品的质量不确定所带来的风险进行研究就显得有必要。

1.2.3 关于闭环供应链定价研究

闭环供应链中的产品定价是供应链成员实现利润最大化的重要途径，目前学术界中关于闭环供应链定价的研究已有很多。早在 2001 年萨瓦斯坎（Savaskan，2001）就针对制造商在选择回收渠道时的定价决策问题作了研究，该研究考虑了供应链中存在制造商回收、零售商回收和第三方回收三种回收渠道模式下如何选择和进行产品定价的问题，研究发现离消费者越近的回收机构回收努力就越有效。在以上研究基础上，萨瓦斯坎（Savaskan，2004）进一步确定了闭环供应链的最优回收渠道和其中的产品定价问题，验证了零售商负责回收的渠道机构要优于制造商自身回收和第三方回收时的回收模式。并在此结论的基础上设计了相应的价格协调机制，以保证零售商的收集努力和供应链利润达到与中央协调系统相同的水平。萨瓦斯坎（Savaskan，2006）又考虑到市场中的零售商可能不止一个，于是又对存在多个零售商竞争时闭环供应链中的最优回收渠道和定价决策进行了研究，研究发现，当制造商回收时，供应链收益与制造商回收努力程度有关，而在制造商通过零售商回收的渠道中，供应链利润与零售商之间的竞争强度有关。另外，验证了制造商可通过回收品的转移价格，来区分不同盈利能力的零售商之间的差别。由于萨瓦斯坎对闭环供应链的研究较早且内容较为广泛，因此后人的研究大多都是在此基础上建立起来的，例如，关于回收渠道选择的产品定价决策，关于供应链竞争的产品定价决策，等等。

在关于回收渠道选择的定价决策研究中，陆忠平（2002）紧跟萨瓦斯坎（Savaskan，2004）等的研究步伐，通过对制造商可选择的回收渠道进行比较，发现制造商回收时制造商期望收益最大，因为此时制造商既负责产品的销售，又负责废旧品的回收，制造商此时可以制定出最具有竞争力的产品价格来使自己获利。随后熊文等（2008）对陆忠平（2002）的模型进行了扩展，以价格为决策变量，并假设废旧品均可以进行回收再制造，进一步考虑了废旧品经过再制造后再次销入市场时回收渠道的选择和产品定价问题，得出以下结论：回收渠道为制造商进行回收时的产品零售价最低，而废旧品回收价最高。而樊松（2008）认为只能有一定比例的废旧品可以进行回收再制造，于是建立了包含单一制造商和单一零售商的供应链模型并研究了废旧产品的回收价格对回收率的影响。以上研究大多是针对供应链对回收渠道的选择问题，而林杰（2014）认为供应链中可能同时存在多种回收渠道，因此他研究了双渠道回收模式竞争下闭环供应链的产品定价决策问题，分别以制造商和零售商为主导，研究了两种不同的市场结构对产品零售价和废旧品回收价的影响。赵静（Zhao，2017）等在此基础上研究了制造商采用双回收渠道回收旧产品的闭环供应链产品问题。通过对回收竞争模型的分析，求出了关于回收渠道的最优选择、产品的最优定价和回收努力程度，并提出若制造商以废旧产品回收量最大化为企业目标，则应选取双重渠道回收模式。而魏杰（Wei，2018）等认为在双重回收渠道的模型中应该考虑到产品周期问题，于是研究了动态环境下具有两个回收渠道的再制造供应链的两阶段博弈模型，求出了再制造企业利润最大化和回收率最大化的最优策略，并提出零售商和第三方同时回收时，会给出相同的最优回收率，这意味着收集竞争不会对其个人的最佳回收率产生差异。公彦德（2018）对混合回收模式下的闭环供应链进行了研究，研究发现，制造商和零售商共同回收时，无论供应链系统的最优决策是选择制造商与零售商共同回收还是选择第三方回收，供应链都会保持长期的稳定性。上述研究大多是从制造商为主导的角度出发，而易余胤（2010）认为市场中不是所有的制造商都是主导者，于是就对不同市场力量主导下的闭环供应链进行研究，研究发现：在分散化决策模型中，闭环供应链结构中无主导者模式最优，其次是零售商主导，最后是制造商主导；而在闭环供应链中存在主导者时，零售商主导的模式更优。于是李梅英等（2018）又从零售商主导的角度出发研究了双渠道闭环供应链回收问题，研究发现制造商和零售商的最优回收率相同且会随着平均回收价格的降低而降低，而零售价格和批发价格则相反。

在以上的研究中大多是假设供应链中只有单一的制造商和单一零售商，并未考虑到多制造商或多零售商同时存在的情况。而在现实中，往往会存在多个制造商或零售商而且他们之间存在一定的竞争关系，于是就有一大批学者对回收渠道竞争下的产品定价问题进行了研究。韩小花（2008）考虑了在市场中存在两个零售商且存在竞争时的闭环供应链定价模型，研究了制造商直接回收和制造商通过两个零售商回收时的产品定价问题。随后孙多青等（2012）对两个零售商回收竞争模型进行扩展，基于博弈论研究了多个零售商存在竞争时的定价策略问题，研究发现联合定价下更有利于提高回收价和供应链利润。以上研究均以确定需求为前提，而曹晓刚等（2015）考虑了随机需求下存在两个零售商回收竞争的闭环供应链定价模型，研究发现，零售商的回收价格均随消费者的环保意识增强而降低。以上文献研究了回收渠道中零售商存在竞争时的情况，韩小花等（2010）研究了制造商间存在竞争且共用零售商的博弈定价模型，研究发现制造商是否选择回收废旧品与制造商之间的竞争强度有关。随后，王文宾（2013）在考虑制造商竞争的基础上考虑了政府奖惩机制，求解出有无政府奖惩机制下的废旧品最优回收价、新品的最优零售价和最优批发价。研究表明，政府的奖惩机制会使制造商在降低新品价格的同时提高废旧产品的回收价，最终实现提高供应链总收益。王文宾等（2016）在考虑政府奖惩机制的模型中加入了碳排放约束，建立了碳排放奖惩机制下制造商竞争闭环供应链定价模型，研究发现在考虑碳排放约束的情况下并不利于集中决策下闭环供应链回收率的提高，并且会提高制造商在分散化决策下对新产品价格的制定。以上研究大多是从制造商为主导的角度出发，姚锋敏等（2019）则假设零售商为主导者，构建了包含一个零售商和一个第三方回收商以及两个竞争制造商的闭环供应链，同样研究了集中与分散化两种决策模型，研究表明制造商间的竞争强度并不会影响分散化决策情形下零售商利润较其他成员更多这一结论，但会对新品的需求量和废旧产品的回收量造成影响。

在以上对闭环供应链回收渠道竞争的研究中，大多仅限于一条供应链的内部，并未考虑到多条供应链之间的回收竞争问题，只有张涛等（2015）考虑了在 Hotelling 模型下企业间存在竞争情形下的闭环供应链定价与选址模型，张涛在文中表明这是首次将 Hotelling 模型引入产品回收企业的竞争模型中，但其是以两企业回收同种产品的废旧品为前提，并未考虑若两种产品的废旧品不相同的情形。

以上研究主要从回收渠道选择和回收渠道竞争的角度去研究闭环供应链的回收定价决策，对回收到的废旧品经过再制造后成为再制品如何定价的问题并未深入研究。于是就有大量学者从再制品定价问题的角度切入，对闭环供应链中同时存在新品和再制品时如何合理定价进行了研究。而在对再制品的定价研究中，根据再制品的质量水平和消费者的效用估值又分为两种情况：一是将新品与再制品进行统一定价，即新品与再制品质量相同，对消费者来说效用估值也相同；二是将新品与再制品进行差别定价，即再制品在质量上与新品有差别，或消费者对再制品的期望效用估值低于新品。

在新品与再制品的统一定价研究中，王玉燕等（2006）基于包含单一制造商和单一零售商的闭环供应链，求出了在合作博弈下与非合作博弈下的最优定价策略，为后来学者的研究打下了基础。随后，葛静燕等（2007a）研究了分散化决策模型下由零售商负责废旧品回收时的闭环供应链定价决策模型，并设计了简单的协调机制对分散化的结构进行协调，提高供应链效率。同样在分散化决策下，葛静燕等（2007b）还考虑了不同的回收模式对闭环供应链的最优定价策略的影响，研究表明，废旧产品的回收价格会影响制造商对于最优回收模式的选择。王玉燕等（2008）基于博弈论考虑了第三方负责回收时的闭环供应链定价模型，研究发现制造商在追求自身利益最大化的过程中需要考虑零售商和第三方回收商的影响，否则可能达不到制造商的最优利润。黄敏等（Huang et al. ，2013）考虑了在零售商和第三方回收商混合回收模式下且二者存在回收竞争时的闭环供应链定价决策模型，并与以往的单渠道回收模式进行了对比，最终证明双渠道回收模式要优于单渠道回收。布尔姆斯等（Bulmus et al. ，2014）则考虑了原始制造商和第三方独立再制造商进行竞争时的回收再制造最优的定价策略模型，研究发现原始制造商对废旧品的最优回收价格只与自身的回收结构有关，与第三方独立再制造商无关。近些年随着低碳经济和循环经济的提出，学者们的关注焦点转移到了产品绿色度和碳排放等问题上，黄辉等（2018）考虑了在制造商或零售商存在公平偏好的情形下考虑产品绿色度的闭环供应链的定价决策模型，通过对比两种模型发现，供应链成员的公平偏好会改变产品的零售价格、废旧品的回收率以及产品的绿色度水平，并最终会对供应链利润造成影响。随后，李浩霖等（2018）同样也在供应链成员公平关切的条件下研究了闭环供应链的碳减排决策和最优定价的问题，研究发现公平关切不仅会影响供应链成员对产品的定价，还会增加零售商利润，但却会降低碳减排率、制造商利润和供应链总利润。而路正南等（2019）在假设新品与再制品品质无差异的基础上建立了考虑碳税政策的闭环供应链定价模型，通过比较分散化和集中化决策下的结果发现，集中化决策模型下的企业利润和销量都要高于分散化决策模型下，并且碳税政策在一定程度上可以促进企业的碳排放降低，再制品数量也随着碳税率的增加越来越多，而新品数量越来越少。以上关于再制品定价的研究都是基于闭环供应链中新品与再制品质量无差异的假设前提，对消费者来说是效用业务差异的基础上进行的统一定价的研究，但在现实市场中，消费者对再制品的效用估值会低于新品，于是学者们便将研究视角转移到新品与再制品的差别定价中。

在新品与再制品的差别定价研究中，张克勇等（2008）比较早地对产品差别定价作了研究，通过建立包含单一制造商和单一零售商的闭环供应链差别定价模型，通过对集中化决策和分散化决策模型下的最优定价策略和供应链利润进行求解发现，分散化决策模型比集中化决策模型供应链效率要低25%。随后张克勇等（2016）又考虑了闭环供应链中双零售商竞争的情形，同样从集中化决策和分散化决策模型的角度进行研究，在验证分散化决策模型会使供应链效率产生损失的基础上进一步设计了协调机制，使分散化决策模型下的供应链利润达到集中化决策模型的水平。而王文宾等（2010）分别考虑了零售商回收和第三方回收商进行回收时的闭环供应链差别定价模型，通过对比两个模型下的最优策略发现，零售商进行回收时会付出比第三方回收商进行回收时更高的努力程度，但零售商对废旧品进行回收的积极性很低。且第三方回收商回收时新品与再制品的零售价格均要高于零售商回收下的情形。费雷尔（Ferrer，2010）等在以上研究的基础上对模型进行了扩展，以上研究均是以单周期假设为前提，而费雷尔（Ferrer）考虑了两阶段、多阶段以及无限阶段情形下企业的最优再制造和定价策略，并确定了企业进行再制造的门槛和条件。周海霞等（2011）认为市场中不仅同时存在新品和再制品，也存在二手产品，于是研究了集中供应链系统中新品、再制品和二手产品的差别定价模型，研究发现新品的价格敏感系数与废旧产品的价格弹性系数均对产品的零售价和供应链利润有影响，若想求出供应链最优利润，则必须将二者同时纳入考虑范围。在以上的研究中，学者们均未考虑回收品的质量问题，马方星等（2018）认为回收品的质量是不确定的，因此制造商对产品差别定价时需要考虑回收品质量不确定带来的再制造成本不同的问题，于是建立了政府补贴下的闭环供应链差别定价模型，通过对比回收补贴和再制造补贴两种补贴方式，发现回收补贴方式下的废旧产品回收价格、再制造产品批发价格和销售价格始终高于再制造补贴下的情形，但再制造产品市场需求量却始终低于再制造补贴下的情形。随后，李芳等（2019）也考虑了存在政府干预的情况，在政府规制的前提下考虑了非对称信息对闭环供应链差别定价的影响，研究发现在政府规制的最优水平下，非对称信息的单位产品的外部性成本变化对制造商的利润影响更为显著，并且新品与再制品之间的替代程度存在临界点，不同决策情形下的零售商产品定价的影响也不相同。若政府能够提供奖惩机制，则更有利于提高制造商的再制造技术和回收努力程度。王道平等（2019）则考虑了政府对碳排放实行奖惩机制下的闭环供应链定价的差别定价模型，研究发现政府奖惩力度可以降低制造商的碳排放，并且当政府奖惩力度高于某一临界值时，还会促进供应链利润的增长。曹晓刚等（2019）则从公平关切的角度研究了闭环供应链的差别定价模型，通过比较公平中性和公平关切两种决策情形下的最优定价策略发现，制造商的公平关切行为不利于制造商本身、零售商乃至整个供应链的利润，而零售商的公平关切行为则有益于自身收益的提高，对制造商无利，但产品的零售价格和销量与零售商的公平关切无关，最后通过收益共享契约对模型进行了帕累托最优的改善。在以上关于闭环供应链的产品差别定价研究中，均是以供应链成员风险中性假设为前提，并未考虑到供应链成员的风险偏好问题。

不确定性环境下闭环供应链定价研究。不难发现，上述提到的文献均假设闭环供应链处在确定性环境下，但在现实的再制造闭环供应链运作过程中，因面临各种不确定因素，企业无法准确地预测产品的需求量、废旧品的回收量以及回收质量等。产品需求量和废旧品回收量的不确定性是导致企业无法从再制造活动中获得利润的主要原因（Huang，2018）。例如，惠普公司因为当时迅猛发展的移动电话制造商大量使用闪存，使得原本用于打印机的闪存数量不够，无法满足打印机的市场需求，面临高达几千万美元的收入损失（倪海云，2006）。此外，由于一些突发事件的发生，例如重大公共卫生事件、经济危机、自然灾害等的发生会对闭环供应链的正常运行造成干扰。因此也有学者开始研究不确定环境下再制造闭环供应链的生产决策问题。美利肯（Milliken，1987）将不确定性分成状态不确定性、效果不确定性以及响应不确定性。有学者针对不确定性来源尝试降低由其带来的不利影响。费舍尔（Fisher，1997）提出提高生产过程的柔性以及减少原料供应的提前期可以有效控制和降低不确定性的干扰。因此，克里斯托弗和托威尔（Christopher & Towill，2001）等认为提升供应链的敏捷性对于供应链抵抗不确定性风险有重要意义。邓兆生（Tang，2006）认为供应链面临的风险主要来自运营风险和突发事件风险两个方面。运营风险来自供应链各个环节的不确定性，比如供需层面、成本层面。突发干扰事件主要有自然灾害、政府政策等情形。查理斯·王（Wang，2009）在考虑需求不确定环境下建立了由一个制造商和一个零售商组成的二级供应链。通过比较传统库存模式和供应商管理库存模式下对供应链绩效的影响，探讨最优决策下的库存模式。泰特尔（Teunterrh，2011）综合考虑产品需求和再制造成本的关系，研究在需求确定和不确定环境下的最优策略。倪明等（2017）在需求不确定的背景下，研究了不同回收渠道下的产品定价、旧品回收率、最优利润等问题。蔚小红等（2016）通过构建一个需求不确定环境下的由一个制造商和一个零售商构成的二级闭环供应链模型，采用系统动力学的方法分析供应链系统中复杂的行为对整个供应链绩效的影响。徐家旺（2007）等考虑了顾客需求的不确定性，采用鲁棒线性化方法证明了运作的解鲁棒性。此外，还有学者考虑企业社会责任、广告效应等因素的影响。

王旭等（2013）在考虑市场规模、再制造成本、回收敏感系数同时发生扰动的情形下，研究了由一个制造商和一个零售商构成的闭环供应链的最优决策与协调机制；韩小花和吴海燕（2016）结合实际运营中制造商或零售商之间可能存在的竞争，分别研究了扰动环境下存在制造商竞争或零售商竞争的闭环供应链的生产协调问题；牟宗玉等（2014）对存在需求扰动的制造商回收的闭环供应链模型展开研究，给出了分散式决策下闭环供应链的数量折扣契约，分析了集中式决策下应对突发事件干扰的产量和定价策略；但王旭等（2013）、韩小花和吴海燕（2016）、牟宗玉等（2014）均是考虑零售商或制造商回收的情形，未考虑第三方回收以及技术授权第三方再制造企业进行再制造的情形。易余胤等（2012）构建了需求不确定情形下由单一制造商、单一零售商和第三方回收商组成的具有奖惩机制的闭环供应链博弈模型，提出了改进的收益－费用共享契约和两部收费制契约来协调奖惩机制下的闭环供应链；王道平等（2017）在回收量不确定的背景下，研究由制造商再制造的闭环供应链碳减排与定价问题，研究发现提升消费者对再造品的低碳认知有助于碳交易机制的顺利实施。吴海燕（Wu，2018）等同样是建立两个竞争的零售商模型，考虑了再制造成本扰动对供应链定价决策的影响，并设计了收益共享契约有效协调供应链利润。

1.2.4 关于再制造技术授权问题研究

原始制造商为了缓解第三方再制造商的竞争威胁，需要采取合理方式来保证自己的利益。技术授权是原始制造商保护自身知识产权及经济利益的有效手段。通过这样的手段，使得原始制造商和第三方制造商以合作的方式参与产品的再制造活动。目前，有很多学者通过实证研究分析技术授权的影响因素和内在运行机制（Arora & Ceccagnoli，2006；赵丹等，2012）。陈立文等（Chen，2016）研究了原始制造商的生产线延伸策略，研究发现原始制造商适当引入低端的产品生产线对企业效益有积极影响。然后，文章还讨论了原始制造商的专利授权对该策略的影响，发现当原始制造商不收取专利许可费用时，采取低端生产线延伸策略仍对企业有利。程晋石等（Cheng，2017）考虑了技术密集型企业与一般企业的技术授权问题，探讨了技术授权费用提成许可与固定费用许可两种策略对企业间技术授权合作的影响。

另外，在再制造系统中的技术授权问题也逐渐受到重视。再制造的技术授权不仅影响原始设备制造商与再制造商的利润，而且对再制品的市场推广策略有较大影响。奥拉伊普洛斯（Oraiopoulos，2012）等考虑了二手市场背景下，产品特性、产品间竞争以及消费者偏好对原始制造商再制品最优市场推广策略的影响。申成然等（2013）研究了原始制造商技术授权第三方进行再制造的模式选择问题。洪宪培（Hong，2017）分析了一个带有技术授权的两阶段闭环供应链，研究发现特许经营授权比固定费用授权对消费者剩余和环境保护更有利。邹宗保等（Zou et al.，2016）针对制造商选择第三方再制造模式的策略选择进行研究，发现策略选择决策与消费者对再制品接受程度有关，当消费者接受再制品程度较高时，外包模式优于授权模式；相反，授权模式是最优策略。黄燕婷和王宗军（Huang & Wang，2017a）在带有专利授权的闭环供应链模型中，考虑不同回收渠道对闭环供应链定价以及回收策略的影响。近年来，还有一些研究将再制造的授权模式与技术创新、低碳消费等因素综合进行考虑。许民利等（2019）综合考虑了技术创新和专利保护对再制造闭环供应链的产品定价、利润等因素的影响，研究发现当第三方再制造商开展技术创新时，对原始制造商有积极影响。许民利等（2016）则同时考虑低碳消费对再制造授权供应链定价决策的影响。黄燕婷和王宗军（Huang & Wang，2017b）在专利授权模式下的闭环供应链模型中，研究零售商信息分享对供应链中制造商和第三方制造商决策的影响，研究发现，零售商对需求预测信息的分享对制造商有利，但是对自身有负面影响。专利授权一定程度上弥补了零售商的利润损失。高鹏等（2014）考虑了供应链成员企业的风险规避性，研究风险规避度对制造商授权决策、定价决策和供应链利润的影响。张永明等（Zhang et al.，2020）对由两个竞争的制造商和两个竞争的第三方制造商组成的竞争型闭环供应链模型展开研究，对外包模式和授权模式的策略选择进行分析。

1.3 研究主要内容和创新点

1.3.1 主要内容

本书研究的主要内容包括以下六个部分：

（1）基于 ISM - AHP 的电子产品闭环供应链风险评价。深入探讨电子产品闭环供应链风险产生的原因、类别，并运用解释结构模型建立科学的风险评价指标体系，并基于层次分析法和模糊综合评价法对风险指标进行定量分析。

（2）基于模糊 BP 神经网络的电子产品闭环供应链风险评价研究。首先通过专家调查法，对影响电子产品闭环供应链运营的主要风险因素进行识别，建立风险指标评价体系，再利用模糊 BP 神经网络评价模型对风险因素进行评价。

（3）风险中性下基于低碳视角的新品与回收品定价决策研究。假设供应链成员均为中性，市场中包含两条闭环供应链，其中一条供应链只生产低碳产品，另外一条供应链只生产普通产品，以确保在回收过程中市场中存在两种废旧产品，在回收过程中假设两条供应链均可以对对方产品所产生的废旧品进行回收，即交叉回收，但每种废旧品对制造商的效用有区别。在以上假设基础上，给出了风险中性下基于低碳视角的新品与回收品的定价决策模型，利用斯塔克伯格（Stackelberg）博弈和逆向归纳法对模型进行求解，得到消费者偏好和供应链竞争对新品及回收品的定价决策影响，并通过理论分析和数值模拟进一步直观地表现研究结论。

（4）风险规避下基于回收品质量视角的闭环供应链定价决策研究。建立风险规避下基于回收品质量视角的闭环供应链定价决策模型，在模型中以制造商风险规避为前提，考虑回收商不同（即制造商回收、零售商回收和第三方回收）时三种分散化回收模式下闭环供应链中新品、回收品和再制品的定价决策模型，为方便对比研究，另考虑了制造商与零售商集中决策化的回收模式。同时，为体现新品和再制品的差异定价，引入消费者对再制品存在偏好，利用斯塔克伯格博弈和逆向归纳法对模型进行求解，得到消费者对再制品的偏好、制造商风险态度及回收品质量对闭环供应链中新品、回收品和再制品的定价决策影响，并通过理论分析和数值模拟进一步直观地表现研究结论。

（5）供需波动环境下电子产品闭环供应链定价模型。考虑供需波动环境下原始制造商技术授权第三方再制造商的闭环供应链定价模型，研究供需波动对产品定价、技术授权费用和成员企业利润的影响，而且进一步考虑原始制造商和第三方再制造商各自风险性质对双方合作决策的影响。

（6）风险规避下基于回收品质量视角的闭环供应链定价决策。考虑突发事件发生所造成的扰动对供应链决策的影响，研究回收扰动和再制造成本扰动对原始制造商技术授权第三方再制造商进行再制造的闭环供应链定价决策的影响，分析不同程度的扰动对企业定价决策的影响。

1.3.2　主要创新点

本书的创新点主要为：

（1）引入 Hotelling 模型研究了两条供应链竞争下普通产品和低碳产品在销售和回收中的定价问题。前人关于废旧品回收的研究中，多从回收渠道的选择、回收渠道的竞争和混合回收模式的角度出发，研究的大多为单条供应链中回收渠道对闭环供应链的定价决策影响，未考虑多条供应链时的情形。而本书更接近现实，利用 Hotelling 模型研究了两条供应链在回收时的竞争问题。虽然有少量学者也利用 Hotelling 模型对闭环供应链的回收作了研究，但是都是以市场中仅存在一种废旧产品的情形下进行的，并未考虑市场中存在两种或多种废旧产品的情形，这与实际情况不太相符。本书假设了市场中存在普通产品和低碳产品两种产品，且在回收时，两条供应链均可对这两种产品的废旧产品进行回收，这更符合市场中产品多样化的特点。另外，从低碳的角度研究了消费者的低碳偏好对产品零售价、再制品回收价和低碳减排率的影响。

（2）基于废旧品质量不确定及制造商风险规避情形，研究了四种回收模式下的闭环供应链定价决策。在新品与再制品的差别定价研究中，也有很多学者从回收模式和渠道竞争角度做了研究，但均是基于废旧品的质量是相同的，这与现实情况并不十分相符。后来有学者注意到废旧品质量可能不同的问题，就基于废旧品质量呈现均匀分布的假设对闭环供应链的定价问题进行了研究，但现实中废旧产品的质量更接近正态分布，即废旧品质量太差和太好的只占小部分，大多数的废旧品质量都在一个平均水平上下波动，这个波动幅度的大小可以反映出废旧产品质量的不确定性，而大多数学者并未从废旧产品质量的不确定扩展到企业风险的角度；也有在回收过程中考虑风险的研究，但均是考虑市场需求不确定时带来的风险，而不是再制造过程中废旧品质量不确定带来的风险。于是本书从消费者效用角度出发，建立了制造商风险规避下回收品质量不确定时的闭环供应链定价决策模型，这更加符合实际情况。

（3）在技术授权背景下，考虑闭环供应链成员企业的风险规避性对原始制造商授权决策的影响。分析了不同波动区间下，企业的最优定价决策。前人以技术授权为背景的闭环供应链定价研究中，多从回收渠道的选择、多渠道供应链竞争等角度出发，多是研究确定性环境下不同渠道对闭环供应链的定价决策影响，未考虑不确定环境时的情景。而现实环境复杂，不确定因素会给企业决策带来一定影响，因此，在研究中考虑不同企业对待风险的态度是十分必要的。虽然也有学者在不确定环境下闭环供应链的研究中考虑企业的风险规避性，但是未有研究考虑制造商技术授权第三方再制造商的情形。因此，本书在技术授权背景下，研究了闭环供应链成员企业不同风险性质对授权决策的影响。

（4）综合考虑供需波动和突发事件干扰两类主要的不确定情形，研究 OEM 技术授权 TPR 回收再造闭环供应链的定价决策问题。在有关不确定环境下闭环供应链的研究中，很多学者研究了不确定环境下市场规模、回收数量、回收质量、再制造成本等因素对闭环供应链决策的影响，但是在进行定量研究的过程中，多是通过假设单一的波动量或者扰动量来表示研究中涉及的不确定因素量的程度，波动量或者扰动量变动幅度的大小可以反映因素的不确定性。而现实环境中，不仅存在市场环境下的供需波动，还有外部突发事件干扰所造成的扰动。于是本书综合考虑供需波动和突发事件干扰两类主要的不确定情形，在技术授权的背景下，研究不确定环境下回收再造闭环供应链的定价决策问题。

1.4　本书内容框架

第 1 章为绪论，主要介绍研究背景和意义、文献综述、研究内容及创新点以及本书内容框架。

第 2 章为相关基础理论概述。本章主要介绍关于闭环供应链的定义、回收再造闭环供应链的回收模式，以及技术授权、产品定价、风险偏好、不确定环境下的闭环供应链及干扰管理等方面的基础知识。

第 3 章为基于 ISM - AHP 的电子产品闭环供应链风险评价。深入探讨了电子产品闭环供应链风险产生的原因、类别，并运用解释结构模型建立科学的风险评价指标体系；基于层次分析法和模糊综合评价法对风险指标进行定量分析。

第 4 章为基于模糊 BP 神经网络的电子产品闭环供应链风险评价。首先对闭环供应链风险因素进行识别，从回收、再制造、再销售以及外部环境四个方面对风险因素进行细分，通过采用模糊 BP 神经网络评价模型对闭环供应链的风险情况进行评价。然后针对评价结果进行分析，提出相关控制风险的建议。

第 5 章为风险中性下基于低碳视角的新品与回收品定价决策。本章以供应链成员风险偏好为中性和回收品质量确定为前提，研究两条供应链存在竞争时消费者偏好对闭环供应链回收定价决策的影响，对模型进行求解分析和数值模拟，更加直观地表明消费者偏好对回收定价决策和供应链收益的影响。

第 6 章为风险规避下基于回收品质量视角的闭环供应链定价决策。本章在第 5 章的基础上，进一步考虑当回收品质量不确定时对闭环供应链回收再制造定价决策的影响。由于回收品质量的不确定使制造商进行再制造时面对不同的成本风险，故假设制造商的风险偏好为风险规避型，提出了风险规避下基于回收品质量视角的闭环供应链定价决策模型，并通过对模型求解分析和数值模拟，更加直观地验证和表现了结论。

第 7 章为供需波动环境下电子产品闭环供应链定价模型。本章研究在供需波动的环境下，OEM 技术授权 TPR 的闭环供应链定价决策，主要探究供需波动程度对 OEM 授权行为以及参与主体定价决策的影响，同时考虑供应链参与主体的风险规避性，为原始设备制造商合理地选择第三方再制造商进行授权合作提供建议。

第 8 章为突发事件干扰环境下电子产品闭环供应链定价模型。本章讨论突发事件干扰情形下 OEM 技术授权 TPR 的闭环供应链定价决策的影响，干扰事件的发生往往会导致再制造过程原材料供应的延迟、运输成本上升、信息传输的阻塞。因此，在本章同时考虑突发干扰事件引起的回收扰动和再制造成本扰动对回收定价、技术授权费用、产品定价决策以及供应链绩效的影响，通过对所建模型进行求解和数值模拟分析，更直观地验证了结论。

第 9 章为总结与展望。本章对本书内容进行总结，并提出研究存在的不足以及进一步的研究方向。

2　相关基础理论概述

2.1　闭环供应链的定义及其特点

产品从制造商生产配送到零售商，再由零售商销售到消费者的过程被称为前向物流，即传统正向供应链。当消费者将使用过的产品退回到零售商或者制造商处以获得一定金额的补贴，产品从消费者手中又重新回到了制造商处，这种回收产品的物流被称为逆向物流。

闭环供应链是综合考虑正向和逆向物流而形成的一个完整的闭环系统，把从消费者处回收来的废旧产品作再制品的原料，用多种方式回收、拆解、再制造、总装配，最后将再制品重新向市场销售，由产品制造商、分销商、零售商、回收商、消费者等众多实体组成，整合整个正、逆向供应链的物流、资金流、信息流而形成的完整而复杂的闭环系统。闭环供应链的结构如图 2.1 所示。

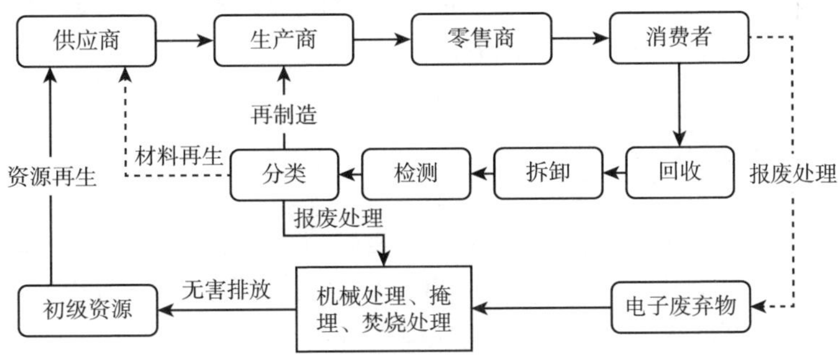

图 2.1　闭环供应链结构

实施基于回收再造的闭环供应链系统是为了在高效生产的同时更好地兼顾经济、生态和社会效益。因闭环供应链系统存在逆向结构，包括废品回收、再制造等环节，所以系统更加复杂。而且，供应链的正、逆向流通并不是简单加和，而是有组织地协调系统，因此闭环供应链的复杂性和不确定性会增加。

2.2 回收再造闭环供应链的回收模式

实施闭环供应链的重要基本问题之一就是回收渠道的选择。对于制造商来讲，选择采用何种回收模式，不仅对供应链成员企业的定价决策、利润有影响，还对整体供应链系统有重要影响。

2.2.1 制造商回收

制造商为主体的回收流程是产品首先由零售商销售给消费者，然后制造商负责将废旧产品进行回收处理。制造商因其本身具有产品制造的能力，所以可以降低生产制造的成本，而且有助于塑造企业形象。但是制造商回收模式因其一般只回收企业自身生产的产品或者相近的产品，回收难以规模化，所以回收成本较高。

2.2.2 零售商回收

零售商为主体的回收流程是产品经由零售商销售给消费者，然后零售商利用其渠道优势回收废旧产品。零售商回收模式因零售商可利用自身强大的销售网络从消费者处回收旧品，所以既能高效回收旧品又能降低回收成本。但是往往零售商本身回收旧品的动力不足，需要供应链的其他参与主体提供相应的激励条款来增强零售商回收旧品的积极性。

2.2.3 第三方回收

第三方回收商为主体的回收模式主要是制造商委托第三方回收商来回收废旧品。第三方回收商由于自身专门从事废旧品的回收，所以可以利用其技术、资源优势来提高回收效率，容易实现规模效应。但是往往第三方回收商达不到生产制造商要求的产品资质以及技术要求。

2.3 回收再造闭环供应链的技术授权

随着制造技术的进步和授权模式的兴起，市场开始出现原始制造商技术授权第三方企业从事产品的再制造业务。例如，世界著名的机械制造商卡特彼勒公司就授权其在中国区的经销商利星行机械公司从事旧设备再制造相关的业务①，苹果公司授权富士康集团回收和再处理废旧的苹果手机②。但是，第三方企业生产的再制品因价格等优势会对原始制造商生产的新品产生部分负面影响，所以技术授权成为原始制造商所采用的最有效的方式之一。技术授权既能保障原始制造商的效益，也保证了第三方再制造商参与再制造的合规化。

《中华人民共和国专利法》第十二条规定，任何单位或者个人实施他人专利的，应当与专利权人订立实施许可合同，向专利权人支付专利使用费。被许可人无权允许合同规定以外的任何单位或者个人实施该专利。这意味着，第三方再制造商需要首先获得原始制造商的技术授权才能对由原始制造商生产的废旧产品进行回收和再制造，而原始制造商也因此可以获得相应的技术授权费用。根据交易模式的不同，技术授权策略可分为固定费用授权策略、提成授权策略、两部收费授权策略。固定费用授权是指被授权者以合约规定方式付给专利权人固定费用。提成授权策略指专利权人按合约规定从被授权者的销售利润中抽取一定比例作为授权费用。两部收费授权策略则是以上两种策略的结合，被授权者先向专利权人支付一部分固定费用，然后再根据销售利润按比例支付提成授权费用。

2.4 产品定价

产品定价是企业在进行市场营销活动和制定企业阶段利润目标中重要的一环。在早期的传统供应链中，企业主要是以经济效益为中心对产品进行合理的定价来降低生产成本和获取更多的利润，随着闭环供应链的兴起和发展，企业开始逐渐意识到消费者的购买意识对企业市场营销活动和产品定价的影响。故在关于产品定价时便出现了以成本为导向和以市场需求为导向的两种定价方法（马恩和罗格纳，2008）。

在以成本为导向的产品定价决策中，企业主要是从自身效益出发，在充分了解自身生产成本的情况下，得到产品的单位成本，并在此基础上进行一定程度的加价来保证企业本身可以获取一定的利润。但在以成本为导向的产品定价决策中，企业在确定产品销售价格之前往往难以确定产品的单位成本，因为企业对此时的市场需求量并不了解。因此企业只能假设市场需求量不会随着销售

① http：//www. lsh－ppower. com/about. shtml.

② http：//www. eepw. com. cn/article/272024. htm.

价格的变化而变化，并且企业只有在市场销量超过一定的数值时才会满足企业自身当初在制定产品价格时所假定的单位生产成本。这可能就会导致企业当初制定的销售价格不被市场所接受，严重影响市场销量。另外，由于产品定价是基于产品单位生产成本进行的，因此在面对市场中出现类似的产品进行竞争时，企业也很难根据市场情况调节自身产品的价格。

但在以市场需求为导向的产品定价决策中，企业会优先考虑消费者的购买意愿即消费者根据产品本身对价格的接受程度，然后企业会在既满足市场需求又能自身有利可图的基础上对产品进行合理定价。与以成本为导向的定价不同，以市场需求为导向的产品定价决策中会首先考虑产品在消费者心中的价值，即消费者的感知价值。由于消费者的消费意愿和对产品价值的理解程度不同，因此消费者对同一产品的价值理解也不同，但消费者对产品往往会有一个可消费的价格区间，故若企业的产品定价恰好落在这个区间内，消费者就会选择购买产品，企业也将有利可图。如身为世界上最大的工程机械生产厂家之一的美国卡特彼勒公司，其在对自家企业生产的拖拉机定价为 11 万美元，同时又以 1 万美元的折扣来吸引消费者，因此消费者最终购买拖拉机时只需实际支付 10 万美元，但这要比同行业的其他竞争厂商至少高于 1 万美元。然而最终卡特彼勒公司的拖拉机销量仍然超过了其他竞争对手。在面对外界关于卡特彼勒公司为何成功的提问时，其公司的经销商说道，其实 9 万美元是与竞争对手相同的销售价格，但在考虑了最佳耐用性、最佳可靠性、最佳服务和零件的保修成本后的最终价格是 11 万美元，但为了吸引消费者，再进行 1 万美元的价格折扣优惠。最终消费者会发现虽然购买卡特彼勒公司的拖拉机需多支付 1 万美元，但在获取到了耐用、可靠、服务和零件售后的基础上还获得了 1 万美元的折扣，恰好是在自己可接受的价格区间内，因此会购买该公司生产的拖拉机。[①] 通过这个案例可以看出消费者对产品的价值认知会影响到消费者的购买行为，同时企业还可以通过提高消费者对产品的价值认知来提高消费者的购买价格期望上限。另外，与以成本为导向的企业定价相比，以市场需求为导向的企业在面对市场中的竞争对手时可以更加灵活地通过调整产品价格来占领市场。

2.5 风险偏好

供应链中所有的企业是以网链结构出现的且彼此互相影响，若其中一个节

① 杨剑英. 市场营销学［M］. 南京：南京大学出版社，2015.

点企业出现问题都会影响到整个供应链，因此供应链中存在着很多风险，研究的角度不同，对风险的分类也不同。丁伟东（2003）从环境的角度出发将供应链风险分为自然环境风险和社会环境风险。马士华（2003）将由道德风险、信息传递和供应链成员理性程度等带来的风险划分为内生风险，将由经济、法律、政治等因素带来的风险划分为外生风险。无论对供应链的风险如何划分，供应链的风险总是会对供应链的收益造成一定的潜在威胁，于是在面对供应链中各种各样的风险时，供应链成员如何从自身的角度作出理性决策便成为企业和学者们关注的重点。

风险偏好主要分为三种类型：风险偏好型、风险规避型和风险中性型。风险偏好型即决策者主动追求风险，他们认为在期望收益相同时，选择风险大的往往能够提升自己的收益。而风险规避型恰恰相反，风险规避型的决策者往往会主动避开风险，他们认为在风险收益相同时，选择风险小的更易于维持自己的收益。风险中性下的制造商既不追求风险也不避开风险，影响他们决策的唯一因素就是期望收益的大小，无论风险如何，他们都会选择期望收益较大的策略。在最初关于供应链的研究中，大多都是以供应链成员风险中性为研究前提，如萨瓦斯坎（Savaskan，2004）、易余胤（2010）等。但随着供应链成员中信息不对称、双重边际化和目标冲突等问题的出现，供应链成员风险中性的假定已经无法满足对当前供应链的研究，于是涌现出一大批学者对供应链成员的风险偏好进行研究。在通常的假设中，一般是以风险系数来描述供应链成员的风险态度，风险系数为正时说明供应链成员为风险偏好型，风险系数为负时说明供应链成员为风险规避型，风险系数为零则代表供应链成员风险中性。供应链成员又主要分为供应商、制造商、经销商（零售商）和消费者，起初消费者的风险偏好并未在考虑范围之内，但随着市场逐渐以需求为导向，企业在进行产品定价时不得不考虑消费者的风险态度问题。而在现有研究中考虑制造商风险态度的较多，这与大多数企业中都是制造商主导有关，其风险态度会随着产品的流动逐层传递到末端消费者，因此研究制造商的风险态度问题比较符合现实中的实际情况。在传统供应链中，制造商只需要考虑产品销售过程中的风险问题，而发展到闭环供应链，制造商不得不考虑废旧产品在进行回收再制造过程中的风险问题。在闭环供应链中的回收再制造过程中，主要存在废旧产品的回收数量不确定带来的风险和废旧产品的质量不确定带来的风险，前文已经叙述过废旧产品的质量不确定带来的风险对再制造过程中的影响更大，因此企业在面对回收过程中存在的质量不确定风险时，其风险态度如何影响闭环供应链中的产品定价引起了众多学者的关注，也成为本书所要研究的问题之一。

2.6 不确定环境下的闭环供应链管理

不确定性指企业生产经营过程中可获取的信息与达成特定目标所需信息的差异。不确定性会造成企业对用户需求满足的延迟、库存增加、缺货等问题的发生。传统供应链不确定性来源主要有三方面：供需的波动性、生产制造的不稳定性、外部环境的不确定性。由于闭环供应链相较传统供应链增加了回收与再制造的过程，因此闭环供应链中的不确定性更加复杂。

2.6.1 闭环供应链不确定性的来源

2.6.1.1 供应与需求的随机波动性

供应不确定性主要原因在于原料供应数量的不确定及货物到达提前期的不确定。而再制品的原料供应很大程度上来自废旧品回收，因此回收过程的不确定性会对再制品的生产制造的再制造率、再制造成本有较大影响。回收过程的不确定性主要来自回收品的数量、质量、回收时间等因素。供应链领域中普遍存在需求波动的问题，需求预测的准确性会对产品销售、交付、产品生命周期、市场占有等因素产生影响。

2.6.1.2 生产与再制造过程的不稳定性

现代生产制造模式基本是基于需求预测和生产能力而制定的。生产计划经常因为自身管理能力的限制或者生产技术的原因而受到变动。而且，再制造产品的生产工艺、制造技术由于还处于初始阶段，比传统供应链中的生产制造过程有更大的不稳定性。

2.6.1.3 外部环境干扰的不确定性

外部环境的变化通常会对整个闭环供应链的正常运作有较大影响。常见的外部环境的不确定因素包括：自然环境灾害、重大公共卫生事件、重大的自然灾害、支持或限制政策的推出。自然灾害的发生会造成原料供应的中断、运输费用的上涨等问题。重大卫生事件的发生往往会导致某些物资的供应短缺、价格上涨，例如新冠疫情使世界各国对口罩、呼吸机等物资的需求迅速增加。而政策等社会因素也会对整个供应链运行产生巨大影响。

2.6.2 不确定性后果分析

因上述不确定因素的影响，闭环供应链的运作会出现效率低下、收益率低、成员企业信誉下降、对环境产生不良影响等情况。通常，供应与需求的随机波动性以及外部环境带来的扰动性是传统供应链管理者必然会面对的问题。而且，由于闭环供应链中逆向物流的存在，再制品的生产制造过程会受到回收过程不确定性因素的影响。一定时期内，市场中某一类产品的总需求是固定的，因此，再制品数量的不确定性会给新品的生产计划造成影响。另外，为了满足消费者多样化的需求，产品更新换代的速度大大加快，由于不确定性导致的产品库存积压，不仅会造成巨大的库存费用，而且会影响新品的生产周期，甚至形成恶性循环，产品库存积压问题越来越严重，使企业遭受巨大损失。综上，因闭环供应链涉及的环节更多，易受到各种不确定性因素的影响，再加上不确定因素之间的相互作用以及影响的传递性，更加使得闭环供应链的管理要比传统开环供应链难度大大加深。

2.6.3 不确定性模型的解决方法

在构建不确定性模型中，由于描述不确定因素的部分参数是不可知的，因此需要采取某些方法来模拟现实中可能出现的不确定性，从而对不确定性因素实现后可能出现的结果进行分析。目前，常用的不确定性模型建立、参数模拟的方式主要有以下几种：

2.6.3.1 情景分析法

情景分析法是在对社会经济、生产技术等重大发展过程中提出重要假设的基础上，通过严谨的逻辑推理，构想可能出现的各种情况。未来虽充满不确定性，但仍有客观规律可循。通过对有规律性、可预测的因素进行分析，可以预测未来的发展趋势。情景分析的主要方法有：目标展开法、未来趋势法、间隔法，具体实施包括六个步骤（陈佳莉、郭春香，2019）：明确决策内容；识别关键因素；分析外驱力量；确定不确定轴面；情景逻辑发展；总结分析。

但是情景分析法由于本身特点，存在一些局限性：首先就是该方法操作过于复杂，缺乏固定模式，一定程度上依赖于决策者的直觉。而且该方法主要是作长期预测，短期内很难有明显的效果。此外，该方法受制于企业的管理模式，以及管理者自身的水平。

2.6.3.2 数学解析法

不确定性可以通过不同参数类型来表现，比如随机变量、随机扰动量、灰色变量、模糊变量等。将参数的不确定性与传统数学规划方式相结合，产生了随机规划、模糊规划等数学分支。数学解析方法就是通过利用不确定规划的某些数学属性，将其转化为确定性优化问题，从而利用传统规划方法进行求解。

2.6.3.3 系统仿真法

系统仿真法是指通过构建模型，模拟真实系统，在计算机软件平台上运行得到系统解的研究方法。由于系统仿真法综合考虑各种不确定性因素的影响，因此模型的构建非常复杂和庞大，传统的求解方法很难求解出结果。启发式算法和模拟技术成为系统仿真常用的求解方法。

2.7 干扰管理

有关干扰管理的研究自 20 世纪 80 年代提出后已广泛应用到了很多领域。最早干扰管理的思想应用于航空业，随着该方法在航空业取得的巨大成功，许多学者对其产生浓厚兴趣，开始在其他领域探索并成功地应用。闭环供应链相较于传统正向供应链流程环节更多，工艺更复杂，周期更长，容易受到诸多因素的干扰。因此，需要及时调整策略来降低因干扰事件发生所造成的损失。

目前在学术界还未有对干扰管理统一的、明确的定义，但是干扰管理相关的理论方法已经逐步成熟。干扰管理思想的奠基人于刚认为，干扰管理主要包括三个方面：识别干扰事件、制订最优或次优计划、形成受扰动影响最小的管理新方案（Yu，2004）。张晨阳等（2018）认为干扰管理是在尽量降低成本支出或减少损失的前提下，通过积极的管理方法纠正因干扰事件造成的对原计划的偏离所产生的偏离。

干扰管理的核心在于能使受到干扰的系统迅速恢复，目标是使损失降至最低。通过扰动管理能快速地发现、恢复原有状态，因此扰动量通常都是比较小的，不会对正常的生产系统造成毁灭性的打击。

干扰管理是一种项目扰动恢复方法，相较于其他的管理方法有其独有的特征：

（1）实时调整。现代管理理念讲究反应迅速，执行效率高。所以要求供应链管理可以实时动态管理，保持柔性，这样在受到扰动时也能及时迅速调整，避免过大的损失。

（2）局部调整。在局部范围进行调整，尽可能地将系统恢复到扰动前的状态，减小对项目系统整体运行的影响。

（3）多目标综合优化。在利用干扰管理进行干扰恢复时，也应对多个目标进行综合考虑，以实现效益最大化。

（4）最小综合扰动成本。干扰管理的根本目标是使得扰动后的系统恢复到初始状态，花费的代价最小。需要考虑扰动引起的连锁反应，当一个环节受到扰动后，通常会对与之关联的其他环节产生影响。因此，需要考虑执行新计划时造成的扰动成本，保证在恢复项目的同时，保持扰动成本的最低。

因此，干扰管理的一般过程通常是先对干扰事件进行识别和度量，然后得到解决方案，力求恢复成本最低，最后根据方案实际操作实施。

2.8 本章小结

本章主要介绍了关于闭环供应链的定义、回收再造闭环供应链的回收模式及技术授权、产品定价、风险偏好、不确定环境下的闭环供应链及干扰管理等方面的基础知识。

3　基于 ISM - AHP 的电子产品闭环供应链风险评价

3.1　电子产品闭环供应链风险成因

关于电子产品闭环供应链风险成因，不同视角有不同的理解，本书将电子产品闭环供应链风险主要划分为三个方面（见图 3.1）：一是电子产品闭环供应链外部环境的不确定性；二是电子产品闭环供应链成员之间存在的合作风险；三是电子产品闭环供应链企业内部存在的运作风险。

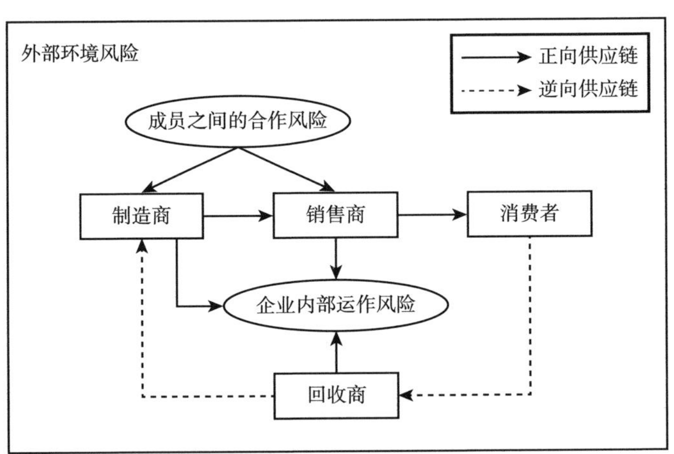

图 3.1　电子产品闭环供应链风险成因

3.1.1　外部环境的风险

闭环供应链外部环境的风险，主要是指外部环境存在不确定性（王哲等，2014），主要体现在自然环境和市场环境两个方面，自然灾害的发生不可避免地会影响到闭环供应链某个节点企业，例如地震、异常天气可能会暂时导致电子产品原材料供应紧缺或延误废旧品的回收时间，从而影响到整个闭环供应链的稳定。

市场经济是以利益最大化为内在驱动力，通过供求、价格、竞争等市场机制配置社会资源和引导社会经济运行的经济体制模式。竞争是市场经济的基本构成要素，市场竞争过于激烈或者竞争不当导致电子产品无法正常进行生产、销售及回收（程东波等，2017），影响闭环供应链企业效益。

再制品的市场可接受程度是回收商或者第三方回收企业考虑的关键因素之一，它不仅关系到产品的回收率高低，也体现了消费者对于国家电子废旧产品回收政策的意识和响应情况（陈西婵，2017），若市场可接受程度较高，则促使回收商更加积极地选择适当方法进行废旧品回收，废旧品的及时回收也有利于对环境的保护。

税收政策是政府为了实现一定时期的社会或经济目标，通过一定的税收政策手段，调参市场经济主体的物质利益、给以强制性刺激，从而在一定程度上干预市场机制运行的一种经济活动及其准则。政府通过降税来实现环境保护的基本国策，这种调整是促进废旧电子产品回收强有力的推手（夏文汇，2018），使回收商或者第三方的回收成本降低，鼓励了闭环供应链企业对于废旧电子产品回收的积极性，促使闭环供应链中的回收商更加积极地进行产品回收。

3.1.2 成员之间存在的合作风险

闭环供应链成员之间存在的风险主要为合作方面的风险。闭环供应链中的企业及合作伙伴能力是影响企业间达成合作的关键因素，包括生产、销售及回收能力等。闭环供应链中的企业间利益分配涉及整个闭环供应链的收益最大化问题，利益分配不均易致使闭环供应链整体利益产生损失（黄大容，2005）。闭环供应链中的企业不能完全信任合作伙伴，彼此猜忌，导致信息不能充分共享，致使合作断裂。有的企业可能会因各种原因而不能遵守合同规定，给合作企业带来损失，这些状况常常会导致合作伙伴关系破裂，给闭环供应链带来经营管理上的风险。

3.1.3 企业内部运作风险

闭环供应链体系各企业内部存在的风险复杂多样，本书主要研究对象为闭环供应链风险，侧重点在于产品的逆向供应链方面，所以本书从消费者意识以及产品的回收过程两个角度探讨当中可能存在的风险因素。

在闭环供应链中，消费者的产品回收意识直接影响到整个逆向供应链的产品供应量的大小（梁晓萍，2014），消费者产品回收意识的强弱关系到产品回收时间、产品回收数量以及回收产品的质量的变化，如果消费者回收意识不强，可能影响到闭环供应链中回收商的产品回收率下降，从而影响到回收产品的再制造效率的提升。

在产品的整个回收过程当中，产品回收时间、产品回收数量、回收产品的质量、回收机制的健全程度、正逆向无缝对接风险、逆向与正向冲突风险、废旧产品的再制造成本、再制造技术成熟度等都是这个回收产品能否再次合格地出现在市场上的风险因素（谢家平，2003；黄鲁成，2010；周雄伟，2017；梁工谦，2017），其中包括直接和间接影响。在闭环供应链体系中，产品的及时回收不仅有利于循环经济的发展，而且健全的回收机制有助于降低闭环供应链的经营风险。闭环供应链中正向与逆向供应链同时存在，将导致库存管理更加复杂。正逆向无缝对接就是指如何将回收产品投放到生产中去，这正是对接的关键，也是闭环供应链面临的风险之一。正向与逆向会发生冲突是因为回收业务会影响正向生产业务，可能会导致生产工序混乱，从而影响整个供应链的稳定。废旧产品的再制造成本涉及闭环供应链中回收商的回收成本问题，成本可控程度较高能带给回收商更多的利益空间；随着政府鼓励政策的实施和我国废旧电子产品回收市场的迅猛发展，与回收相关的核心生产技术应用与研发必将成为闭环供应链企业关注的热点。

综上分析，电子产品闭环供应链风险因素如表3.1所示。

表3.1　电子产品闭环供应链风险因素

风险来源	代号	风险因素
外部环境风险	S_1	政府税收政策
	S_2	市场竞争环境
	S_3	再制品的市场可接受程度
	S_4	自然环境
企业间合作风险	S_5	合作伙伴能力
	S_6	合作伙伴契约履行率
	S_7	合作伙伴间利益分配
	S_8	合作伙伴间信任程度
内部运作风险	S_9	消费者的产品回收意识
	S_{10}	回收机制的健全程度
	S_{11}	正逆向无缝对接

续表

风险来源	代号	风险因素
内部运作风险	S_{12}	逆向与正向冲突
	S_{13}	产品回收时间
	S_{14}	产品回收数量
	S_{15}	回收品的质量
	S_{16}	废旧产品的再制造成本
	S_{17}	再制造技术的成熟程度

3.2 基于 ISM 的电子产品闭环供应链风险评价研究

3.2.1 解释结构模型概述

解释结构模型（interpretative structural modeling，ISM）由美国沃菲尔德教授为分析复杂的社会经济系统有关问题而研发，它将复杂的系统分成若干子系统要素，利用人们的主观判断以及计算机的帮助，使复杂系统分解成层次清晰的多级递阶形式，构成一个多层级的结构解释模型。ISM 步骤主要是：设定问题；选择构成系统的要素；建立反映要素关系的可达矩阵；根据可达矩阵进行级间划分，建立解释结构模型。

马蒂亚扎根（Mathiyazhagan，2013）、加瓦雷什基（Gavareshki，2017）、范瑾（2014）等分别运用 ISM、Fuzzy MICMAC、Fuzzy AHP 和 Vikor 方法将消费者纳入循环农业行为主体，基于利益相关者理论，分析了实施绿色供应链管理过程中的多个障碍因素，通过消除主导障碍使绿色供应链更加容易实施。王靓（Wang，2018）、霍亭亭（2012）、裴小兵（2015）等分别从学术和工业领域、心理契约以及实施精敏供应链的角度出发，通过构建 ISM 模型对虚拟企业知识共享影响因素进行分析与讨论，探寻各因素在知识共享过程中所起的作用，为知识管理理论提供补充。张永宾（2012）、吕德宏（2017）等分别从多协调型第四方物流、农户小额信贷、农产品、食品及医药行业供应链角度构建了风险因素体系，并用 ISM 模型及模糊层次分析法对风险因素进行分析，为控制风险提供科学的决策依据。

3.2.2 风险指标体系构建

闭环供应链风险因素之间不是相互独立互不相关的，而是存在着直接或间接的影响关系，且关系复杂。供应链合作企业之间履行契约率受到政府税收政策的提高或降低的影响，其履行程度不一，当税收政策有一定优惠时，企业的契约履行率提高（陈西婵，2017）。市场竞争环境的好坏影响到合作伙伴间将采取何种应对策略，企业是以利益为出发点来制定适合的应对模式的。当再制品的市场可接受程度较高，则企业的回收积极性也会较高，供应链成员企业间利益分配也更加均衡（李利英，2007）。自然环境如自然灾害的发生影响到产品原材料的稀缺程度及再制品的翻新效率，从而关系到合作伙伴的生产、销售或者再制造能力（杨淑华，2004）。合作伙伴的回收能力对产品回收数量有直接影响，合作伙伴利益分配不均或者信任程度较低亦关系到产品的回收数量（王武，2012）。合作伙伴的契约履行程度关系到企业是否能够对废旧电子产品及时进行回收；若回收时间较晚则会给回收品的质量带来损失，从而提高回收品再制造成本（张汉江，2014）。产品回收时间是回收机制健全度的体现（倪明，2016），产品的回收数量影响到闭环供应链中正向供应链与逆向供应链之间的无缝对接程度，逆向业务与正向业务之间的冲突程度，以及废旧产品的再制造成本（贺政纲，2014）。

这些因素间复杂的影响关系提高了风险发生概率，给闭环供应链造成一定程度上的损失。结合以上分析，根据风险指标建立原则及 ISM 模型原理，将因素间相互关系转换为表 3.2，其中“E”代表行因素对列因素有直接影响，如第 1 行第 12 列的“E”表示（S_1）影响（S_6）；“N”代表列因素对行因素有直接影响，如第 10 行第 5 列“N”表示（S_{13}）影响（S_{10}）。

表 3.2　　因素间相互关系

序号	1	2	3	4	5	6	7	8	9	10	11	12	13	14	15	16	17
1												E					S_1
2										E	E					S_2	
3											E				S_3		
4													E	S_4			
5	E			E									S_5				
6			E		E							S_6					
7				E					E		S_7						
8				E						S_8							
9							E		S_9								
10					N			S_{10}									

续表

序号	1	2	3	4	5	6	7	8	9	10	11	12	13	14	15	16	17
11				N			S_{11}										
12				N		S_{12}											
13					S_{13}												
14		E		S_{14}													
15		E	S_{15}														
16	N	S_{16}															
17	S_{17}																

由表 3.2 所示的各因素之间的相互影响关系建立邻接矩阵 A，矩阵中数值为 1 的元素表示该行因素对该列因素有影响（包括自相关），数值为 0 的元素则表示该行因素对该列因素无明显影响或影响可以忽略不计。

$$
A = \begin{array}{c} \\ S_1 \\ S_2 \\ S_3 \\ S_4 \\ S_5 \\ S_6 \\ S_7 \\ S_8 \\ S_9 \\ S_{10} \\ S_{11} \\ S_{12} \\ S_{13} \\ S_{14} \\ S_{15} \\ S_{16} \\ S_{17} \end{array}
\begin{array}{c}
\begin{array}{ccccccccccccccccc} S_1 & S_2 & S_3 & S_4 & S_5 & S_6 & S_7 & S_8 & S_9 & S_{10} & S_{11} & S_{12} & S_{13} & S_{14} & S_{15} & S_{16} & S_{17} \end{array} \\
\begin{bmatrix}
0 & 0 & 0 & 0 & 0 & 1 & 0 & 0 & 0 & 0 & 0 & 0 & 0 & 0 & 0 & 0 & 0 \\
0 & 0 & 0 & 0 & 0 & 0 & 1 & 1 & 0 & 0 & 0 & 0 & 0 & 0 & 0 & 0 & 0 \\
0 & 0 & 0 & 0 & 0 & 0 & 1 & 0 & 0 & 0 & 0 & 0 & 0 & 0 & 0 & 0 & 0 \\
0 & 0 & 0 & 0 & 1 & 0 & 0 & 0 & 0 & 0 & 0 & 0 & 0 & 0 & 0 & 0 & 0 \\
0 & 0 & 0 & 0 & 0 & 0 & 0 & 0 & 0 & 0 & 0 & 0 & 0 & 1 & 0 & 0 & 1 \\
0 & 0 & 0 & 0 & 0 & 0 & 0 & 0 & 0 & 0 & 0 & 0 & 1 & 0 & 1 & 0 & 0 \\
0 & 0 & 0 & 0 & 0 & 0 & 0 & 0 & 1 & 0 & 0 & 0 & 0 & 1 & 0 & 0 & 0 \\
0 & 0 & 0 & 0 & 0 & 0 & 0 & 0 & 0 & 0 & 0 & 0 & 0 & 1 & 0 & 0 & 0 \\
0 & 0 & 0 & 0 & 0 & 0 & 0 & 0 & 0 & 0 & 1 & 0 & 0 & 0 & 0 & 0 & 0 \\
0 & 0 & 0 & 0 & 0 & 0 & 0 & 0 & 0 & 0 & 0 & 0 & 0 & 0 & 0 & 0 & 0 \\
0 & 0 & 0 & 0 & 0 & 0 & 0 & 0 & 0 & 0 & 0 & 0 & 0 & 0 & 0 & 0 & 0 \\
0 & 0 & 0 & 0 & 0 & 0 & 0 & 0 & 0 & 0 & 0 & 0 & 0 & 0 & 0 & 0 & 0 \\
0 & 0 & 0 & 0 & 0 & 0 & 0 & 0 & 0 & 1 & 0 & 0 & 0 & 0 & 0 & 0 & 0 \\
0 & 0 & 0 & 0 & 0 & 0 & 0 & 0 & 0 & 0 & 1 & 1 & 0 & 0 & 0 & 1 & 0 \\
0 & 0 & 0 & 0 & 0 & 0 & 0 & 0 & 0 & 0 & 0 & 0 & 0 & 0 & 0 & 1 & 0 \\
0 & 0 & 0 & 0 & 0 & 0 & 0 & 0 & 0 & 0 & 0 & 0 & 0 & 0 & 0 & 0 & 0 \\
0 & 0 & 0 & 0 & 0 & 0 & 0 & 0 & 0 & 0 & 0 & 0 & 0 & 0 & 0 & 1 & 0
\end{bmatrix}
\end{array}
$$

根据邻接矩阵 A 计算可达矩阵 M，其中

$$M=(A+I)^2=(A+I)^3=(A+I)^n=A+I \tag{3-1}$$

本书由 Matlab 软件计算可达矩阵 M 如下

$$M=\begin{bmatrix}
1&0&0&0&0&1&0&0&0&1&0&0&1&0&1&1&0\\
0&1&0&0&0&0&1&1&1&0&1&1&0&1&0&1&0\\
0&0&1&0&0&0&1&0&1&0&1&1&0&1&0&1&0\\
0&0&0&1&1&0&0&0&0&0&1&1&0&1&0&1&1\\
0&0&0&0&1&0&0&0&0&0&1&1&0&1&0&1&1\\
0&0&0&0&0&1&0&0&0&1&0&0&1&0&1&1&0\\
0&0&0&0&0&0&1&0&1&0&1&1&0&1&0&1&0\\
0&0&0&0&0&0&0&1&0&0&1&1&0&1&0&1&0\\
0&0&0&0&0&0&0&0&1&0&1&0&0&0&0&0&0\\
0&0&0&0&0&0&0&0&0&1&0&0&0&0&0&0&0\\
0&0&0&0&0&0&0&0&0&0&1&0&0&0&0&0&0\\
0&0&0&0&0&0&0&0&0&0&0&1&0&0&0&0&0\\
0&0&0&0&0&0&0&0&0&1&0&0&1&0&0&0&0\\
0&0&0&0&0&0&0&0&0&0&1&1&0&1&0&1&0\\
0&0&0&0&0&0&0&0&0&0&0&0&0&0&1&1&0\\
0&0&0&0&0&0&0&0&0&0&0&0&0&0&0&1&0\\
0&0&0&0&0&0&0&0&0&0&0&0&0&0&0&1&1
\end{bmatrix}$$

由可达矩阵 M 可得各级因素划分数据，如表 3.3 所示，其中可达集 $R(S_i)$ 指可达矩阵要素 S_i 对应的行中，包含有 1 的矩阵元素所对应的列要素的集合，代表要素 S_i 到达的要素；先行集 $A(S_i)$ 指可达矩阵要素 S_i 对应的列中，包含有 1 的矩阵元素所对应的行要素的集合；共同集 $C(S_i)=R(S_i)\cap A(S_i)$，级位划分条件为 $C(S_i)=R(S_i)$，即当共同集与可达集的要素相同时，需抽取掉表中含有此要素的集合中的该要素，并继续进行下一级位划分直至划分完成。根据以上原理及可达矩阵 M 进行一级要素划分，划分过程如表 3.3 所示，由表 3.3 可知一级要素集合 Ⅰ $=\{S_{10}, S_{11}, S_{12}, S_{16}\}$，去掉表 3.3 中 S_{10}，S_{11}，S_{12}，S_{16} 所在行和列可得二级要素集合 Ⅱ $=\{S_9, S_{13}, S_{14}, S_{15}, S_{17}\}$（见表 3.4），同理可得三级要素集合 Ⅲ $=\{S_5, S_6, S_7, S_8\}$（见表 3.5），四级要素集合 Ⅳ $=\{S_1, S_2, S_3, S_4\}$（见表 3.6）。

表 3.3 一级因素划分数据

S_i	$R(S_i)$	$A(S_i)$	$C(S_i)$	级位划分
1	1，6，10，13，15，16	1	1	
2	2，7，8，11，12，14，16	2	2	
3	3，7，11，12，14，16	3	3	
4	4，5，11，12，14，16，17	4	4	
5	5，11，12，14，16，17	4，5	5	
6	6，10，13，15，16	1，6	6	
7	7，9，11，12，14，16	2，3，7	7	
8	8，11，12，14，16	2，8	8	
9	9，11	7，9	9	
10	10	13，10	10	√
11	11	9，11，14	11	√
12	12	12，14	12	√
13	10，13	6，13	13	
14	11，12，14，16	5，7，8，14	14	
15	15，16	6，15	15	
16	16	14，15，16，17	16	√
17	16，17	5，17	17	

表 3.4 二级因素划分数据

S_i	$R(S_i)$	$A(S_i)$	$C(S_i)$	级位划分
1	1，6，13，15	1	1	
2	2，7，8，14	2	2	
3	3，7，14	3	3	
4	4，5，14，17	4	4	
5	5，14，17	4，5	5	
6	6，13，15	1，6	6	
7	7，9，14	2，3，7	7	
8	8，14	2，8	8	
9	9	7，9	9	√
13	13	6，13	13	√
14	14	5，7，8，14	14	√
15	15	6，15	15	√
17	17	5，17	17	√

表 3.5　　三级因素划分数据

S_i	$R(S_i)$	$A(S_i)$	$C(S_i)$	级位划分
1	1，6	1	1	
2	2，7，8	2	2	
3	3，7	3	3	
4	4，5	4	4	
5	5	4，5	5	√
6	6	1，6	6	√
7	7	2，3，7	7	√
8	8	2，8	8	√

表 3.6　　四级因素划分数据

S_i	$R(S_i)$	$A(S_i)$	$C(S_i)$	级位划分
1	1	1	1	√
2	2	2	2	√
3	3	3	3	√
4	4	4	4	√

最终级位划分结果如图 3.2 所示。

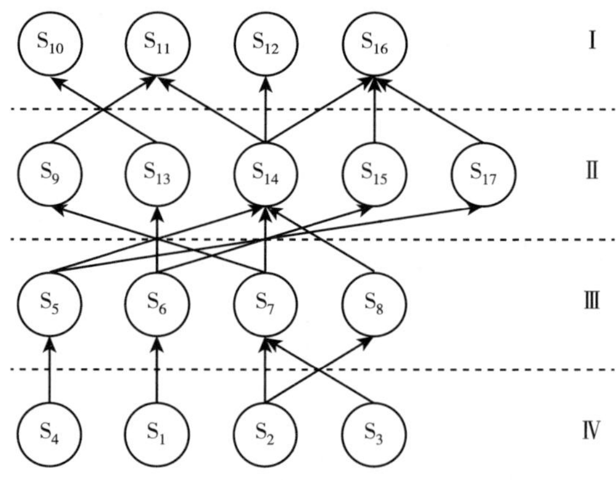

图 3.2　级位划分结果

级位划分结果表明，回收机制的健全程度、正逆向无缝对接、逆向与正向冲突及废旧产品的再制造成本属于最高层级，受其他所有风险因素的影响，将其要素集合命名为逆向风险；消费者的产品回收意识、产品回收时间、产品回收数量、回收品的质量、再制技术的成熟程度位于第二层级，将其要素集合命名为供应风险，且产品回收数量影响第一层级的三个因素并受三个因素影响，说明产品回收数量是供应风险要素中非常重要的风险因素；合作伙伴能力、合作伙伴契约履行率、合作伙伴间利益分配、合作伙伴间信任程度位于第三层级，将其要素集合命名为合作风险，其中合作伙伴间利益分配影响第二层级的三个因素并受第一层级两个因素影响，说明合作伙伴间利益分配是合作风险要素中比较重要的风险因素；政府税收政策、市场竞争环境、再制品的市场可接受程度、自然环境位于第四层级，将其要素集合命名为环境风险。电子产品闭环供应链风险指标体系如图 3. 3 所示。

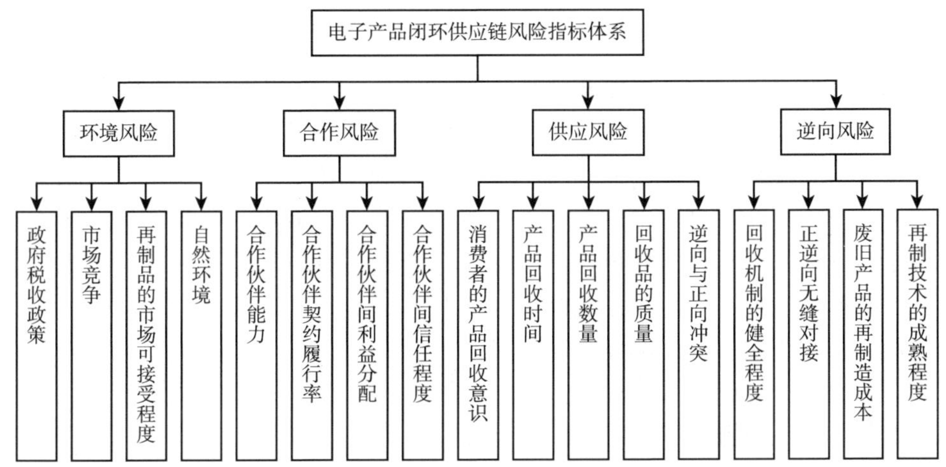

图 3. 3 电子产品闭环供应链风险因素指标体系

3. 2. 3 环境风险

环境的不确定性给闭环供应链带来风险。政府税收政策的变化影响回收商对产品回收的信心，税收优惠政策可以激励回收商采取积极的产品回收政策；市场竞争不当或竞争过于激烈，会损害到消费者和整个闭环供应链成员的合法权益，导致闭环供应链无法正常运作；再制品的市场可接受程度关系到产品的回收率高低，体现了消费者对于国家电子废旧产品回收政策的意识和响应情况；在自然环境方面，自然灾害影响到闭环供应链某个节点企业，从而影响到整个闭环供应链的稳定。

3. 2. 4 合作风险

合作伙伴的生产、销售及回收能力，利益分配，信任程度，契约履行率等，影响到闭环供应链各方之间能否通过紧密合作使利益最大化。合作伙伴的生产、销售及回收能力的强弱制约整个闭环供应链的效率；同样，利益分配是否均衡并且符合各方要求直接影响供应链能力的发挥；合作伙伴间信任程度决定了合作能否顺利达成，即影响到闭环供应链的完整性；契约履行率指由于信息不对称，各方收益相差较大造成契约破裂，契约履行率较低给闭环供应链带来危机。在合作风险方面，本书选取以下四项作为闭环供应链风险影响因素：合作伙伴的生产、销售及回收能力；合作伙伴间利益分配；合作伙伴间信任程度；合作伙伴契约履行率。

3.2.5 供应风险

消费者的产品回收意识以及产品的回收时间关系到回收产品的数量、质量，影响到再制造企业的生产成本，导致市场需求发生变动。回收商的回收产品数量少，无法实现规模效应而面临亏损，从而影响到整个闭环供应链的收益和稳定；正向与逆向冲突是由于回收业务会影响正向生产业务，可能会导致生产工序混乱，从而影响整个闭环供应链的稳定。因此在供应风险方面本书选取消费者的产品回收意识、产品的回收时间、回收产品数量、回收产品质量以及正向与逆向冲突作为闭环供应链风险影响因素。

3.2.6 逆向风险

人们环保意识的增强促进了产品回收模式不断发展，而回收机制的健全度影响到产品是否能够顺利被回收再制造这个过程，产品的及时回收不仅有利于循环经济的发展，而且健全的回收机制有助于降低闭环供应链的经营风险；产品的正逆向无缝对接是指将回收产品再次投放到生产中去，这是对接的关键，也是闭环供应链面临的风险之一；废旧产品的再制造成本和技术成熟度关系到再制品本身的质量和定价，进而影响闭环供应链企业的效益。因此，在逆向方面本书选取回收机制的健全度、正逆向无缝对接、废旧产品的再制造成本以及再制技术的成熟程度，作为闭环供应链风险影响因素。

3.3 基于 AHP 的电子产品闭环供应链风险指标权重确定

3.3.1 层次分析法概述

层次分析法是一种较为成熟的评价方法，关于其概念及特点在此不过多赘述，其基本步骤简要概括为以下三点。

（1）建立层次结构模型。

（2）构造判断矩阵并做一致性检验。从层次结构模型的第二层开始，对于从属于上一层每个因素的同一层诸因素，用成对比较法和 1～9 标度法构造判断矩阵，直到最下层。通过对影响上一级指标的下一级指标进行两两比较，从而确定不同指标的相对重要程度，设决策指标集为（U_1，U_2，…，U_n），判断矩阵具体形式如下：

$$U=\begin{array}{c} \\ U_1 \\ U_2 \\ \vdots \\ U_i \\ \vdots \\ U_n \end{array}\begin{array}{c} \begin{array}{cccccc} U_1 & U_2 & \cdots & U_j & \cdots & U_n \end{array} \\ \begin{bmatrix} u_{11} & u_{12} & \cdots & u_{1j} & \cdots & u_{1n} \\ u_{21} & u_{22} & \cdots & u_{2j} & \cdots & u_{2n} \\ \vdots & \vdots & & \vdots & & \vdots \\ u_{i1} & u_{i2} & \cdots & u_{ij} & \cdots & u_{in} \\ \vdots & \vdots & & \vdots & & \vdots \\ u_{n1} & u_{n2} & \cdots & u_{nj} & \cdots & u_{nn} \end{bmatrix} \end{array}$$

其中，$u_{ij}>0$，$u_{ij}=\frac{1}{u_{ji}}$，$u_{ii}=1$，判断矩阵为 $U=(u_{ij})_{n\times n}$，$U_i(i=1, 2, \cdots, n)$ 表示第 i 个决策指标，u_{ij}表示决策指标 U_i与决策指标 U_j相比的相对重要程度，依据 1～9 标度法取值，结果见表 3.7。

表 3.7　　标度值

U_i与 U_j的重要程度	u_{ij}取值	u_{ji}取值
U_i与 U_j相比，同样重要	1	1
U_i与 U_j相比，U_i稍微重要	3	1/3
U_i与 U_j相比，U_i明显重要	5	1/5
U_i与 U_j相比，U_i强烈重要	7	1/7
U_i与 U_j相比，U_i极端重要	9	1/8
U_i与 U_j相比，两者重要程度介于上述等级之间	2，4，6，8	1/2，1/4，1/6，1/8

构造的判断矩阵不全部符合一致性要求，需进行一致性检验，一般应用最大特征根 λ_{max}来检验判断矩阵的一致性，计算公式为：

$$CI=\frac{\lambda_{max}-n}{n-1} \tag{3-2}$$

其中，λ_{max}表示判断矩阵 U 的最大特征根，n 表示判断矩阵 U 的阶数。

对于一般的决策问题很难达到完全的一致性，允许判断矩阵存在一定误差。引入平均随机一致性指标 RI 衡量不同阶数的判断矩阵一致性。1 ~ 9 阶判断矩阵的 RI 值见表 3.8。

表 3.8　　平均随机一致性指标

1	2	3	4	5	6	7	8	9
0.00	0.00	0.52	0.89	1.12	1.26	1.36	1.41	1.45

随机一致性比率 CR 按公式（3 - 3）计算，即：

$$CR = \frac{CI}{RI} \tag{3-3}$$

当 $CR<0.1$ 时，判断矩阵满足一致性要求，否则需要适当修正判断矩阵。

（3）权重计算。层次分析法的权重计算方法最常用的有求和法、正规化求和法、方根法、对数最小二乘法等，由于方根法具有计算复杂度小、过程严密等优点，故本书采取方根法作为权重计算方法，其计算公式为：

$$\overline{\omega_i} = \sqrt[n]{\prod_{j=1}^{n} u_{ij}} \tag{3-4}$$

$$\omega_i = \frac{\overline{\omega_i}}{\sum_i \overline{\omega_i}} \tag{3-5}$$

其中$\overline{\omega_i}$表示每一行元素乘积的 n 次方根，然后对$\overline{\omega_i}$按式（3 - 5）正规化，得到权重 ω_i。

由以上可知，AHP 是将问题系统化、层次化，进而求解出影响决策目标各因素的比重，即权重，权重的确定是计算模糊综合评价结果集的关键步骤，是进行方案最终评价的重要步骤。

3.3.2　多层次评价指标体系构建

基于图 3.2 所示的闭环供应链风险评价指标体系，将其记为 U，一级指标集记为 $U=\{U_1, U_2, U_3, U_4\}$，二级指标集分别记为：$U_1=\{U_{11}, U_{12}, U_{13}, U_{14}\}$、$U_2=\{U_{21}, U_{22}, U_{23}, U_{24}\}$、$U_3=\{U_{31}, U_{32}, U_{33}, U_{34}, U_{35}\}$、$U_4=\{U_{41}, U_{42}, U_{43}, U_{44}\}$，如表 3.9 所示。

表 3.9　电子产品闭环供应链风险评价指标体系

一级指标	符号	二级指标	符号
环境风险	U_1	政府税收政策	U_{11}
		市场竞争	U_{12}
		再制品的市场可接受程度	U_{13}
		自然环境	U_{14}
合作风险	U_2	合作伙伴能力	U_{21}
		合作伙伴契约履行率	U_{22}
		合作伙伴间利益分配	U_{23}
		合作伙伴间信任程度	U_{24}
供应风险	U_3	消费者的产品回收意识	U_{31}
		产品回收时间	U_{32}
		产品回收数量	U_{33}
		回收品的质量	U_{34}
		逆向与正向冲突	U_{35}
逆向风险	U_4	回收机制的健全程度	U_{41}
		正逆向无缝对接	U_{42}
		废旧产品的再制造成本	U_{43}
		再制造技术的成熟程度	U_{44}

3.3.3　判断矩阵及一致性检验

采用萨蒂（Saaty）的 1～9 标度法对指标进行两两比较，构造判断矩阵，并进行一致性检验。首先考虑一级指标集，对于第一层评价指标集中五个元素的相对重要程度，参照 1～9 标度法，经过 6 位专家打分，具体打分及处理过程略，得到如表 3.10 所示的判断矩阵，并计算权重。

表 3.10　一级指标判断矩阵

U	U_1	U_2	U_3	U_4	$\overline{\omega_i}$	ω_i
U_1	1	1/2	1/2	1/3	0.537	0.120
U_2	2	1	1/2	1/2	0.841	0.186
U_3	2	2	1	1/3	1.075	0.238
U_4	3	2	3	1	2.060	0.457

利用方根法，计算出：$\overline{\omega_1}=0.537$，$\overline{\omega_2}=0.841$，$\overline{\omega_3}=1.075$，$\overline{\omega_4}=2.060$。正规化得到：$\omega_1=0.120$，$\omega_2=0.186$，$\omega_3=0.238$，$\omega_4=0.457$。

其次，计算最大特征根 $\lambda_{max}=4.1425$，$CI=0.0475$，经计算 $CR=0.0534<0.1$，因此，一级判断矩阵满足一致性条件。

参照一级指标权重的确定方法，同理可确定评价指标体系中二级指标集分别如表 3.11 ~ 表 3.14 所示。

表 3.11　　二级指标 U_1 判断矩阵、权重及一致性检验

U_1	U_{11}	U_{12}	U_{13}	U_{14}	$\overline{\omega_{1j}}$	ω_{1j}	CR
U_{11}	1	2	3	2	1.861	0.418	0.0805
U_{12}	1/2	1	1/2	1/2	0.595	0.133	
U_{13}	1/3	2	1	1/3	0.687	0.154	
U_{14}	1/2	2	3	1	1.316	0.295	

表 3.12　　二级指标 U_2 判断矩阵、权重及一致性检验

U_2	U_{21}	U_{22}	U_{23}	U_{24}	$\overline{\omega_{2j}}$	ω_{2j}	CR
U_{21}	1	2	2	2	1.682	0.384	0.0534
U_{22}	1/2	1	1/2	1/3	0.537	0.123	
U_{23}	1/2	2	1	1/2	0.841	0.192	
U_{24}	1/2	3	2	1	1.316	0.301	

表 3.13　　二级指标 U_3 判断矩阵、权重及一致性检验

U_3	U_{31}	U_{32}	U_{33}	U_{34}	U_{35}	$\overline{\omega_{3j}}$	ω_{3j}	CR
U_{31}	1	1/2	1/3	1/2	1/2	0.530	0.094	0.0842
U_{32}	2	1	2	3	3	2.048	0.365	
U_{33}	3	1/2	1	3	1/2	1.176	0.210	
U_{34}	2	1/3	1/3	1	1/2	0.644	0.115	
U_{35}	2	1/3	2	2	1	1.217	0.217	

表 3.14　　二级指标 U_4 判断矩阵、权重及一致性检验

U_4	U_{41}	U_{42}	U_{43}	U_{44}	$\overline{\omega_{4j}}$	ω_{4j}	CR
U_{41}	1	1/2	1/2	1/2	0.595	0.135	0.0535
U_{42}	2	1	2	3	1.861	0.423	
U_{43}	2	1/2	1	2	1.189	0.270	
U_{44}	2	1/3	1/2	1	0.760	0.173	

3.3.4 指标权重

经过汇总得出电子产品闭环供应链风险指标体系的一级指标及二级指标权重，如表 3.15 所示。

表 3.15　　指标权重

序号	一级指标		二级指标	
	指标名	权重	指标名	权重
1	环境风险（U_1）	0.120	政府税收政策（U_{11}）	0.418
			市场竞争（U_{12}）	0.133
			再制品的市场可接受程度（U_{13}）	0.154
			自然环境（U_{14}）	0.295
2	合作风险（U_2）	0.186	合作伙伴能力（U_{21}）	0.384
			合作伙伴契约履行率（U_{22}）	0.123
			合作伙伴间利益分配（U_{23}）	0.192
			合作伙伴间信任程度（U_{24}）	0.301
3	供应风险（U_3）	0.238	消费者的产品回收意识（U_{31}）	0.094
			产品的回收时间（U_{32}）	0.365
			产品的回收数量（U_{33}）	0.210
			回收品的质量（U_{34}）	0.115
			逆向与正向冲突（U_{35}）	0.217
4	逆向风险（U_4）	0.457	回收机制的健全程度（U_{41}）	0.135
			正逆向无缝对接（U_{42}）	0.423
			废旧产品的再制造成本（U_{43}）	0.270
			再制造技术的成熟程度（U_{44}）	0.173

由表 3.15 可知，环境风险方面，政府税收政策占的权重较大，表示闭环供应链企业要审时度势，把握市场经济的运行规律，关注政策变化，时刻做好政策变动影响产品各方面的准备，减少经济损失；在合作风险中，合作伙伴能力因素所占权重较大，在寻求合作伙伴时，要慎重选择各方面能力较强的合作企业，尽量做到双赢；在供应风险中产品的回收时间所占的权重最大，因此对电子产品废弃物要做到及时和再制造，以保证成本最小化；在逆向风险中，产品的正逆向无缝对接风险因素所占权重较大，需加强正向业务和逆向业务管理，避免正向业务和逆向业务冲突，做到电子产品的生产、销售和回收等环节相互紧扣。

3.4 数值算例

评价方法目前使用较多的有层次分析法、模糊综合评价法、BP 神经网络法等，每一种方法各有其优缺点。层次分析法具有系统、灵活的优点，模糊综合评价法对于模糊性和不确定性分析具有优势。因为闭环供应链风险评价指标体系具有明显的层次性，且其指标中既包含定性因素，又包含定量因素，所以本书结合两种方法优点，采用层次分析法和模糊综合评价法作为评价方法。在指标分析的基础上，先应用层次分析法确立各级指标权重，然后依据模糊综合评价法基于隶属函数及隶属度的概念，确定各指标的隶属度，得出综合评价结果。

3.4.1 模糊综合评价法概述

模糊综合评价法是一种基于模糊数学的综合评价方法。该综合评价法根据模糊数学的隶属度理论把定性评价转化为定量评价，即用模糊数学对受到多种因素制约的事物或对象做出一个总体的评价，其步骤主要有以下四点。

（1）模糊综合评价指标的构建。模糊综合评价指标体系是进行综合评价的基础，评价指标的选取是否适宜，将直接影响综合评价的准确性。进行评价指标的构建应广泛涉猎该评价指标系统行业资料或者相关的法律法规。

（2）构建权重向量。通过专家经验法或者 AHP 层次分析法构建权重向量。

（3）构建评价集及隶属度矩阵 R。评价集 $V=(v_1,\ v_2,\ \cdots,\ v_m)$ 是等级评价标准，m 是因素，一个集合规定了评价因素的评价结果的选择范围，既可以是定性的也可以是定量的，本书将评价集划分为好、较好、一般、差四个等级，其分值分别对应为 100、85、70、50。

确定 $U_i=(U_{i1},U_{i2},\cdots,U_{ij},\cdots,U_{im_i})$ 中每个因素 U_{ij} 相对于 4 个评语集的隶属度（r_{ij1}，r_{ij2}，$\cdots$，r_{ij4}），m_i 个元素的隶属度构成 $m_i\times 4$ 阶矩阵 R_k。r_{ijl} 可通过下列方法确定：组织 H 个专家，每个专家的权重构成权向量 $q=(q_1,\ \cdots,\ q_h,\ \cdots,\ q_H)$，每个专家针对评语集给 U_i 的每个因素 U_{ij} 一个评定值，对评定值进行加权处理可得 $r_{ijl}(0<r_{ijl}<1)$，依次给出各风险因素的风险等级评判向量，得出隶属度矩阵 R。

（4）计算综合评价矩阵和综合评价值。根据隶属度矩阵 R 和由 AHP 计算而来的权重向量 ω_{ij}，求解模糊综合评价 $F_i=\omega_{ij}\times R_i$，由 F_i 构造新的评价矩阵 $F=$

$(F_1, \cdots, F_i)^T$。通过将一级指标的权向量 ω_i 与 F 进行合并运算，得到 U 对评语集的隶属向量 $Z = \omega_i \times F$。对 Z 进行归一化处理，得到 $Z' = (Z'_1, Z'_2, Z'_3, Z'_4)$。另外，给出评语集的数值化结果 $S = (S_1, S_2, S_3, S_4) = (100, 85, 70, 50)$，则综合评价值 $\mu = Z' \times S^T$。

3.4.2 评价集及隶属度矩阵

本书将评价集划分为好、较好、一般、差四个等级，其分值分别对应为 100、85、70、50。邀请 6 位专家，每个专家的权重构成权向量 $q = (q_1, \cdots, q_h, \cdots, q_6)$，每个专家针对评语集给 U_i 的每个因素 U_{ij} 一个评定值，对评定值进行加权处理可得 $r_{ijl}(0 < r_{ijl} < 1)$，依次给出各风险因素的风险等级评判向量，得出隶属度矩阵 R 如表 3.16 所示。

表 3.16　　隶属度矩阵

序号 (i)	一级指标 (U_i)	二级指标 (U_{ij})	权重 (ω_{ij})	好 (r_{ij1})	较好 (r_{ij2})	一般 (r_{ij3})	差 (r_{ij4})
1	环境风险	政府税收政策	0.418	0.2	0.25	0.35	0.2
		市场竞争	0.133	0.10	0.25	0.3	0.35
		再制品的市场可接受程度	0.154	0.15	0.25	0.3	0.3
		自然环境	0.295	0.15	0.15	0.4	0.3
2	合作风险	合作伙伴能力	0.384	0.2	0.3	0.5	0.00
		合作伙伴契约履行率	0.123	0.3	0.2	0.25	0.25
		合作伙伴间利益分配	0.192	0.4	0.3	0.15	0.25
		合作伙伴间信任程度	0.301	0.15	0.25	0.5	0.1
3	供应风险	消费者的产品回收意识	0.094	0.5	0.30	0.20	0.00
		产品的回收时间	0.365	0.5	0.25	0.25	0.00
		产品的回收数量	0.210	0.2	0.2	0.5	0.1
		回收品的质量	0.115	0.25	0.5	0.12	0.13
		逆向与正向冲突	0.217	0.35	0.2	0.15	0.3
4	逆向风险	回收机制的健全程度	0.135	0.10	0.30	0.50	0.10
		正逆向无缝对接	0.423	0.20	0.50	0.30	0.00
		废旧产品的再制造成本	0.270	0.3	0.2	0.3	0.2
		再制造技术的成熟程度	0.173	0.1	0.2	0.4	0.3

3.4.3 模糊合成

3.4.3.1 综合评价矩阵

根据隶属度矩阵 R 和由 AHP 计算而来的权重向量 ω_{ij}，求解模糊综合评价矩阵。首先，对U_i的二级指标权重向量 ω_{ij} 和模糊评价矩阵 R_k 进行模糊合成运算，得到 F_1，F_2，F_3，F_4如下：

$$F_1 = \omega_{1j} \times R_{1j} = (0.418 \quad 0.133 \quad 0.154 \quad 0.295) \times \begin{pmatrix} 0.2 & 0.25 & 0.35 & 0.2 \\ 0.1 & 0.25 & 0.3 & 0.35 \\ 0.15 & 0.25 & 0.3 & 0.3 \\ 0.15 & 0.15 & 0.4 & 0.3 \end{pmatrix}$$

$$= (0.16 \quad 0.22 \quad 0.35 \quad 0.26)$$

$$F_2 = \omega_{2j} \times R_{2j} = (0.384 \quad 0.123 \quad 0.192 \quad 0.301) \times \begin{pmatrix} 0.2 & 0.3 & 0.5 & 0.0 \\ 0.3 & 0.2 & 0.25 & 0.25 \\ 0.4 & 0.3 & 0.15 & 0.25 \\ 0.15 & 0.25 & 0.5 & 0.1 \end{pmatrix}$$

$$= (0.24 \quad 0.27 \quad 0.4 \quad 0.11)$$

$$F_3 = \omega_{3j} \times R_{3j} = (0.094 \quad 0.365 \quad 0.210 \quad 0.115 \quad 0.217) \times \begin{pmatrix} 0.5 & 0.3 & 0.2 & 0.0 \\ 0.5 & 0.25 & 0.25 & 0.0 \\ 0.2 & 0.2 & 0.5 & 0.1 \\ 0.25 & 0.5 & 0.12 & 0.13 \\ 0.35 & 0.2 & 0.15 & 0.3 \end{pmatrix}$$

$$= (0.38 \quad 0.26 \quad 0.26 \quad 0.1)$$

$$F_4 = \omega_{4j} \times R_{4j} = (0.135 \quad 0.423 \quad 0.270 \quad 0.173) \times \begin{pmatrix} 0.1 & 0.3 & 0.5 & 0.1 \\ 0.2 & 0.5 & 0.3 & 0.0 \\ 0.3 & 0.2 & 0.3 & 0.2 \\ 0.1 & 0.2 & 0.4 & 0.3 \end{pmatrix}$$

$$= (0.2 \quad 0.34 \quad 0.34 \quad 0.12)$$

由 F_i构造新的评价矩阵 $F = (F_1 \cdots F_i)^T$，通过将一级指标的权向量 ω_i与 F 进行合并运算，得到 U 对评语集的综合评价矩阵。

3.4.3.2 综合评价值

$$Z=\omega_i\times F=(0.120\quad 0.186\quad 0.238\quad 0.457)\times\begin{pmatrix}0.16 & 0.22 & 0.35 & 0.26\\ 0.24 & 0.27 & 0.4 & 0.11\\ 0.38 & 0.26 & 0.26 & 0.1\\ 0.2 & 0.34 & 0.34 & 0.13\end{pmatrix}$$

$$=(0.26\quad 0.29\quad 0.33\quad 0.13)$$

对 Z 进行归一化处理，得到 $Z'=(Z'_1, Z'_2, Z'_3, Z'_4)=(0.26, 0.29, 0.33, 0.13)$。另外，给出评语集的数值化结果 $S=(S_1, S_2, S_3, S_4)=(100, 85, 70, 50)$，则综合评价值 $\mu=Z'\times S^T=80.25$，表明闭环供应链风险管理水平处于中上游，尚有提升空间。由以上可知，利用层次分析法和模糊综合评价法对闭环供应链风险体系进行评估比较客观，且有较好的操作性，结果也能正确反映出闭环供应链整体的风险水平，可引导企业制定相应对策来规避风险，降低企业损失。

3.5 本章小结

本章首先从三个角度对电子产品闭环供应链风险因素进行识别，运用解释结构模型建立了包括四个方面 17 个因素在内的电子产品闭环供应链风险指标体系。然后，运用层次分析法确定指标体系的权重，得出政府税收政策、合作伙伴能力、正逆向无缝对接以及产品回收时间所占各个方面权重最大。最后结合模糊综合评价法对建立的风险指标体系进行算例模拟评价研究，根据评价结果用于指导实践。

4 基于模糊 BP 神经网络的电子产品闭环供应链风险评价

4.1 引言

近年来，随着社会发展，物质条件不断提升，电子产品在人们日常生活中所占的比重越来越高。人们对电子产品的需求不仅仅是功能上满足日常生活的需要，还追求电子产品所能带来的极致体验。因此，为了满足消费者不断提升的多样化需求，以生产手机、电脑等电子产品为代表的制造商，更新换代自身产品的频率越来越高。消费者在不断享受新奇产品带来的愉悦体验的同时，大量的废弃电子产品该如何合理地处置值得我们重视。数量庞大的废旧电子产品若不被合理地处置，将对地球环境造成严重破坏。

因为电子产品的外壳、电路板、电池等元器件通常含有大量铝、铜、银等金属，所以对废旧电子产品合理地回收再造，不仅有利于保护环境和节约资源，也有助于企业降低生产成本，促进整个行业的可持续发展。据中国家用电器研究院发布的《2017 中国废弃电器电子产品回收处理行业白皮书》显示，2017 年我国 109 家处理企业处理废弃电器电子产品与 2016 年基本持平，规模为 7900 多万台。按照这个数量，结合当前我国电器年报废量超过 1.6 亿台的规模，报废家电正规拆解比例不到 50%，甚至更低。可见，我国废旧电子的处理量增速明显。日益增加的电子产品废弃量，需要成熟的回收体系及再制造技术来支撑。

由于闭环供应链相较传统供应链增加了回收与再制造两个重要环节，并且回收渠道结构的复杂性和再制造技术的不成熟使得整个回收再造系统充满着不确定性，给供应链中的各个成员企业带来了巨大的风险。例如，废旧产品或循环材料的回购过程往往面临高波动性，这导致了回收产品数量和市场需求的不确定（He，2017）。戴尔等许多参与再制造的企业都面临无法从回收渠道中获得合适的数量和质量的回收品的问题。由于这些原因，闭环供应链在运作过程中并不稳定。因此，对闭环供应链中成员企业进行风险评估十分重要，识别企业生产运营过程中可能面临的风险，可以帮助企业积极采取预防措施，尽可能降低风险因素发生给企业带来的损失。

风险因素的识别是闭环供应链风险评估的基础。识别的第一步是系统地了解整个闭环供应链系统的结构。根据以往研究，布洛姆（Blome，2011）和桑海（Schoenherr，2011）将风险评价的影响因素分为内部风险和外部风险，内部风险包括金融风险、市场风险等，外部风险包括政治风险、环境风险、社会风险等。普拉卡什（Prakash，2018）等将风险因素分为供应风险、过程风险、金融风险、需求风险等，30 个风险因素涉及了可持续性的三大支柱——环境、社会、经济。而温特（Winter，2018）将风险因素分为绩效相关风险、控制相关风险、需求风险和业务相关风险。以上学者大部分是从相对宏观的层面来识别供应链运行过程可能面临的风险因素，但很难给企业管理者针对风险较高的因素提出具有实操性的管理意见。因此，本章尝试综合供应链运行过程全链路和外部环境两方面识别风险，这有助于企业管理者针对供应链的不同阶段所面临的风险采取相对应措施来有效控制和防范风险。

为了评估风险因素和控制风险，以往研究中用于识别风险因素的方法主要有 Delphi 法、故障树分析法（FTAM）、基于 HAZOP 的识别方法（Adhitya et al.，2010）等。用于风险评价的方法主要有层次分析法、模糊综合评价法、灰色关联分析法等。门格拉（Mangla，2015）使用模糊层次分析法（FAHP）对绿色供应链（GSC）中的风险因素进行优先级排序，确定了与绿色供应链相关的六类风险及二十五种细分风险因素，并对其进行了优先级排序。结果表明，供应链的生产运营类风险是绿色供应链中影响最大的风险。戈尔达娜（Gordana，2013）等提出了一个基于层次分析法（AHP）和模糊层次分析法的风险评估模型。近年来，神经网络及其应用受到广泛关注，尤其是 BP 神经网络。例如，有研究采用改进的 LSE 算法对 BP 神经网络的参数进行优化，但该方法容易导致收敛速度变慢和梯度搜索局部极小的问题（Tong，2017）。为了克服这些缺陷，我们可以使用自适应动量（Adam）或拟牛顿法（LBFGS）等方法。而 Adam 和 LBFGS 方法非常适用于具有较大参数或数据的问题，这些参数或数据显示出良好的经验性能。

现实的企业生产运营中，理想的风险管理模式应是“防患于未然”，做好风险管理，首先需要识别对企业正常经营影响较大的风险因素。企业管理人员需从根本上降低风险发生的可能，从而实现长远的生产经营目标。考虑到我国废旧电子产品数量及质量的迅速增长，且废旧电子产品闭环供应链运营过程受到回收网络体系不完善、拆解过程不规范、相关法律体系不完整等因素的影响，存在诸多风险。故本章欲通过建立废旧电子产品闭环供应链风险评价模型，为企业实际生产运营更好地识别、防范风险提供一定指导。

4.2 模糊 BP 神经网络评价模型的理论与方法

4.2.1 标准 BP 神经网络模型

BP 神经网络是一种基于多层前馈网络训练的误差反向传播算法（Zhang，2009）。调整 BP 神经网络自身的训练以适应本研究中的多维输入。BP 神经网络的基本思想是通过调整节点之间的权重，不断降低实际输出值和预测输出值之间的误差来学习输入数据和输出数据之间的关系。权重的更新公式是：

$$w_{ij}^{m}(t+1) = w_{ij}^{m}(t) - \eta_{ij}^{m}(t) \tag{4-1}$$

$$\eta_t = \alpha \cdot g_t \tag{4-2}$$

式（4－1）和式（4－2）中 α 为学习率，g_t 代表梯度方向，t 是迭代次数。实际输出值和预测输出值的误差是：

$$E_r = \frac{1}{2}\sum_{j=1}^{m}(y_{ij} - d_{ij})^2 \tag{4-3}$$

其中，y_{ij} 和 d_{jk} 分别表示实际输出值和预测输出值，若 $E_\varepsilon \leqslant \varepsilon$，则表示样本的训练误差满足要求，则完成训练。

模型训练的核心思想是通过降低误差来更新权重。标准 BP 神经网络模型中权重的更新采用梯度下降（SD）算法。因在标准 BP 神经网络模型中不能考虑前一时间的梯度方向，因此容易陷入局部最小值并且收敛速度慢。为了改善这种缺陷，可以采用自适应学习速率优化方法来调整不同参数的不同学习速率，从而减少振荡，提高收敛速度。

4.2.2 模糊 BP 神经网络模型

专家打分法常用于风险评估阶段，但具有一定主观性。采用 BP 神经网络模型来处理模糊信息可以很好地提取模糊规则。因此，本书设计了模糊 BP 神经网络模型来对风险进行评估。将模糊化的数据输入 BP 神经网络模型，通过使用优化算法迭代神经网络各节点的权重，以获得处理模糊信息的预测模型，进而提取用于风险评价的模糊规则。模糊 BP 神经网络模型的结构如图 4.1 所示。

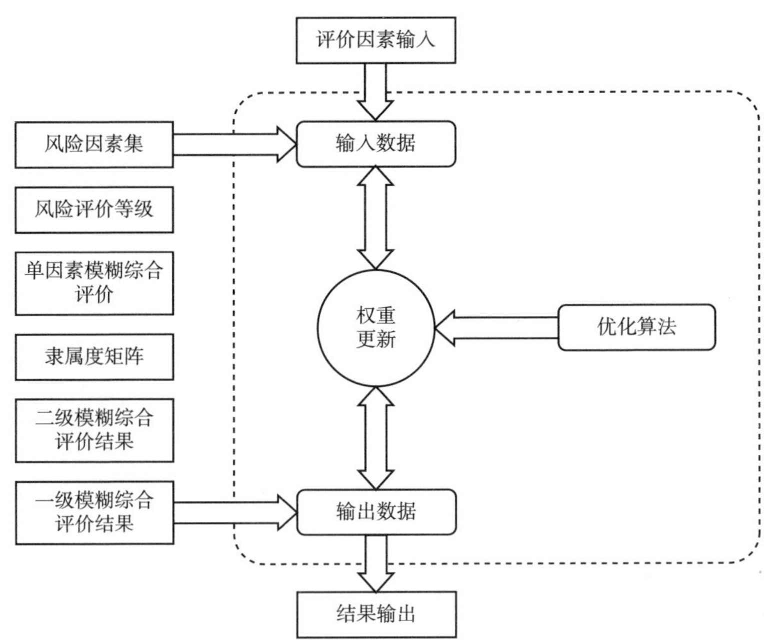

图 4.1 模糊 BP 神经网络模型结构

1. 模糊综合评价法

模糊综合评价法主要包括以下 6 个步骤（Hu & Lv，2010）：

第 1 步：主要因素构成两个层次的指标体系。一级因素集表示为 $U = \{u_1, u_2, u_3, u_4\}$；二级因素集表示为 $u_i = \{u_{i1}, u_{i2}, u_{i3}, u_{i4}, u_{i5}\}, i = 1,2,3,4$。

第 2 步：因造成闭环供应链风险的因素较为复杂，故要对风险评价的等级进行区分，采用五维评语指标，表示为 $V = \{v_1, v_2, \cdots, v_5\}$，分别代表风险评价的等级为｛很低，较低，一般，较高，很高｝。

第 3 步：确定权重集。通过使用基于专家评价的层次分析法，使用 $A = \{a_1, a_2, \cdots, a_n\}$ 表示风险因素的权重矩阵。实际应用时需要满足非负和标准化。

第 4 步：单因素模糊评价。基于单因素，我们评估风险因素，确定指标的从属关系，形成模糊映射：$U \to F(V)$。假设风险因素的隶属度判断集 $R_i = \{r_{i1}, r_{i2}, \cdots, r_{im}\}$，我们可以得到隶属度矩阵：

$$R = \begin{pmatrix} r_{11} & \cdots & r_{1n} \\ \vdots & & \vdots \\ r_{m1} & \cdots & r_{mn} \end{pmatrix} \qquad (4-4)$$

第 5 步：第一级模糊评估：根据基本因素，我们评估水平并将结果设置为 B_j：

$$
\begin{aligned}
B_j &= A(\ ,\oplus)R \\
&= (a_1,a_2,a_3)(\ ,\oplus)\begin{pmatrix} r_{11} & \cdots & r_{1n} \\ \vdots & & \vdots \\ r_{m1} & \cdots & r_{mn} \end{pmatrix}
\end{aligned} \tag{4-5}
$$

第6步：多级模糊综合评价。

2. 自适应动量算法优化的模糊 BP 神经网络模型

自适应动量方法基于对低阶矩的自适应估计，与其他随机梯度下降算法相比更具优势，表现出了良好的性能。它根据每个参数梯度的一阶矩估计和二阶矩估计，动态调整每个参数的学习率，减少了神经网络模型对误差函数的局部细节的敏感性，缩短了训练时间。因此，自适应动量方法非常适用于具有大参数或数据的问题，并且它还可以处理具有大噪声的数据。

3. 基于改进的 LBFGS 优化方法的模糊 BP 神经网络模型

牛顿法明确地计算了目标函数的 Hessian 矩阵和 Hessian 矩阵的逆矩阵（Dennis & Schnable，2009）。该方法在速度和精度上优于 SD 方法。通常来说，找到 Hessian 矩阵的逆矩阵是很困难，而拟牛顿法克服了这个缺点。目前，最常见的拟牛顿法是 BFGS 方法（Dai，2013）及其有限内存的 LBFGS 算法（Hou & Wang，2013）。本书采用了一种改进的 LBFGS 方法，该方法使用 Wolfe 型搜索的非单调线性搜索技术。改进的 LBFGS 方法通过 30 多个非线性规划问题测试证明比其他方法要好得多，其支持该算法的数学理论可以从文献（Zhang，2012）中证明。因此，改进的 LBFGS 方法具有精度高、收敛速度快的特点。

LBFGS 算法的步骤如下：

步骤1：选择一个初始点 $x_0 \in R^n$ 和一个初始正定矩阵 H_0，然后选择一个正整数 m_1。令 $t=0$。

步骤2：如果 $\|g_t\|=0$，则输出 x_k 并停止；否则，转到步骤3。

步骤3：求解线性方程 $d_t = -H_t \nabla E_t$ 得到 d_t。

步骤4：找到满足 Wolfe 型线性搜索条件的步长 $\lambda_k > 0$。

$$
E_r(x_t + \lambda_t d_t) \leqslant E(x_t) + \sigma_1 \lambda_t \nabla E_t^T d_t
$$
$$
g(x_t + \lambda_t d_t)^T d_t \geqslant \sigma_2 \nabla E_t^T d_t
$$

步骤5：根据迭代公式 $x_{t+1} = x_t + \lambda_t d_{t+1}$，计算 ∇E_{t+1}。

步骤6：令 $s_t = X_{t+1} - X_t$，$y_t = \nabla E_{t+1} - \nabla E_t$，$\gamma_t = \|g_t\|$，然后 $y_t^* = y_t + \gamma_t s_t$。

步骤7：按照公式更新 H_t：

$$
H_{t+1} = (V_t^{*T} V_{t-1}^{*T} \cdots V_{t-\tilde{m}+1}^{*T}) H_{t-\tilde{m}+1}^0 (V_{t-\tilde{m}+1}^* \cdots V_{t-1}^* V_t^*)
$$

$$+ \omega_{t-\tilde{m}+1}(V_{t-1}^{*T} \cdots V_{t-\tilde{m}+2}^{*T})(S_{t-\tilde{m}+1}S_{t-\tilde{m}+1}^{T})(V_{t-\tilde{m}+2}^{*}V_{t-\tilde{m}+3}^{*} \cdots V_{t})$$
$$+ \cdots + \omega_{t}^{*} S_{t} S_{t}^{T}$$

步骤 8：令 $t = t + 1$，转到第 2 步。

4.3 电子产品闭环供应链风险评价模型的构建

4.3.1 风险因素的识别

以往大部分学者的研究对于风险因素的识别主要是基于经济、生态和社会等视角来展开的。但对于企业管理者来说，针对以上这些方面的风险因素，想要采取有效措施来规避风险有较高难度。因此，通过分析供应链运行过程的各个环节来识别风险因素是非常有必要的。闭环供应链整个过程由五部分组成（Nallusamy et al.，2018）——制造过程、销售过程、回收过程、再制造过程和再销售过程。为了识别和控制闭环供应链各个流程的风险，本书试图从两个方面来识别风险——整个闭环供应链运营过程的各个阶段和外部环境因素。

为了识别主要风险，我们使用 Delphi 法访问 15 位行业专家，然后，结合专家意见和已有研究，将以下 20 个因素作为主要考虑的风险因素，构成废旧电子产品的闭环供应链风险评价体系。

闭环供应链风险指标体系包括 4 个方面——回收风险、再制造风险、再销售风险和外部环境风险。每个方面还包括 5 个二级风险评价指标（见表 4.1）。

表 4.1　废旧电子产品闭环供应链风险评价指标体系

目标层	准则层	评价因素
废旧电子产品闭环供应链风险评价指标体系	回收风险	消费者回收意愿
		回收体系的完善程度
		回收价格和消费者预期价格的匹配程度
		回收价格
		废旧品的回收利用率
	再制造风险	废旧品的维修技术
		废旧品的拆解技术
		废旧品的处理能力
		零部件缺货风险
		再制造过程的技术水平

续表

目标层	准则层	评价因素
废旧电子产品闭环供应链风险评价指标体系	再销售风险	再制品的市场需求
		再制品的质量
		再制品的零售价格
		产品销售渠道管理水平
		市场信息反馈的有效性
	外部环境风险	政府政策的支持
		资源回收率
		企业运营能力
		环境保护意识
		企业社会责任感

4.3.2 数据收集和预处理

本节通过组织了一个由 30 人组成的专家组，将风险因素分为五个等级：{很低，较低，一般，较高，很高}。风险的评价因素主要如表 4.1 所示。通过专家分别对各因素进行评分，得到的专家评分结果如表 4.2 所示。通过使用基于专家评价的层次分析法（AHP），得到各风险因素的权重，如表 4.3 所示。

表 4.2　　专家打分

风险因素	风险程度					总计
	非常小	较小	中等	较大	非常大	
u_{11}	2	4	5	17	2	30
u_{12}	0	0	10	10	10	30
u_{13}	0	3	7	18	2	30
u_{14}	0	7	11	9	3	30
u_{15}	3	5	10	8	4	30
u_{21}	0	9	10	7	4	30
u_{22}	2	3	9	12	4	30
u_{23}	1	4	3	14	8	30
u_{24}	2	5	8	12	3	30
u_{25}	0	3	13	10	4	30

续表

风险因素	风险程度					总计
	非常小	较小	中等	较大	非常大	
u_{31}	0	7	14	8	1	30
u_{32}	0	6	11	11	2	30
u_{33}	1	7	10	11	1	30
u_{34}	0	6	6	14	4	30
u_{35}	0	9	5	12	4	30
u_{41}	1	8	9	12	0	30
u_{42}	0	7	10	8	5	30
u_{43}	0	4	14	11	1	30
u_{44}	1	3	11	11	4	30
u_{45}	0	4	13	10	3	30

表 4.3　　因素集权重

准则层指标权重	三级指标权重
$u_{1(0.38)}$	$u_{11(0.13)}$
	$u_{12(0.26)}$
	$u_{13(0.13)}$
	$u_{14(0.26)}$
	$u_{15(0.22)}$
$u_{2(0.16)}$	$u_{21(0.2)}$
	$u_{22(0.31)}$
	$u_{23(0.21)}$
	$u_{24(0.12)}$
	$u_{25(0.16)}$
$u_{3(0.27)}$	$u_{31(0.32)}$
	$u_{32(0.21)}$
	$u_{33(0.12)}$
	$u_{34(0.14)}$
	$u_{35(0.21)}$
$u_{4(0.19)}$	$u_{41(0.2)}$
	$u_{42(0.16)}$
	$u_{43(0.26)}$
	$u_{44(0.23)}$
	$u_{45(0.15)}$

4.3.3 建立模糊综合评价矩阵

根据式（4－4），通过归一化处理，可得到四类风险因素评价的隶属度矩阵。

$$R_1 = \begin{bmatrix} 0.06 & 0.13 & 0.17 & 0.57 & 0.07 \\ 0 & 0 & 0.33 & 0.33 & 0.34 \\ 0 & 0.1 & 0.23 & 0.6 & 0.07 \\ 0 & 0.23 & 0.37 & 0.3 & 0.1 \\ 0.1 & 0.16 & 0.33 & 0.27 & 0.13 \end{bmatrix}$$

$$R_2 = \begin{bmatrix} 0 & 0.3 & 0.33 & 0.23 & 0.14 \\ 0.06 & 0.1 & 0.3 & 0.4 & 0.14 \\ 0.03 & 0.13 & 0.1 & 0.47 & 0.27 \\ 0.06 & 0.17 & 0.27 & 0.4 & 0.1 \\ 0 & 0.1 & 0.43 & 0.33 & 0.14 \end{bmatrix}$$

$$R_3 = \begin{bmatrix} 0 & 0.23 & 0.45 & 0.26 & 0.04 \\ 0 & 0.2 & 0.36 & 0.37 & 0.07 \\ 0.03 & 0.36 & 0.33 & 0.24 & 0.04 \\ 0 & 0.2 & 0.2 & 0.47 & 0.13 \\ 0 & 0.3 & 0.16 & 0.4 & 0.14 \end{bmatrix}$$

$$R_4 = \begin{bmatrix} 0.03 & 0.26 & 0.3 & 0.4 & 0 \\ 0 & 0.23 & 0.33 & 0.27 & 0.17 \\ 0 & 0.13 & 0.46 & 0.37 & 0.04 \\ 0.03 & 0.1 & 0.36 & 0.37 & 0.14 \\ 0 & 0.13 & 0.43 & 0.34 & 0.1 \end{bmatrix}$$

根据模糊综合评估过程中的方程式（4－5），我们可以得到四类风险因素的风险评价结果。

$$B_1 = (0.03 \quad 0.12 \quad 0.31 \quad 0.38 \quad 0.16)$$
$$B_2 = (0.03 \quad 0.15 \quad 0.28 \quad 0.37 \quad 0.17)$$
$$B_3 = (0.01 \quad 0.25 \quad 0.34 \quad 0.32 \quad 0.08)$$
$$B_4 = (0.01 \quad 0.16 \quad 0.38 \quad 0.35 \quad 0.1)$$

最终，废旧电子产品闭环供应链风险评价结果为：

$$B = (0.02 \quad 0.16 \quad 0.32 \quad 0.37 \quad 0.13)$$

根据最大隶属度原则，该试验评价结果显示总体风险水平较高。具体而言，回收环节和再制造环节的风险水平较高，再销售环节和外部环境的风险水平中等。

4.3.4　模糊 BP 神经网络模型的评价结果

采用 3 层结构的 BP 神经网络模型进行风险评估，输入层有 20 个神经元，隐藏层有 25 个神经元，输出层 5 个神经元。本书将回收风险，再制造风险和外部环境风险的隶属度矩阵作为训练样本的输入。评估结果 B1、B2、B3 作为训练样本的输出。再销售风险的隶属度矩阵作为测试样本的输出。通过改进的 BP 神经网络模型进行训练，比较不同模型的 RMSE 和 MAE 值（见表 4.4 ~ 表 4.6）。

表 4.4　标准 BP 神经网络模型

真实值	预测值	MAE	RMSE
0.02	0.11	0.09	0.11
0.16	0.03		
0.32	0.27		
0.37	0.29		
0.13	0.13		

表 4.5　Adam 法优化的 BP 神经网络模型

真实值	预测值	MAE	RMSE
0.02	0.13	0.12	0.15
0.16	0.06		
0.32	0.28		
0.37	0.25		
0.13	0.12		

表 4.6　　LBFGS 法优化的 BP 神经网络模型

真实值	预测值	MAE	RMSE
0.02	0.02	0.05	0.06
0.16	0.14		
0.32	0.32		
0.37	0.37		
0.13	0.15		

从表 4.4～表 4.6，实验结果表明，LBFGS 优化的模型具有最小的 RMSE 值和 MAE 值。MAE 值表示预测值与真实值之间的偏差。较低的 RMSE 值表明较少的异常值。因此，在这种情况下，LBFGS 方法优化的 BP 神经网络比 Adam 方法和标准 BP 方法具有更好的准确性和性能。

根据实验结果，废旧电子产品闭环供应链的整体风险水平较高。但是，通过观察模糊综合评价的结果，风险水平为一般值为 0.32。该值仅比风险等级"较高"的值低 0.05。这意味着闭环供应链的整体风险水平有希望降低到一般风险。此外，模糊综合评价的结果表明，再销售过程和外部环境风险的风险水平是一般的。这两个方面的风险水平较低可能是由于两个原因：一是政府对回收电子产品的支持在增加；二是随着再制造产品的接受度不断提高，社会对再制造产品的需求也在增加。因此整体风险水平较高的原因主要来自回收过程和再制造过程。首先，目前的废旧电子产品回收体系不完善，其次，消费者的回收意识不强。对于再制造过程，问题主要来自再制造的技术水平。此外，由于回收量的限制，再制造的成本也相当高。

为解决这些问题，本章提出了以下三点建议。首先，回收体系的建设是控制风险的基础。因此，有必要通过扩大回收渠道和增加废旧品回收站来健全回收系统。例如，线上到线下模式（O2O）是扩展回收渠道的新途径。合理的回收点设置是扩大回收渠道的关键。其次，对于零售商而言，可以通过实施回收积分制来增加消费意愿，这意味着消费者每回收一个单位产品可以获得用于购买新产品的积分。最后，因为再制造行业适合生态和经济要求，所以政府对回收和再利用过程的更多投资有利于全球和区域经济的可持续发展。

4.4　本章小结

本章在分析了可能影响电子产品闭环供应链正常运行的重要因素后，建立了有效的风险评估指标体系，在传统模糊综合评价模型的基础上融合了 BP 神经网络模型，一定程度上增强了评价结果的可靠性。BP 神经网络被广泛应用于供应链风险评估，有效地避免评估过程的主观性。实验结果表明，电子产品闭环供应链整体风险水平较高，而风险水平较高的阶段主要来自回收和再制造流程。回收流程风险较大的根本原因主要是当前回收体系存在缺陷，容易受到各种因素的影响。回收体系的不完善会导致回收品数量、质量的不确定以及其他负面影响。回收是再制造流程的基础，回收过程存在的风险不仅会逐级传递至再制造流程，甚至还会不断将风险放大。最终企业的再制造业务可能会因此亏损甚至彻底破产。

5 风险中性下基于低碳视角的新品与回收品定价决策

5.1 引言

随着循环经济、可持续发展理念的推行，制造型企业对废旧产品的回收再制造愈加重视。如福特汽车早在 2003 年便推出了“核心回收计划”，即对发动机部件和价值较高的电子传感器、喷油器等进行回收再制造。“核心回收计划”推出后的十年间便使约 55000 吨的废物零部件免于被填埋的命运并得到再生（叶飞，林强，2012）。又如丰田公司在 2010 年开始推广其镍氢电池再生项目。汽车零部件再制造与其新品制造过程相比能够节约 60% 的能源消耗（孟丽君等，2017）。一条废旧轮胎在填埋前平均可翻新 9 次，每次翻新都至少节约 90% 的橡胶使用量（Ferrer，1997）。因此，回收再制造不仅在一定程度上可降低企业生产成本，提高企业利润；还可降低能源消耗，利于环保，促进发展循环经济。

闭环供应链是实现可持续发展的重要途径，闭环供应链的主要目的是让产品至少完成一个完整生命周期，将资源利用最大化，但产品在使用过程中是否对环境造成影响却不得而知。于是低碳概念就被提了出来，低碳关注更多的是产品的使用过程是否对环境造成额外负担，低碳产品也就是具备节能、减排作用的产品。对于消费者来说，低碳产品的功能效用可能与普通产品一样，但在使用过程中低碳产品可对环境造成更轻的破坏甚至没有破坏。如中国超霸电池便同时出售普通型和低碳型两种电池，即一次性电池和可循环充电电池。随着低碳理念的普及和消费者环保意识的增强，越来越多的消费者开始乐于购买低碳产品，即对低碳产品有额外的偏好效用，虽然低碳产品与普通产品在功能效用无差别，但对环境保护意识和低碳意识较强的低碳产品偏好者来说，低碳产品具有除了普通产品拥有的功能效用以外的低碳效用。消费者偏好的变化对供应链如何产生影响成了研究热点。关于消费者偏好的研究成果有很多，刘新民等（2018）从消费者角度出发，考虑消费者对绿色产品的偏好问题，构建包含制造商、零售商和消费者的三方动态博弈模型，分析消费者的敏感程度对消费者满意度以及制造商定价决策的影响；吴胜（2016）等研究了产品的市场需求依赖于价格和消费者时间偏好情形下的供应链及其成员的最优定价与订货问题；赵道致等（2014）研究了消费者低碳偏好程度未知的情况下制造商对低碳产品的最优定价问题，实现了对消费者的有利区分和对市场的有效分割。在考虑消费者低碳偏好的基础上，也有学者对碳减排做了研究。如孙嘉楠等（2018）在考虑了消费者低碳偏好和渠道偏好的基础上，求得了在不同决策情形下低碳型供应链最优减排边界；纪静娜等（Ji et al.，2017）研究了在单渠道和双渠道两种供应链结构下消费者低碳偏好对供应链成员碳减排行为的影响。以上文献大多研究消费者偏好对单条供应链中定价和碳减排等的影响，未考虑多条供应链存在竞争的情形。

关于供应链间竞争，麦奎尔等（Mcguire et al.，1983）最早研究了垂直结构下各有一个制造商和排他性零售商的两条供应链之间的竞争情况，研究发现，若两条供应链所生产的产品相互替代性较高，则分散化决策情形更优。近些年国内外学者主要从两方面考虑供应链竞争问题。一是价格竞争。如肖迪等（2007）研究了两条生产不同品牌产品的供应链间的价格竞争；安德森等（Anderson et al.，2010）研究了线性需求函数下集成式与分散式供应链间的价格竞争，并进一步推广到多条供应链；徐兵等（2014）研究了在不同决策情形下两条闭环供应链关于产品销售和回收的竞争，并设计了实现链内协调的机制；赵海霞等（2012）考察了价格竞争和规模不经济因素对链与链纵向控制结构选择的影响，并从制造商和供应链系统的绩效角度得到了纵向控制的最终均衡结构。二是库存竞争。吴德胜（Wu，2009）讨论了需求不确定时不同供应链策略下的联合定价和库存决策及其竞争；肖迪等（2008）在考虑市场需求波动的情况下研究了两条供应链之间的库存竞争行为，并比较了不同竞争模式下供应链库存水平和利润；韩小花等（2010）以 2 个竞争的制造商和 2 个竞争的零售商组成的双边竞争型闭环供应链为对象，研究了回收渠道的决策过程，但未涉及回收过程中的竞争问题。以上文献中大多只研究了正向物流中供应链之间的竞争问题，只有徐兵等（2014）考虑了回收过程中的供应链竞争问题，但其假设两条供应链中的产品完全同质，即消费者不存在偏好性。刘会燕等（2017）虽考虑了消费者存在绿色偏好时供应链竞争问题，但主要研究了不同竞争程度下产品如何生产等问题。

如何解决两条或多条供应链竞争问题？学者们选择了 Hotelling 模型（Hotelling，1929），Hotelling 模型被广泛应用于企业差异化竞争的研究中，空间差异就是其中一种。该模型根据产品在线性空间中的不同分布来表示产品的空间差异性。廖小伟等（2004）构造了异质品的 Hotelling 模型，给出消费者在面对异质品和追求最大净效用时企业的最优选择策略；杨道箭等（2015）研究了 Hotelling 模型下两个竞争的核心下游企业是否应将产品外包给各自的上游企业的问题，证明了向上分散化决策比集中化决策更能提升供应链效益。胡金辉等（2014）研究了在扩展的 Hotelling 模型中，消费者低碳偏好对制造商最优低碳策略选择的问题。赵俊杰等（2018）考虑了不同销售渠道下异质产品定价问题，构建了基于 Hotelling 模型的产品定价与减排决策模型。以上文献考虑的均是产品销售过程中两企业间的价格和策略竞争，很少有涉及产品回收问题。在产品销售过程中，消费者是产品的买方，两企业是产品的卖方，而在废旧产品回收过程中，消费者是产品的“卖方”，回收企业是产品的“买方”。由于再制造产品比新产品节约成本，故企业在回收废旧产品时也会产生竞争，废旧产品的分布也就是在新品销售过程中产品需求的分布，同样是一个线性市场，故在产品回收过程中考虑使用 Hotelling 模型。如张涛等（2015）将 Hotelling 模型引入产品回收企业的竞争决策研究中，但其只考虑了逆向回收过程，并未考虑正向产品销售过程和消费者偏好等问题。

综上所述，对闭环供应链产品定价和消费者偏好的研究成果较为丰富，但少有学者考虑供应链间存在竞争时消费者偏好对闭环供应链产品的定价决策和供应链收益的影响。由于目前市场中大多是拥有授权的排他性零售商，零售商之间存在空间差异，且消费者不仅关注产品价格，也会关注购买产品的其他成本，如距离成本。并且以往研究均是假设市场中仅存在一种废旧品，为更符合现实情况，本书假设市场中存在普通产品废旧品和低碳产品废旧品。企业在面对具有低碳偏好的低碳消费者和无低碳偏好的普通消费者时同样要根据消费者的效用来制定合理的产品价格，此时就要进行差别定价。进一步考虑，无论是普通产品还是低碳产品，在被消费者使用过之后同样面临着闭环供应链中的废旧品回收的问题，故此时企业在面对两种产品的废旧品时又该如何对新品的零售价和回收价进行定价便值得研究。本章基于 Hotelling 模型，从消费者效用角度出发，研究普通型供应链（high-carbon supply chain，HCSC）和低碳型供应链（low-carbon supply chain，LCSC）在正向产品销售和逆向回收竞争中，消费者偏好对产品的定价策略以及整个供应链收益的影响，并进一步研究政府的回收政策。

5.2　问题描述与基本假设

本章基于供应链成员风险中性，考虑两条供应链且每条供应链仅包含单一制造商和单一零售商的闭环供应链竞争模型。在正向物流中，两条供应链分别生产和销售普通产品和低碳产品，在普通产品供应链中，普通产品制造商只生产普通产品并以批发价 ω_H 批发给普通产品零售商，普通产品零售商再以零售价 p_H 出售给消费者，由于两种产品之间存在替代性，故两条供应链之间存在竞争；在低碳产品供应链中，低碳产品制造商只生产低碳产品，并将低碳产品以批发价格 ω_L 批发给低碳产品零售商，低碳产品零售商再以零售价 p_L 出售给消费者。在逆向物流中，由低碳产品制造商和普通产品制造商直接面向消费者进行废旧品的回收，且均可对低碳产品废旧品和普通产品废旧品进行回收，即在回收过程中两条供应链也存在竞争。具体模型如图 5.1 所示。

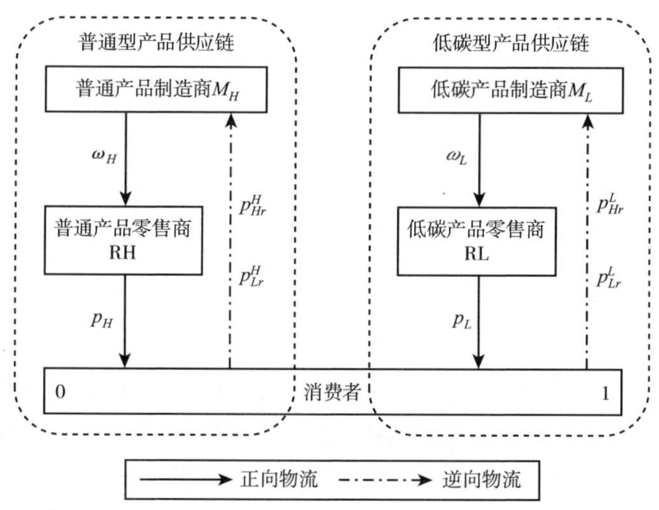

图 5.1　普通产品供应链与低碳产品供应链竞争模型

考虑在市场信息完全的条件下，两条供应链中都是制造商为领导者，利用斯塔克伯格博弈理论建立两条供应链竞争下的最优收益模型，以供应链成员利益最大化为决策目标，并采用相关方法如逆向归纳法对模型进行求解分析，确定各条供应链中的最优决策。本章定义“普通产品”为制造商使用普通原材料生产出来的产品，不具有低碳效用；定义“低碳产品”为制造商使用低碳原材料生产出来的产品。

5.2.1 符号变量说明

i，j：分别表示产品类型和供应链类型，i，$j=H$ 或 L，其 H 表示普通型产品，L 表示低碳型产品。

p_i：表示 i 产品的零售价；当有上标 m 时，上标 m 表示在 m 决策情形下的 i 产品的零售价，$m=D$，C 分别表示集中化决策情形和分散化决策情形（下同）。

ω_i：表示 i 种产品在相应制造商处的批发价。

p_{ir}^{j}：表示 j 供应链中对于 i 种废旧产品制造商给消费者的回收价格。

u_i：表示 i 种产品给消费者带来的最终效用。

u_{i-j}：表示消费者将 i 种产品废旧品出让给 j 供应链时消费者的出让效用。

d_i：表示正向物流中 i 种产品的市场需求量，$i=H$，L。

Q_{i-j}：表示 i 型产品废旧品被 j 供应链回收的数量，$i=H$，L。

$\prod_{n}^{j}$：表示 j 供应链中成员 n 的利润，$n=M$，R 分别表示制造商和零售商（下同）。

a，r：分别表示正向物流和逆向物流。

$\prod^{mj}$：表示 m 决策情形下 j 供应链总利润。

τ_1，τ_2：分别表示政府给定普通产品废旧品及低碳产品废旧品的回收率。

K：表示低碳产品制造商的投资规模系数，为一个充分大的数。

5.2.2 模型假设

假设 1：HCSC 和 LCSC 各包含单一制造商和单一零售商，且分别生产普通产品和低碳产品并分布在市场的两端 0 和 1 处（Ferrer，1997），如图 5.1 所示。消费者均匀分布在［0，1］区间内，ξ 为［0，1］内的一点，且每个消费者仅能购买普通产品或者低碳产品中的一件；且回收时，两种废旧品仍均匀分布在［0，1］之间相应的市场中，同样，每个消费者仅持有两种产品中的一件废旧产品。

假设 2：对消费者来说两种产品同质且效用估值均为 ϕ；购买成本与距离成正相关，t 为消费者所付出的单位距离成本，如机会成本、交通成本等。

假设 3：低碳产品对低碳偏好消费者有额外的低碳效用 $\delta\eta$，其中 η 为低碳产品制造商的碳减排率；δ 为消费者低碳偏好程度（孙嘉楠等，2018；Ji et al.，2017）。当 $\delta=0$ 时，表示消费者对产品的低碳效用毫不关注；当 $\delta=1$ 时，表示消费者对产品的低碳效用非常关注。

假设4：普通产品废旧品和低碳产品废旧品对制造商的回收效用分别为 Δ_1 和 Δ_2。因低碳产品的循环利用程度更高，回收后可经过简单处理变为与普通产品同质的再制品，而普通产品循环利用程度低，回收之后只能作为原材料，故假设 $\Delta_1 < \Delta_2$。

假设5：假设供应链成员企业制造商和零售商中，制造商为斯塔克伯格博弈的主导者。且在不影响计算结果的前提下，为简化计算，假设两种类型的产品生产成本为0。

由以上假设，在正向物流中，普通产品和低碳产品对消费者的效用可分别表示为：

$$u_H = \phi - p_H - t\xi > 0 \tag{5-1}$$

$$u_L = \phi - p_L - t(1-\xi) + \delta\eta > 0 \tag{5-2}$$

式（5－1）中消费者选择购买普通产品所获最终效用 u_H 为其对普通产品的效用估值与购买普通产品所支付的价格和距离成本之差。而消费者选择购买低碳产品时则会获得额外的低碳效用 $\delta\eta$，于是得式（5－2）。故消费者在考虑选择购买何种产品时会比较式（5－1）和式（5－2）中的效用大小并选取效用较高者。当 $u_H > u_L$ 时，消费者选择购买普通产品；当 $u_H < u_L$ 时，消费者选择购买低碳产品；当 $u_H = u_L$ 时，消费者购买两类产品所得到的效用相同，故可得消费者购买效用无差异点为 $\xi_0^* = (t + p_L - p_H - \delta\eta)/2t$。

由此可求出市场中对普通产品和低碳产品的需求数量如下：

$$d_H = \int_0^{\xi_0^*} \mathrm{d}\xi = \frac{t + p_L - p_H - \delta\eta}{2t} \tag{5-3}$$

$$d_L = \int_{\xi_0^*}^{1} \mathrm{d}\xi = \frac{t - p_L + p_H + \delta\eta}{2t} \tag{5-4}$$

逆向物流中，普通型制造商和低碳型制造商均可对市场中的普通产品和低碳产品进行回收，消费者也可将所持废旧产品出让给普通型制造商或低碳型制造商回收，且根据出让效用来判断所持废旧品的交付方。出让效用如下：

$$u_{H-H} = p_{Hr}^{H} - t\xi_H \tag{5-5}$$

$$u_{H-L} = p_{Hr}^{L} - t(1-\xi_H) \tag{5-6}$$

$$u_{L-L} = p_{Lr}^{L} - t(1-\xi_L) \tag{5-7}$$

$$u_{L-H} = p_{Lr}^{H} - t\xi_L \tag{5-8}$$

联立式（5－5）～式（5－8）可求出消费者将普通废旧品和低碳废旧品出

让给普通型制造商和低碳型制造商的出让效用无差异点分别为 $\xi_H = (t - p_{Hr}^L + p_{Hr}^H)/2t$ 和 $\xi_L = (t + p_{Lr}^H - p_{Lr}^L)/2t$。在 $[0, \xi_0^*]$ 区间内的理性消费者只会购买普通产品，$[\xi_0^*, 1]$ 区间范围内的理性消费者只会购买低碳产品。于是在产品回收过程中普通产品废旧品只会出现在 $[0, \xi_0^*]$ 区间内，低碳产品废旧产品只会出现在 $[\xi_0^*, 1]$ 区间范围内，即 $\xi_H \leqslant \xi_L$；进一步考虑到低碳制造商会回收普通产品废旧品和普通产品制造商会回收低碳产品废旧品的交叉回收效应，于是 ξ_H 和 ξ_L 分别往右和往左移动，故 ξ_H 一定在 ξ_L 的左边，即 $\xi_H < \xi_L$。又因不知废旧品交叉回收时的具体数量，故假设普通废旧品有 Q_{H-L} 会被消费者交于低碳型制造商，低碳废旧品有 Q_{L-H} 会被消费者交于普通型制造商，如图 5.2 所示。

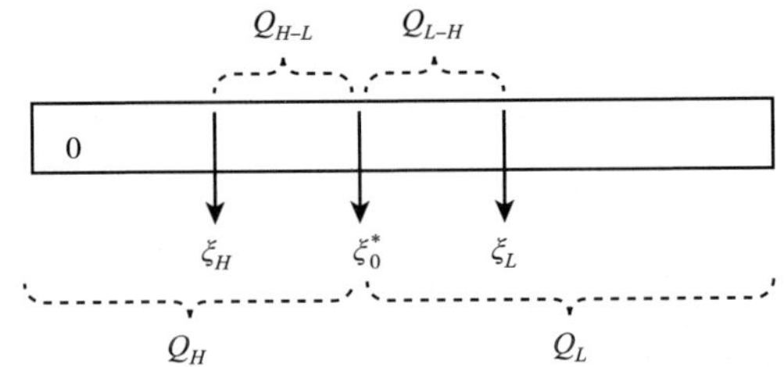

图 5.2　逆向物流中普通产品和低碳产品回收模型

由此，由假设 1 可求出 Q_{H-H}、Q_{H-L}、Q_{L-L}、Q_{L-H}，如式（5－9）~式（5－12）所示：

$$Q_{H-H} = \frac{\xi_H}{\xi_0^*} d_H \tau_1 = \tau_1 \frac{\xi_H}{\xi_0^*} \frac{t + p_L - p_H - \delta\eta}{2t} \tag{5-9}$$

$$Q_{H-L} = d_H \tau_1 \int_{\xi_H}^{\xi_0^*} \frac{1}{\xi_0^*} \mathrm{d}\xi = \frac{p_L - p_H - \delta\eta + p_{Hr}^L - p_{Hr}^H}{2t} \tau_1 \tag{5-10}$$

$$Q_{L-L} = \frac{1 - \xi_L}{1 - \xi_0^*} d_L \tau_2 = \tau_2 \frac{1 - \xi_L}{1 - \xi_0^*} \frac{t - p_L + p_H + \delta\eta}{2t} \tag{5-11}$$

$$Q_{L-H} = d_L \tau_2 \int_{\xi_0^*}^{\xi_L} \frac{1}{1 - \xi_0^*} \mathrm{d}\xi = \frac{p_H - p_L + \delta\eta - p_{Lr}^L + p_{Lr}^H}{2t} \tau_2 \tag{5-12}$$

5.3　分散化决策下新品与回收品最优定价决策

分散化决策模型下，普通产品供应链和低碳产品供应链中制造商的收益来源分别为正向物流过程中出售普通产品新品和低碳产品新品的收入，逆向物流中回收废旧品所获得的效用。普通产品供应链和低碳产品供应链中制造商的支出成本为各自生产普通产品新品和低碳产品新品的生产成本，支付给消费者的废旧品回收成本。普通产品供应链和低碳产品供应链中零售商的收益来源为正向物流中出售给消费者普通产品新品和低碳产品新品的收入，支出成本为正向物流中支付给制造商的新品批发成本，零售商不参与回收过程。由以上分析可得出分散化决策模型下 HCSC 和 LCSC 中制造商和零售商在正向物流中收益函数的数学模型如式（5－13）~式（5－16）所示，制造商在逆向物流中收益函数的数学模型如式（5－17）~式（5－18）所示：

$$\prod_{Ma}^{H}=d_H\omega_H=\omega_H\frac{t+p_L-p_H-\delta\eta}{2t} \tag{5-13}$$

$$\prod_{Ma}^{L}=d_L(\omega_L-c_L)-\frac{1}{2}K\eta^2=(\omega_L-c_L)\frac{t-p_L+p_H+\delta\eta}{2t}-\frac{1}{2}K\eta^2 \tag{5-14}$$

$$\prod_{Ra}^{H}=(p_H-\omega_H)d_H=(p_H-\omega_H)\frac{t+p_L-p_H-\delta\eta}{2t} \tag{5-15}$$

$$\prod_{Ra}^{L}=(p_L-\omega_L)d_L=(p_L-\omega_L)\frac{t-p_L+p_H+\delta\eta}{2t} \tag{5-16}$$

$$\prod_{Mr}^{H}=Q_{H-H}(\Delta_1-p_{Hr}^{H})+Q_{L-H}(\Delta_2-p_{Lr}^{H}) \tag{5-17}$$

$$\prod_{Mr}^{L}=Q_{L-L}(\Delta_2-p_{Lr}^{L})+Q_{H-L}(\Delta_1-p_{Hr}^{L}) \tag{5-18}$$

故分散化决策模型下，普通产品制造商、低碳产品制造商、普通产品零售商以及低碳产品零售商的收益函数数学模型分别为：

$$\prod_{M}^{H}=\prod_{Ma}^{H}+\prod_{Mr}^{H}=d_H\omega_H+Q_{H-H}(\Delta_1-p_{Hr}^{H})+Q_{L-H}(\Delta_2-p_{Lr}^{H}) \tag{5-19}$$

$$\prod_{M}^{L}=\prod_{Ma}^{L}+\prod_{Mr}^{L}=d_L\omega_L-\frac{1}{2}K\eta^2+Q_{L-L}(\Delta_2-p_{Lr}^{L})+Q_{H-L}(\Delta_1-p_{Hr}^{L}) \tag{5-20}$$

$$\prod_{R}^{H}=(p_H-\omega_H)\frac{t+p_L-p_H-\delta\eta}{2t} \tag{5-21}$$

$$\prod_{R}^{L}=(p_L-\omega_L)\frac{t-p_L+p_H+\delta\eta}{2t} \tag{5-22}$$

在分散化决策下，HCSC 和 LCSC 中制造商和零售商以自身利益最大化为目标而各自决策，此时制造商为斯塔克伯格市场领导者，决策顺序如下：首先制造商决定产品批发价 ω_i、从消费者处回收普通废旧品和低碳废旧品回收价格的回收价格 p_{ir}^j；然后零售商决定产品的零售价 p_i。于是由逆向归纳法有：先求出零售商的最优定价决策；然后代入制造商利润函数中，求解出新品的批发价、废旧品的回收价格以及制造商的低碳减排率；之后再代入新品零售价中即可进而求出零售商利润。

对 HCSC 和 LCSC 中零售商的效用分别求关于普通产品零售价 p_H^D 和低碳产品零售价 p_L^D 的一阶偏导如下：

$$\frac{\partial \prod_R^H}{\partial p_H^D} = \frac{-2p_H^D + p_L^D + t - \delta\eta^D + \omega_H^D}{2t} \tag{5-23}$$

$$\frac{\partial \prod_R^L}{\partial p_L^D} = \frac{p_H^D - 2p_L^D + t + \delta\eta^D + \omega_L^D}{2t} \tag{5-24}$$

联立式（5－23）和式（5－24）可求出普通产品零售价 p_H^{D*} 和低碳产品零售价 p_L^{D*}，如式（5－25）和式（5－26）所示：

$$p_H^{D*} = \frac{1}{3}(3t - \delta\eta^D + 2\omega_H^D + \omega_L^D) \tag{5-25}$$

$$p_L^{D*} = \frac{1}{3}(3t + \delta\eta^D + \omega_H^D + 2\omega_L^D) \tag{5-26}$$

将式（5－25）和式（5－26）代入 HCSC 和 LCSC 制造商利润函数中，再求相应产品批发价、废旧品回收价格以及制造商低碳减排率的一阶偏导，即可联立解出最优决策。代入后，HCSC 和 LCSC 中制造商利润函数为：

$$\prod_M^{DH} = \frac{\omega_H\left(\frac{1}{3}(2\delta\eta^D - \omega_H^D + \omega_L^D) + t - \delta\eta^D\right) + (p_{Hr}^{DH} - p_{Hr}^{DL} + t)(\Delta_1 - p_{Hr}^{DH})\tau_1}{2t} + \frac{(\Delta_2 - p_{Lr}^{DH})\left(\frac{1}{3}(\omega_H^D - 2\delta\eta^D - \omega_L^D) + p_{Lr}^{DH} - p_{Lr}^{DL} + \delta\eta^D\right)\tau_2}{2t} \tag{5-27}$$

$$\prod_M^{DL} = \frac{\omega_L^D\left(t + \delta\eta^D + \frac{1}{3}(\omega_H^D - 2\delta\eta^D - \omega_L^D)\right) + (p_{Lr}^{DH} - p_{Lr}^{DL} - t)(p_{Lr}^{DL} - \Delta_2)\tau_2}{2t} + \frac{\tau_1(\Delta_1 - p_{Hr}^{DL})(p_{Hr}^{DL} - p_{Hr}^{DH} - \frac{1}{3}(\omega_H^D - 2\delta\eta^D - \omega_L^D) - \delta\eta^D)}{2t} - \frac{K\eta^{D2}}{2} \tag{5-28}$$

在求解之前先求 $\prod_M^{DH}$ 和 $\prod_M^{DL}$ 的海塞矩阵判断其是否存在最优解，求出 $\prod_M^{DH}$ 的海塞矩阵如下：

$$H_H^D = \begin{pmatrix} -\frac{1}{3t} & 0 & -\frac{\tau_2}{6t} \\ 0 & -\frac{\tau_1}{t} & 0 \\ -\frac{\tau_2}{6t} & 0 & -\frac{\tau_2}{t} \end{pmatrix}$$

由于 τ_1，τ_2，t 均大于 0，则 $|H_H^D| = -\tau_1\tau_2(12-\tau_2)/36t^3 < 0$，二阶主子式大于 0，一阶主子式小于 0。故 $\prod_M^{DH}$ 为严格凹函数，存在唯一最优解。

在低碳产品供应链中，低碳制造商需要确定低碳减排率，因此 $\prod_M^{DL}$ 的海塞矩阵为 4 ×4 矩阵：

$$H_L^D = \begin{pmatrix} -\frac{1}{3t} & 0 & -\frac{\tau_1}{6t} & \frac{\delta}{6t} \\ 0 & -\frac{\tau_2}{t} & 0 & 0 \\ -\frac{\tau_1}{6t} & 0 & -\frac{\tau_1}{t} & \frac{\delta\tau_1}{6t} \\ \frac{\delta}{6t} & 0 & \frac{\delta\tau_1}{6t} & -K \end{pmatrix}$$

由于 τ_1，τ_2，t 均大于 0，且 $\delta \in [0, 1]$，则 $|H_L^D| = \frac{(Kt(12-\tau_1)-\delta^2)\tau_1\tau_2}{36t^4} > 0$，三阶主子式 $-\frac{\tau_2(12\tau_2-\tau_1^2)}{36t^3} < 0$，二阶主子式大于 0，一阶主子式小于 0。故 $\prod_M^{DL}$ 为严格凹函数，存在唯一最优解。

故对式（5 –27）中 HCSC 制造商利润求相关变量一阶偏导如下：

$$\frac{\partial \prod_M^{DH}}{\partial \omega_H^D} = \frac{3t - \delta\eta^D - p_{Lr}^{DH}\tau_2 + \Delta 2\tau_2 - 2\omega_H^D + \omega_L^D}{6t} \tag{5-29}$$

$$\frac{\partial \prod_M^{DH}}{\partial p_{Lr}^{DH}} = -\frac{\tau_2(6p_{Lr}^{DH}r - 3p_{Lr}^{DL} - 3\Delta_2 + \delta\eta^D + \omega_H^D - \omega_L^D)}{6t} \tag{5-30}$$

$$\frac{\partial \prod_M^{DH}}{\partial p_{Hr}^{DH}} = \frac{(-2p_{Hr}^{DH} + p_{Hr}^{DL} - t + \Delta_1)\tau_1}{2t} \tag{5-31}$$

联立式（5－29）~式（5－31）可求出 ω_H^D、p_{Lr}^{DH}和 p_{Hr}^{DH}的表达式为：

$$\omega_H^D = \frac{18t - \delta\eta^D(6 - \tau_2) + 3p_{Lr}^{DL}\tau_2 - 3\Delta_2\tau_2 - 6\omega_L^D + \tau_2\omega_L^D}{12 - \tau_2} \tag{5-32}$$

$$p_{Lr}^{DH} = \frac{6p_{Lr}^{DL} - 3t + 6\Delta_2 - \delta\eta - \Delta_2\tau_2 + \omega_L^H}{12 - \tau_2} \tag{5-33}$$

$$p_{Hr}^{DH} = \frac{1}{2}(p_{Hr}^{DL} - t + \Delta_1) \tag{5-34}$$

对式（5－28）中 LCSC 制造商利润求相关变量一阶偏导如下：

$$\frac{\partial \prod_M^{DL}}{\partial \omega_L^D} = \frac{3t + \delta\eta^D - p_{Hr}^{DL}\tau_1 + \Delta_1\tau_1 + \omega_H^D - 2\omega_L^D}{6t} \tag{5-35}$$

$$\frac{\partial \prod_M^{DL}}{\partial p_{Lr}^{DL}} = \frac{(p_{Lr}^{DH} - 2p_{Lr}^{DL} - t + \Delta_2)\tau_2}{2t} \tag{5-36}$$

$$\frac{\partial \prod_M^{DL}}{\partial p_{Hr}^{DL}} = \frac{\tau_1(3p_{Hr}^{DH} - 6p_{Hr}^{DL} + 3\Delta_1 + \delta\eta^D + \omega_H^D - \omega_L^D)}{6t} \tag{5-37}$$

$$\frac{\partial \prod_M^{DL}}{\partial \eta^D} = \frac{\delta(p_{Hr}^{DL}\tau_1 - \Delta_1\tau_1 + \omega_L^D)}{6t} - K\eta^D \tag{5-38}$$

联立式（5－35）~式（5－38）可求出 ω_L^D、p_{Lr}^{DL}、p_{Hr}^{DL}和 η^D 的表达式为：

$$\omega_L^D = \frac{\delta^2(p_{Hr}^{DH} - t - \Delta_1)\tau_1 + 2Kt(18t - 3(p_{Hr}^{DH} - \Delta 1)\tau_1 + (6 - \tau_1)\omega_H^D)}{2(Kt(12 - \tau_1) - \delta^2)} \tag{5-39}$$

$$p_{Lr}^{DL} = \frac{1}{2}(p_{Lr}^{DH} - t + \Delta_2) \tag{5-40}$$

$$p_{Hr}^{DL} = \frac{2Kt(6p_{Hr}^{DH} - 3t + 6\Delta_1 - \Delta_1\tau_1 + \omega_H^D) - \delta^2(p_{Hr}^{DH} - t + \Delta_1)}{2(Kt(12 - \tau_1) - \delta^2)} \tag{5-41}$$

$$\eta^D = \frac{\delta(t(6 - \tau_1) + p_{Hr}^{DH}\tau_1 - \Delta_1\tau_1 + 2\omega_H^D)}{2(Kt(12 - \tau_1) - \delta^2)} \tag{5-42}$$

分别联立式（5－32）~式（5－34）和式（5－39）~式（5－42）就可以求出分散化决策下的最优决策如下，其中 $F = 27 - 2\tau_1 - 2\tau_2 \geqslant 23$：

$$\omega^{DH*}=\frac{t(2Kt(243-\tau_1(9+4\tau_2))-3\delta^2(18-\tau_2))}{6KtF-9\delta^2} \tag{5-43}$$

$$\omega^{DL*}=\frac{t(2Kt(243-(9+4\tau_1)\tau_2)-9\delta^2\tau_1)}{6KtF-9\delta^2} \tag{5-44}$$

$$p_{Hr}^{DH*}=\Delta_1-\frac{t(4Kt(F+\tau_1-\tau_2)-9\delta^2)}{6KtF-9\delta^2} \tag{5-45}$$

$$p_{Hr}^{DL*}=\Delta_1-\frac{t(2Kt(27-4\tau_2)-9\delta^2)}{6KtF-9\delta^2} \tag{5-46}$$

$$p_{Lr}^{DH*}=\Delta_2-\frac{t(2Kt(27-4\tau_1)+3\delta^2)}{6KtF-9\delta^2} \tag{5-47}$$

$$p_{Lr}^{DL*}=\Delta_2-\frac{t(2Kt(2F-\tau_1+\tau_2)-3\delta^2)}{6KtF-9\delta^2} \tag{5-48}$$

$$\eta^{D*}=\frac{t\delta(B-\tau_1+\tau_2)}{6KtF-9\delta^2} \tag{5-49}$$

将式（5－33）、式（5－34）和式（5－49）代入式（5－25）和式（5－26）可求出普通产品和低碳产品的零售价分别为：

$$p_H^{D*}=\frac{t(2Kt(9(36-\tau_2)-4\tau_1(3+\tau_2))-3\delta^2(24-\tau^2))}{6KtF-9\delta^2} \tag{5-50}$$

$$p_L^{D*}=\frac{t(2Kt(9(36-\tau_1)-9\delta^2\tau 1-4(3+\tau_1)\tau_2))}{6KtF-9\delta^2} \tag{5-51}$$

将式（5－49）～式（5－51）代入式（5－3）和式（5－4）可求出普通产品和低碳产品的需求量分别为：

$$d_H^{D*}=\frac{Kt(F+\tau_1-\tau_2)-3\delta^2}{2KtF-3\delta^2}$$

$$d_L^{D*}=\frac{Kt(F-\tau_1+\tau_2)}{2KtF-3\delta^2}$$

将式（5－43）～式（5－51）代入式（5－9）～式（5－12）可求出普通产品供应链和低碳产品供应链中相应产品的回收量分别为：

$$Q_{H-H}^{D*}=\frac{\tau_1(2Kt(F+\tau_1-\tau_2)-9\delta^2)}{6(2KtF-3\delta^2)}$$

$$Q_{H-L}^{D*}=\frac{\tau_1(2Kt(27-4\tau_2)-9\delta^2)}{6(2KtF-3\delta^2)}$$

$$Q_{L-L}^{D*} = \frac{\tau_2(2kt(F - \tau_1 + \tau_2) - 3\delta^2)}{6(2KtF - 3\delta^2)}$$

$$Q_{L-H}^{D*} = \frac{\tau_2(2Kt(27 - 4\tau_1) + 3\delta^2)}{6(2KtF - 3\delta^2)}$$

将式（5－43）~式（5－51）代入式（5－19）、式（5－20）、式（5－21）、式（5－22）中可求出普通产品供应链和低碳产品供应链中制造商和零售商利润分别为：

$$\prod_M^{DH*} = \frac{t\delta^4(108 + 9\tau_1 - 5\tau_2)}{2(2KtF - 3\delta^2)^2} + \frac{Kt^2\delta^2((297 + 43\tau_1)\tau_2 - 2916 - 18(12 - \tau_1)\tau_1 - 9\tau_2{}^2)}{3(2KtF - 3\delta^2)^2} + \frac{2K^2t^3(19683 + 9\tau_1(27 - \tau_1)(6 - \tau_1) - 1458\tau_2 - \tau_1\tau_2(999 - 58\tau_1) + 61\tau_1\tau_2{}^2)}{9(2KtF - 3\delta^2)^2}$$

$$\prod_M^{DL*} = \frac{t\delta^4(9\tau_1 + \tau_2)}{2(2KtF - 3\delta^2)^2} + \frac{kt^2\delta^2(68\tau_1\tau_2 + 9\tau_2{}^2 - 27(12 - \tau_1)\tau_1 - 27(81 + 2\tau_2))}{6(2KtF - 3\delta^2)^2} + \frac{2k^2t^3(19683 - 1458\tau_1 + 61\tau_1^2\tau_2 + 9(27 - \tau_2)(6 - \tau_2)\tau_2 - \tau_1\tau_2(999 - 58\tau_2))}{9(2KtF - 3\delta^2)^2}$$

$$\prod_R^{DH*} = \frac{2t(Kt(F - \tau_2 + \tau_1) - 3\delta^2)^2}{(2KtF - 3\delta^2)^2}$$

$$\prod_R^{DL*} = \frac{2K^2t^3(F - \tau_1 + \tau_2)^2}{(2KtF - 3\delta^2)^2}$$

5.4 集中化决策下新品与回收品最优定价决策

集中化决策模型下，两条供应链中均将制造商与零售商看为一个整体，此时供应链的收益来源为将普通产品和低碳产品销售给消费者的收入、回收废旧品所获得的效用；供应链所支出的成本为普通产品和低碳产品的生产成本、从消费者处回收废旧品的回收成本。

由以上分析可得出集中化决策模型下普通产品供应链和低碳产品供应链收益函数的数学模型如式（5－52）和式（5－53）所示：

$$\prod^{CH} = Q_{H-H}(\Delta_1 - p_{Hr}^H) + Q_{L-H}(\Delta_2 - p_{Lr}^H) + p_H d_H \quad (5-52)$$

$$\prod^{CL} = d_L p_L - \frac{1}{2}K\eta^2 + Q_{L-L}(\Delta_2 - p_{Lr}^L) + Q_{H-L}(\Delta_1 - p_{Hr}^L) \quad (5-53)$$

在集中化决策下，在 HCSC 和 LCSC 中将制造商和零售商看成一个整体，并以供应链利益最大化为目标进行决策。制造商和零售商共同决定产品的零售价和废旧品的回收价以及低碳减排率。同样，在求解之前先验证 $\prod^{CH}$ 和 $\prod^{CL}$ 是否存在唯一最优解，得 $\prod^{CH}$ 的海塞矩阵如下：

$$H^{CH} = \begin{Bmatrix} -\frac{1}{t} & 0 & -\frac{\tau_2}{2t} \\ 0 & -\frac{\tau_1}{t} & 0 \\ -\frac{\tau_2}{2t} & 0 & -\frac{\tau_2}{t} \end{Bmatrix}$$

由于 τ_1，τ_2，t 均大于 0，则 $|H^{CH}| = -\tau_1\tau_2(4-\tau_2)/4t^3 < 0$，二阶主子式大于 0，一阶主子式小于 0。故 $\prod^{CH}$ 为严格凹函数，存在唯一最优解。

在低碳产品供应链中，低碳制造商需要确定低碳减排率，因此 $\prod^{CL}$ 的海塞矩阵为 4 ×4 矩阵：

$$H^{CH} = \begin{Bmatrix} -\frac{1}{t} & 0 & -\frac{\tau_1}{2t} & \frac{\delta}{2t} \\ 0 & -\frac{\tau_2}{t} & 0 & 0 \\ -\frac{\tau_1}{2t} & 0 & -\frac{\tau_1}{t} & \frac{\delta\tau_1}{2t} \\ \frac{\delta}{2t} & 0 & \frac{\delta\tau_1}{2t} & -K \end{Bmatrix}$$

由于 τ_1，τ_2，t 均大于 0，且 $\delta \in [0,\ 1]$，则 $|H^{CH}| = (Kt(4-\tau_1) - \delta^2)\tau_1\tau_2/4t^4 > 0$，三阶主子式 $-\tau_1\tau_2(4-\tau_1)/4t^3 < 0$，二阶主子式大于 0，一阶主子式小于 0。故 $\prod^{CL}$ 为严格凹函数，存在唯一最优解。

故对式（5 -52）中 HCSC 利润求相关变量一阶偏导如下：

$$\frac{\partial \prod^{CH}}{\partial \omega_H^C} = \frac{-2p_H^C + p_L^C + t - \delta\eta^C - p_{Lr}^{CH}\tau_2 + \Delta_2\tau_2}{2t} \tag{5-54}$$

$$\frac{\partial \prod^{CH}}{\partial p_{Hr}^{CH}} = \frac{(-2p_{Hr}^{CH} + p_{Hr}^{CL} - t + \Delta_1)\tau_1}{2t} \tag{5-55}$$

$$\frac{\partial \prod^{CH}}{\partial p_{Lr}^{CH}} = \frac{(-p_H^C - 2p_{Lr}^{CH} + p_L^C + p_{Lr}^{CL} + \Delta_2 - \delta\eta^C)\tau_2}{2t} \quad (5-56)$$

联立式（5－54）～式（5－56）可求出 p_H^C、p_{Lr}^{CH}和 p_{Hr}^{CH}的表达式为：

$$p_H^C = \frac{2t - 2\delta\eta^C + p_L^C(2-\tau_2) - p_{Lr}^{CL}\tau_2 + \Delta_2\tau_2 + \delta\eta^C\tau_2}{4-\tau_2} \quad (5-57)$$

$$p_{Lr}^{CH} = \frac{p_L^C + 2p_{Lr}^{CL} - t + 2\Delta_2 - \delta\eta^C - \Delta_2\tau_2}{4-\tau_2} \quad (5-58)$$

$$p_{Hr}^{CH} = \frac{1}{2}(p_{Hr}^{CL} - t + \Delta_1) \quad (5-59)$$

对式（5－53）中 LCSC 利润求相关变量一阶偏导如下：

$$\frac{\partial \prod^{CL}}{\partial p_L^C} = \frac{p_H^C - 2p_L^C + t + \delta\eta^C - p_{Hr}^{CL}\tau_1 + \Delta_1\tau_1}{2t} \quad (5-60)$$

$$\frac{\partial \prod^{CL}}{\partial p_{Lr}^{CL}} = \frac{(p_{Lr}^{CH} - 2p_{Lr}^{CL} - t + \Delta_2)\tau_2}{2t} \quad (5-61)$$

$$\frac{\partial \prod^{CL}}{\partial p_{Hr}^{CL}} = \frac{(p_H^C + p_{Hr}^{CH} - p_L^C - 2p_{Hr}^{CL} + \Delta_1 + \delta\eta^C)\tau_1}{2t} \quad (5-62)$$

$$\frac{\partial \prod^{CL}}{\partial \eta^C} = \frac{p_L^C\delta - 2Kt\eta^C + \delta(p_{Hr}^{LH} - \Delta_1)\tau_1}{2t} \quad (5-63)$$

联立式（5－60）～式（5－63）可求出 p_L^C、p_{Lr}^{CL}、p_{Hr}^{CL}和 η^C 的表达式为：

$$p_L^C = \frac{\delta^2(-p_{Hr}^{CH} + t + \Delta_1)\tau_1 + 2Kt(-2t + p_H^C(-2+\tau_1) + p_{Hr}^{CH}\tau_1 - \Delta_1\tau_1)}{2(\delta^2 - Kt(4-\tau_1))} \quad (5-64)$$

$$p_{Lr}^{CL} = \frac{1}{2}(p_{Lr}^{CH} - t + \Delta_2) \quad (5-65)$$

$$p_{Hr}^{DL} = \frac{\delta^2(p_{Hr}^{CH} - t + \Delta_1) + 2Kt(-p_H^C - 2p_{Hr}^{CH} + t - 2\Delta_1 + \Delta_1\tau_1)}{2(\delta^2 - Kt(4-\tau_1))} \quad (5-66)$$

$$\eta^C = \frac{\delta(-2p_H^C + t(-2+\tau_1) + (-p_{Hr}^{CH} + \Delta_1)\tau_1)}{2(\delta^2 - Kt(4-\tau_1))} \quad (5-67)$$

联立式（5－57）～式（5－59）和式（5－64）～式（5－67），组成一个方程组，就可以求出分散化决策下的最优决策如下，其中 $E = 9 - 2\tau_1 - 2\tau_2 \geqslant 5$：

$$p_H^{C*} = \frac{t(2Kt(27 - \tau_1(3 + 4\tau_2)) - 3\delta^2(6 - \tau_2))}{6KtE - 9\delta^2} \tag{5-68}$$

$$p_L^{C*} = \frac{t(2Kt(27 - (3 + 4\tau_1)\tau_2) - 9\delta^2\tau_1)}{6KtE - 9\delta^2} \tag{5-69}$$

$$p_{Hr}^{CH*} = \frac{9\delta^2(t - \Delta_1) + 2Kt(3E\Delta_1 - t(18 - 3\tau_1 - 5\tau_2))}{6KtE - 9\delta^2} \tag{5-70}$$

$$p_{Hr}^{CL*} = \frac{2Kt(3\Delta_1 E - t(9 - 4\tau_2)) + 9\delta^2(t - \Delta_1)}{6KtE - 9\delta^2} \tag{5-71}$$

$$p_{Lr}^{CH*} = \frac{2Kt(3\Delta_2 E - t(9 - 4\tau_1)) - 3\delta^2(t + 3\Delta_2)}{6KtE - 9\delta^2} \tag{5-72}$$

$$p_{Lr}^{CL*} = \frac{2Kt(5t\tau_1 - 3t(6 - \tau_2) + 3\Delta_2 E) + 3\delta^2(t - 3\Delta_2)}{6KtE - 9\delta^2} \tag{5-73}$$

$$\eta^{C*} = \frac{t\delta(E - \tau_1 + \tau_2)}{2KtE - 3\delta^2} \tag{5-74}$$

将式（5－68）、式（5－69）和式（5－74）代入式（5－3）和式（5－4）可求出普通产品和低碳产品的需求量分别为：

$$d_H^{C*} = \frac{kt(E + \tau_1 - \tau_2) - 3\delta^2}{2ktE - 3\delta^2}$$

$$d_L^{C*} = \frac{Kt(E - \tau_1 + \tau_2)}{2KtE - 3\delta^2}$$

将式（5－68）～式（5－74）代入式（5－9）～式（5－12）可求出普通产品供应链和低碳产品供应链中相应产品的回收量分别为：

$$Q_{H-H}^{C*} = \frac{\tau_1(2Kt(2E + \tau_1 - \tau_2) - 9\delta^2)}{6(2KtE - 3\delta^2)}$$

$$Q_{H-L}^{C*} = \frac{\tau_1(2Kt(9 - 4\tau_2) - 9\delta^2)}{6(2KtE - 3\delta^2)}$$

$$Q_{L-L}^{C*} = \frac{(2Kt(E - \tau_1 + \tau_2) - 3\delta^2)\tau_2}{6(2KtE - 3\delta^2)}$$

$$Q_{L-H}^{C*} = \frac{(3\delta^2 + 2Kt(9 - 4\tau_1))\tau_2}{6(2KtE - 3\delta^2)}$$

将式（5－68）～式（5－74）代入式（5－52）、式（5－53）中可求出普通产品供应链和低碳产品供应链利润分别为：

$$\prod^{CH*}=\frac{t\delta^4(36+9\tau_1-5\tau_2)}{2(2KtE-3\delta^2)^2}+\frac{Kt^2\delta^2((99+43\tau_1)\tau_2-324-18\tau_1(4-\tau_1)-9\tau_2{}^2)}{3(2KtE-3\delta^2)^2}$$
$$+\frac{2k^2t^3(729+9(9-\tau_1)(2-\tau_1)\tau_1-162\tau_2-\tau_1\tau_2(333-58\tau_1)+61\tau_1\tau_2{}^2)}{9(2KtE-3\delta^2)^2}$$

$$\prod^{CL*}=\frac{t\delta^4(9\tau_1+\tau_2)}{2(2KtE-3\delta^2)^2}+\frac{Kt^2\delta^2(2(34\tau_1-9)\tau_2+9\tau_2{}^2-27(9+(4-\tau_1)\tau_1))}{6(2KtE-3\delta^2)^2}$$
$$+\frac{2K^2t^3(729-162\tau_1+61\tau_1^2\tau_2+9(9-\tau_2)(2-\tau_2)\tau_2-\tau_1\tau_2(333-58\tau_2))}{9(2KtE-3\delta^2)^2}$$

5.5 性质分析

性质 5 -1：在集中与分散化决策下，HCSC 与 LCSC 中对普通产品和低碳产品废旧品的回收价格关系如下：$p_{Lr}^{H*}>p_{Lr}^{L*}$，$p_{Hr}^{H*}<p_{Hr}^{L*}$。且随着消费者对低碳产品的偏好增加，普通产品的回收价 p_{Hr}^{H*}、p_{Hr}^{L*} 会增加，而低碳产品的回收价 p_{Lr}^{L*}、p_{Lr}^{H*} 会降低。

证明：在分散化决策情形中有：

$$p_{Lr}^{DH*}-p_{Lr}^{DL*}=\frac{2t(Kt(F-\tau_2+\tau_1)-3\delta^2)}{6KtF-9\delta^2}>0$$

$$p_{Hr}^{DH*}-p_{Hr}^{DL*}=-\frac{2Kt^2(F-\tau_1+\tau_2)}{6KtF-9\delta^2}<0$$

即有 $p_{Lr}^{DH*}>p_{Lr}^{DL*}$，$p_{Hr}^{DH*}<p_{Hr}^{DL*}$。则 p_{Lr}^{DH*}，p_{Lr}^{DL*}，p_{Hr}^{DH*}，p_{Hr}^{DL*} 关于消费者偏好的一阶偏导如下：

$$\frac{\partial p_{Lr}^{DH*}}{\partial\delta}=-\frac{8kt^2\delta(F-\tau_1+\tau_2)}{(2KtF-3\delta^2)^2}<0$$

$$\frac{\partial p_{Lr}^{DL*}}{\partial\delta}=-\frac{4kt^2\delta(F-\tau_1+\tau_2)}{(2KtF-3\delta^2)^2}<0$$

$$\frac{\partial p_{Hr}^{DH*}}{\partial\delta}=\frac{4kt^2\delta(F-\tau_1+\tau_2)}{(2ktF-3\delta^2)^2}>0$$

$$\frac{\partial p_{Hr}^{DL*}}{\partial\delta}=\frac{8kt^2\delta(F-\tau_1+\tau_2)}{(2ktF-3\delta^2)^2}>0$$

在分散化决策情形中有：

$$p_{Lr}^{CH*} - p_{Lr}^{CL*} = \frac{2t(Kt(9 + \tau_1 - \tau_2) - 3\delta^2)}{6KtE - 9\delta^2} > 0$$

$$p_{Hr}^{CH*} - p_{Hr}^{CL*} = -\frac{2Kt^2(E - \tau_1 + \tau_2)}{6KtE - 9\delta^2} < 0$$

即有 $p_{Lr}^{CH*} > p_{Lr}^{CL*}$，$p_{Hr}^{CH*} < p_{Hr}^{CL*}$。则 p_{Lr}^{CH*}，p_{Lr}^{CL*}，p_{Hr}^{CH*}，p_{Hr}^{CL*} 关于消费者偏好的一阶偏导如下：

$$\frac{\partial p_{Lr}^{CH*}}{\partial \delta} = -\frac{8kt^2\delta(E - \tau_1 + \tau_2)}{(2KtE - 3\delta^2)^2} < 0$$

$$\frac{\partial p_{Lr}^{CL*}}{\partial \delta} = -\frac{4kt^2\delta(E - \tau_1 + \tau_2)}{(2KtE - 3\delta^2)^2} < 0$$

$$\frac{\partial p_{Hr}^{CH*}}{\partial \delta} = \frac{4kt^2\delta(E - \tau_1 + \tau_2)}{(2KtE - 3\delta^2)^2} > 0$$

$$\frac{\partial p_{Hr}^{LH*}}{\partial \delta} = \frac{8kt^2\delta(E - \tau_1 + \tau_2)}{(2KtE - 3\delta^2)^2} > 0$$

性质 5 - 1 证毕。

性质 5 - 1 表明，HCSC 和 LCSC 中的制造商为了回收对方产品的废旧品，都愿意给出高于对方的回收价格。由于两条供应链均可回收两种废旧品，而且各自需求的废旧品种类不同，低碳型制造商更愿回收普通产品废旧品作为原材料进行再制造，而普通型制造商更愿回收低碳废旧品再制造后变成普通产品，因而两种制造商均会给出高于废旧品本身所在的供应链制造商所给出的价格，再加上市场份额的不等可能会增加回收过程中的运输成本，故有 $p_{Lr}^{H*} > p_{Lr}^{L*}$，$p_{Hr}^{L*} > p_{Hr}^{H*}$。

消费者低碳偏好增加时两条供应链中普通废旧品回收价会增加，低碳废旧品回收价会降低。因为消费者低碳偏好增加说明低碳产品市场需求增加，故 LCSC 制造商更愿意回收可以作为原材料制造新品的普通废旧品，而降低对低碳废旧品的回收价。当低碳产品市场需求增加时，普通产品市场需求降低，HCSC 制造商利润就会遭到削减，此时 HCSC 为了保持自己的市场份额就会试图通过竞争来提高 LCSC 低碳产品的零售价格，故 HCSC 制造商在回收过程中故意提高 p_{Hr}^{H*} 来与 LCSC 制造商进行价格竞争，间接提高 p_{Hr}^{L*}，故低碳型制造商为追求利润只能提高低碳产品的零售价格，部分消费者因承担不了高额的低碳产品价格，继而改买普通产品。

性质 5 - 2：集中化和分散化决策下，普通产品零售价与消费者偏好程度成反比，低碳产品零售价和减排率均与消费者偏好程度成正比。

证明：在集中化决策情形中，对普通产品零售价 p_H^{C*}、低碳产品零售价 p_L^{C*} 和减排率 η^{C*} 求消费者偏好系数 δ 的一阶偏导，得到：

$$\frac{\partial p_H^{C*}}{\partial \delta} = -\frac{4kt^2\delta(E-\tau_1+\tau_2)(3-2\tau_2)}{(2ktE-3\delta^2)^2} < 0$$

$$\frac{\partial p_L^{C*}}{\partial \delta} = \frac{4kt^2\delta(3-2\tau_1)(E-\tau_1+\tau_2)}{(2ktE-3\delta^2)^2} > 0$$

$$\frac{\partial \theta^{C*}}{\partial \delta} = \frac{t(E-\tau_1+\tau_2)(3\delta^2+2ktE)}{(2ktE-3\delta^2)^2} > 0$$

在分散化决策情形中，对普通产品零售价 p_H^{D*}、低碳产品零售价 p_L^{D*} 和减排率 η^{D*} 求消费者偏好系数 δ 的一阶偏导，得到：

$$\frac{\partial p_H^{D*}}{\partial \delta} = -\frac{8kt^2\delta(6-\tau_1)(F-\tau_1+\tau_2)}{(3\delta^2-2KtF)^2} < 0$$

$$\frac{\partial p_L^{D*}}{\partial \delta} = \frac{8kt^2\delta(6-\tau_1)(F-\tau_1+\tau_2)}{(3\delta^2-2KtF)^2} > 0$$

$$\frac{\partial \theta^{D*}}{\partial \delta} = \frac{t(B-\tau_1+\tau_2)(3\delta^2+2KtF)}{(3\delta^2-2KtF)^2} > 0$$

性质 5－2 证毕。

性质 5－2 表明，随着消费者偏好的增加，两种决策化模型下普通产品的零售价格都会降低，而低碳产品零售价格和低碳减排率均会升高。对于低碳产品制造商来说，当消费者对低碳产品的偏好程度增加时，应该增加低碳产品产量，但由于减排成本的投入，致使低碳产品的单位成本可能高于普通产品，从而提高低碳产品的批发价，低碳产品零售价也随之提高；而此时对于普通型制造商来说，为了能够维持住原本的市场份额，只能通过降低销售价格的方式来缓解客户的流失。于是可以看出，消费者偏好增大时，消费者会根据自身效用逐渐将市场中的产品划分等级层次。

性质 5－3：在两种决策情形下，随着消费者对低碳产品的偏好增加，普通产品的需求量以及普通废旧品被 LCSC 回收的数量均会减少，而低碳产品的需求量以及低碳废旧品被 HCSC 回收的数量均会增加。

证明：对两种决策情形下的两种产品新品需求量和废旧品回收量求消费者偏好系数一阶偏导，得：

$$\frac{\partial d_H^C}{\partial \delta} = -\frac{6Kt\delta(E-\tau_1+\tau_2)}{(2KtE-3\delta^2)^2} < 0$$

$$\frac{\partial d_L^C}{\partial \delta} = \frac{6Kt\delta(E - \tau_1 + \tau_2)}{(2KtE - 3\delta^2)^2} > 0$$

$$\frac{\partial Q_{H-L}^C}{\partial \delta} = -\frac{4Kt\delta\tau_1(E - \tau_1 + \tau_2)}{(2KtE - 3\delta^2)^2} < 0$$

$$\frac{\partial Q_{L-H}^C}{\partial \delta} = \frac{4Kt\delta\tau_2(E - \tau_1 + \tau_2)}{(2KtE - 3\delta^2)^2} > 0$$

$$\frac{\partial d_H^D}{\partial \delta} = -\frac{6Kt\delta(F - \tau_1 + \tau_2)}{(2KtF - 3\delta^2)^2} < 0$$

$$\frac{\partial d_L^D}{\partial \delta} = \frac{6Kt\delta(F - \tau_1 + \tau_2)}{(2KtF - 3\delta^2)^2} > 0$$

$$\frac{\partial Q_{H-L}^D}{\partial \delta} = -\frac{4Kt\delta\tau_1(F - \tau_1 + \tau_2)}{(2KtF - 3\delta^2)^2} < 0$$

$$\frac{\partial Q_{L-H}^D}{\partial \delta} = \frac{4Kt\delta\tau_1(F - \tau_1 + \tau_1)}{(2KtF - 3\delta^2)^2} > 0$$

性质 5－3 证毕。

从性质 5－3 可以看出，$\frac{\partial d_H^C}{\partial \delta}$、$\frac{\partial d_H^D}{\partial \delta}$、$\frac{\partial Q_{H-L}^C}{\partial \delta}$、$\frac{\partial Q_{H-L}^D}{\partial \delta}$均小于 0，即随着消费者低碳偏好的增加，普通产品的需求数量会降低，虽然普通产品的制造商试图通过降低普通产品的价格来维持自身的市场份额，但普通产品的市场需求仍被削减，故市场中相应的普通产品的废旧品数量也会随之下降。$\frac{\partial d_L^C}{\partial \delta}$、$\frac{\partial d_L^D}{\partial \delta}$、$\frac{\partial Q_{L-H}^C}{\partial \delta}$、$\frac{\partial Q_{L-H}^D}{\partial \delta}$均大于 0，即随着消费者低碳偏好的增加，低碳产品的需求数量会增加，并且低碳产品的增加量要高于低碳产品的减少量，说明低碳产品的市场份额会随着消费者低碳偏好的增加逐渐扩大，于是市场中低碳产品的废旧品数量也会增多。由于低碳产品需求量的增加，普通产品需求量的减少，使 ξ_0^* 在图 5.2 中左移，此时使得靠近 ξ_0^* 左边的消费者考虑到距离 LCSC 较远，运输成本较高，故会将低碳产品废旧品回收给 HCSC，即 Q_{L-H}会增加；同理，此时使得靠近 ξ_0^* 左边的消费者考虑到运输成本，也不会将普通产品废旧品回收给 LCSC，即 Q_{H-L}会降低。

5.6 数值分析

本章 5.3 节和 5.4 节对两种决策模型下的最优决策进行了理论分析，为了更加直观地表现消费者偏好和回收率等对供应链收益和定价决策的影响，本节将采用 Mathematica 软件对定价过程进行数值模拟。本节首先给出普通型废旧品和低碳型废旧品的回收率以及消费者偏好系数为某一定值时两种决策情形下决策变量的最优解，然后进一步通过数值模拟来分析两种废旧产品的回收率、消费者偏好系数对供应链收益和最优定价决策的影响。

5.6.1 消费者低碳偏好的影响

取参数的初始值为 $\tau_1=\tau_2=0.5$，$\Delta_1=1$，$\Delta_2=1.4$，$t=1$，$K=6$。

由图 5.3 和图 5.4 可知，随着消费者低碳偏好的增加，集中化决策模型和分散化模型中低碳产品的零售价都会随之增高，普通产品的零售价会随之降低，且集中化决策下低碳产品和普通产品的零售价远低于分散化决策下低碳产品和普通产品的零售价，这是因为在正向物流中，分散化决策弱化了两条供应链之间的价格竞争，避免了零售商之间为抢占更多市场而故意降低价格的恶意竞争行为，而集中化决策较之分散化决策则强化了零售商之间的价格竞争。

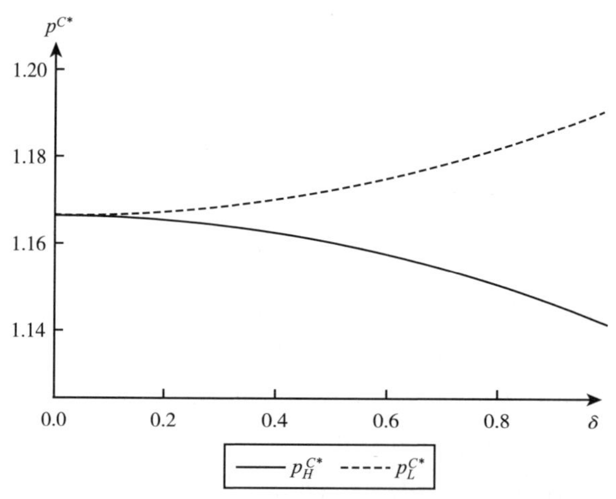

图 5.3 集中化决策模型下消费者偏好系数对普通产品与低碳产品零售价的影响

图 5.5 表明，随着消费者对低碳产品的偏好增加，集中化决策和分散化决策下低碳产品的需求量均会增加，而普通产品的需求量会降低，并且消费者对低碳产品偏好较大时，集中化决策下低碳产品的需求量高于分散化决策，而集中化决策下普通产品需求量低于分散化决策。

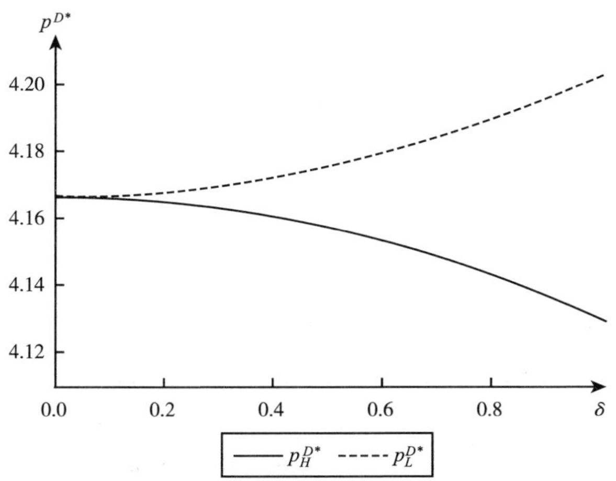

图 5.4 分散化决策模型下消费者偏好系数对普通产品与低碳产品零售价的影响

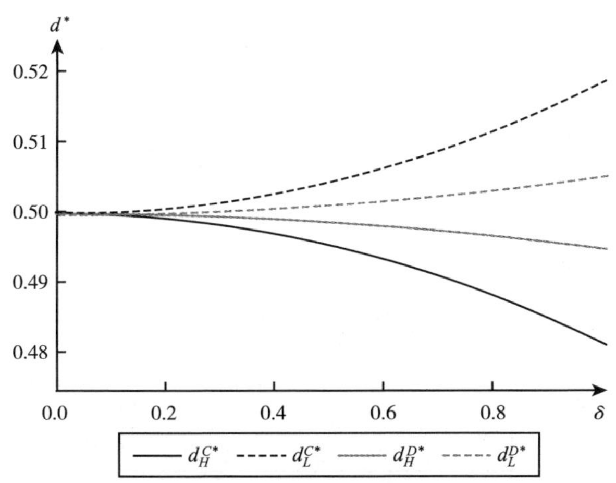

图 5.5 两种决策模型下消费者偏好系数对普通产品与低碳产品需求量的影响

图 5.6 和图 5.7 表明，随着消费者对低碳产品的偏好增加，HCSC 和 LCSC 对普通产品废旧品的回收价格均会增高，而对低碳产品废旧品的回收价均会降低，并且对低碳产品废旧品的回收价均要高于普通产品废旧品的回收价格，这与性质 5 - 1 一致。此外，两种模式下同种废旧品的回收价格相差并不大，因为两种模式下逆向物流中均由制造商负责回收并且制定回收价格，集中化决策模型和分散化决策模型主要对正向物流影响较大。

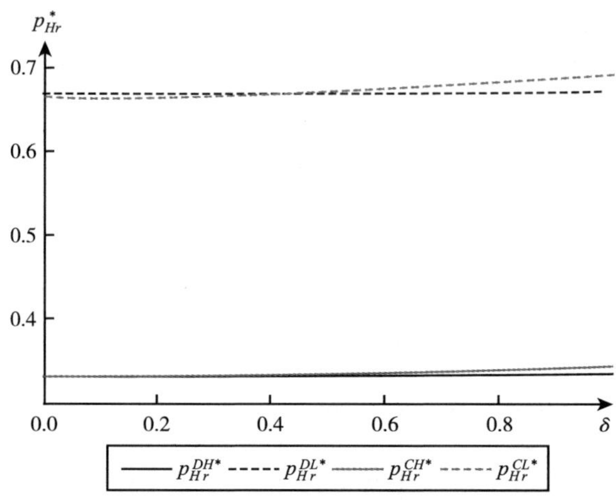

图 5.6　两种决策模型下消费者偏好系数对普通产品废旧品回收价格的影响

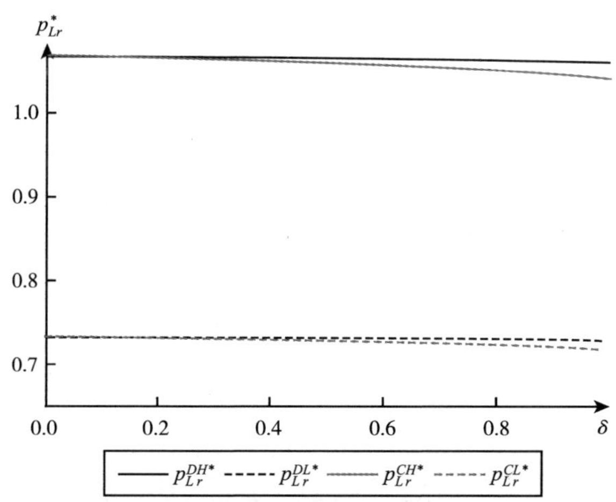

图 5.7　两种决策模型下消费者偏好系数对低碳产品废旧品回收价格的影响

由图 5.8 可以看出，随着消费者对低碳产品的偏好增加，制造商的低碳减排率均会增加，且在消费者低碳偏好较低时，分散化决策和集中化决策下的低碳减排率差别不大，但消费者低碳偏好较低时，分散化决策下制造商的低碳减排率会逐渐低于集中化决策模型下的低碳减排率。

由图 5.9 可以看出，随着消费者对低碳产品偏好的增加，集中化决策和分散化决策模型中 HCSC 对低碳产品废旧品的回收量均会增加，而 LCSC 对普通产

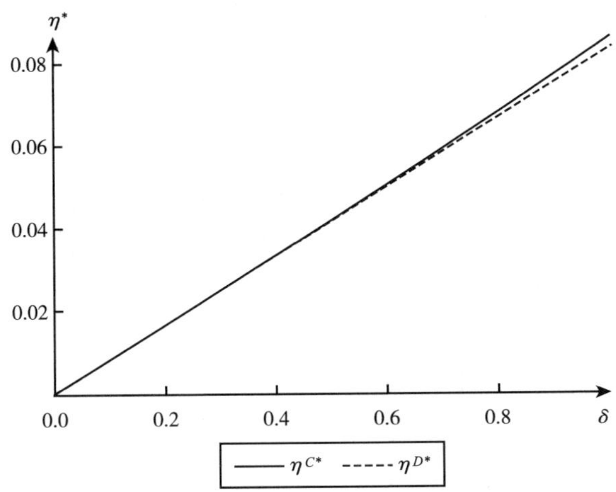

图 5.8 两种决策模型下消费者偏好系数对制造商低碳减排率的影响

品废旧品的回收量均会降低。并且当消费者低碳偏好较大时，集中化决策中HCSC 对低碳产品废旧品的回收量会高于分散化决策，而集中化决策中 LCSC 对普通产品废旧品的回收量会低于分散化。

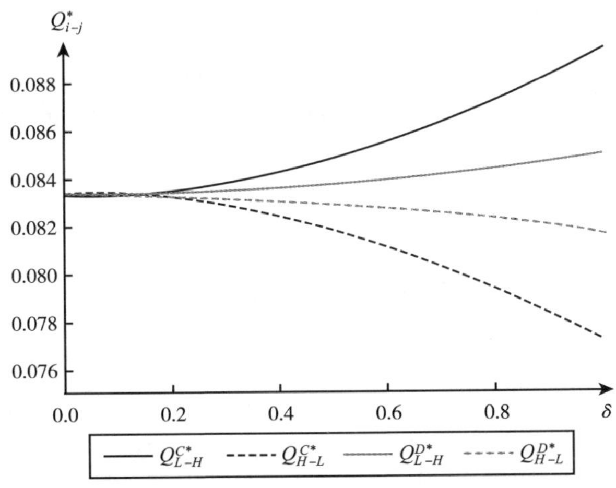

图 5.9 两种决策模型下消费者偏好系数对废旧品交叉回收量的影响

图 5.10 和图 5.11 表明，随着消费者低碳偏好的增加，两种决策模型下低碳产品供应链利润均会增加，而普通产品供应链利润会降低，并且集中化决策下供应链利润要远小于分散化决策下供应链利润，即在存在供应链竞争时，分散化模型相对于集中化决策模型能带来更高的供应链利润，虽有别于经典的

“双重边际效应”理论，但与现实市场中选择分散化供应链结构的情况相符。主要原因在于：首先，双重边际化问题大多考虑的是集中和分散模式下的单条供应链而本章考虑的是存在价格竞争的两条供应链；其次，两条供应链之间的价格竞争程度在分散化决策时弱化了，使各条供应链中的产品定价有了很大的提升，进一步使处在竞争中的两条供应链都能获取更多的利益。本章结果与现实中的市场结构比较吻合，即在两条供应链存在竞争的情况下，分散化决策对提升供应链利润更有效。

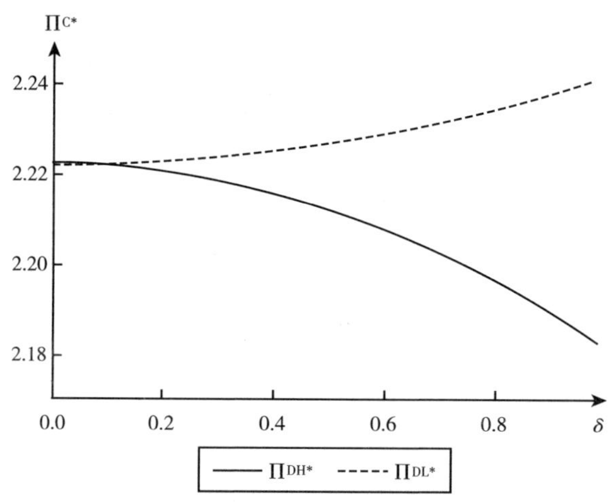

图 5.10　分散化决策模型下消费者偏好系数对 HCSC 和 LCSC 利润的影响

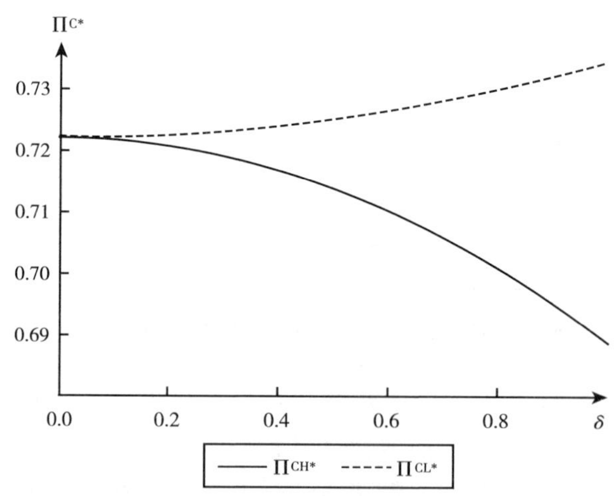

图 5.11　集中化决策模型下消费者偏好系数对 HCSC 和 LCSC 利润的影响

5.6.2 废旧产品回收率的影响

由于分散化决策更有益提升供应链系统的利润，因此本小节只研究分散化决策下普通产品和低碳产品废旧品回收率对两条供应链的影响，并进一步确定政府如何制定两种产品的回收率使供应链收益最优。

考虑消费者低碳偏好系数 $\delta=0$ 的特殊情况。当 $\tau_1=\tau_2$ 时，有 $\prod^{DH}=\prod^{DL}=2+4\tau_1/9$，此时两者的利润相等且取决于废旧产品回收率的大小，废旧产品回收率越高，两者利润也就越大。由于前面已经证明 $\prod^{DH}$ 会随着消费者低碳偏好系数 δ 的增加而降低，$\prod^{DL}$ 会随着消费者低碳偏好系数 δ 的增加而增加，因此在除了 $\delta=0$ 时之外的任何 δ 值都有 $\prod^{DH}<\prod^{DL}$。

当 $\tau_1>\tau_2$ 时，$\prod^{DH}$ 在 $\delta=0$ 处的值会增大，即 $\prod^{DH}>2+4\tau_1/9$，而消费者低碳偏好系数 δ 增加时，$\prod^{DH}$ 会随之增加，$\prod^{DL}$ 则随之减少，故 $\prod^{DH}$ 和 $\prod^{DL}$ 会在某个值上 δ^* 处相等，特别地，当 $\delta^*=1$ 时，此时除了此点外，均有 $\prod^{DH}>\prod^{DL}$，如图 5.12 所示。

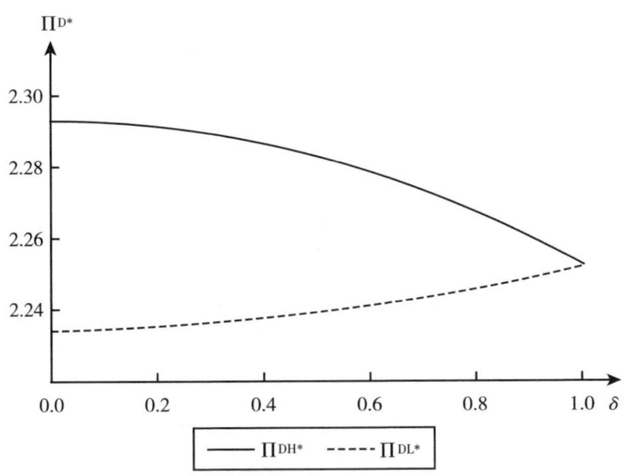

图 5.12 $\tau_1>\tau_2$ 时两条供应链总利润随 δ 变化情况

由于回收率之间的关系太过于复杂，故先给定 τ_2 然后代入计算 τ_2 的值，结果如表 5.1 所示。

表 5.1　消费者偏好为 1 且供应链利润相等时废旧品的回收率对应关系

τ_i	数值							
τ_1	0.2814	0.3822	0.483	0.5838	0.6846	0.7854	0.8862	0.987
τ_2	0.1	0.2	0.3	0.4	0.5	0.6	0.7	0.8

由表 5.1 可知，在 τ_2 已知的情况下，若 τ_1 的值大于表 5.1 中相应的值，则 HCSC 的总利润始终要大于 LCSC 总利润，此时低碳型制造商可以选择不制造低碳产品而转为制造普通产品。

而当 $\tau_1 > \tau_2$ 且 τ_1 不大于表 5.1 中 τ_2 所对应的值时，必存在 δ^* 使得 $\prod^{DH} = \prod^{DL}$，当 $\delta < \delta^*$ 时，$\prod^{DH} > \prod^{DL}$；当 $\delta > \delta^*$ 时，$\prod^{DH} < \prod^{DL}$。此时可以联立方程求出 δ^*：

$$\delta^* = \frac{(3kt(B - \tau_1 + \tau_2))^{1/2}}{6} \times \left(\frac{3(23 + \tau_1 - \tau_2) - (4761 + (\tau_1 + 15\tau_2 + 246)(\tau_1 - \tau_2))^{1/2}}{24 - \tau_2}\right)^{1/2}$$

一般图像如图 5.13 所示。

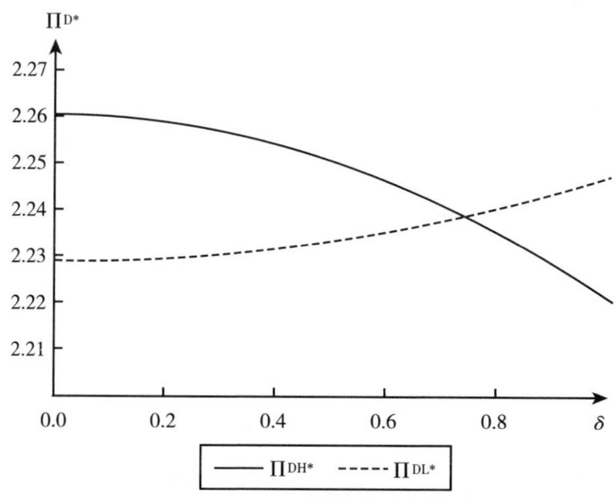

图 5.13　$\tau_1 > \tau_2$ 且小于表 5.1 中得的值时两条供应链总利润随 δ 变化情况

当 $\tau_1 < \tau_2$ 时，则恒有 $\prod^{DH} < \prod^{DL}$，一般形式如图 5.14 所示。此时 HCSC 制造商为提高供应链总利润则会转而生产低碳产品，因此，政府应该制定低碳产品废旧品回收率高于普通产品回收率的策略，一方面可以提高供应链的利润，另一方面可以加快低碳产品的生产和普及。

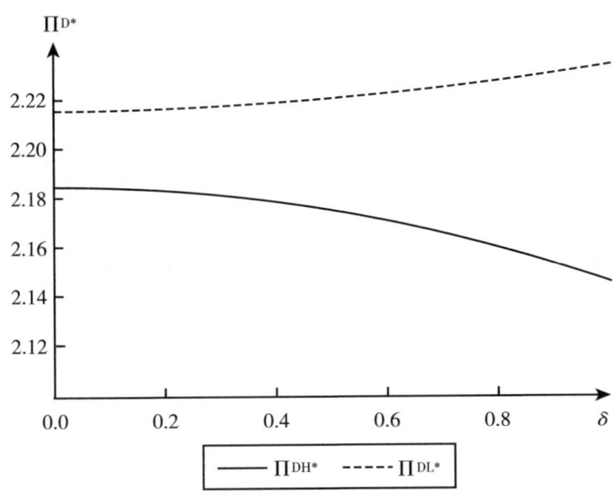

图 5.14 $\tau_1 < \tau_2$ 时两条供应链总利润随 δ 变化的情况

以上数值分析结果与 5.5 节中所得结论一致，更直观地反映了消费者偏好和废旧产品的回收率对供应链收益和定价决策的影响，总结得出以下几点：

（1）随着消费者低碳偏好增加，低碳产品零售价格、需求量和低碳供应链利润均会提高，普通产品零售价格、需求量和普通产品供应链利润会降低；最终市场中的产品会根据消费者的行为而逐渐形成不同的产品层级。

（2）随着消费者低碳偏好的增加，两条供应链中普通产品废旧品的回收价格增加，但回收数量会降低；两条供应链中低碳产品废旧品的回收价格会降低，但回收数量会增加。

（3）供应链之间存在竞争时，分散化决策比集中化决策能给供应链带来更大的利润，有别于经典供应链理论中的“双重边际效应”，但与现实市场中选择分散化供应链结构的情况相符。

（4）低碳产品废旧品回收率高于普通产品回收率时，供应链可获取更高利润，故政府可设定低碳产品废旧品回收率高于普通产品废旧品的回收率，以加快低碳产品的生产和普及。

5.7 本章小结

本章基于 Hotelling 模型，在集中和分散两种决策情形下研究了存在消费者偏好情况下普通产品供应链和低碳产品供应链的产品销售和回收竞争问题，探讨了产品的零售价、回收价和供应链利润随着消费者偏好变化的情况，并进一步分析了两种产品废旧品的回收率对各自利润的影响。

6 风险规避下基于回收品质量视角的闭环供应链定价决策

6.1 引言

经济与科技的快速发展使消费者需求变化速度和产品更新速度愈来愈快，消费者为追求更佳的产品体验会缩短产品使用周期而购买新品，导致市场中废旧品数量急剧增加。《中国废弃电器电子产品回收处理及综合利用行业白皮书2017》显示，2017 年中国电器电子产品理论报废量 50004 万台，较 2016 年上涨 33%左右，但《2017 年全国大中城市固体废物污染环境防治年报》显示，2016 年全国 103 家处理企业共回收处理废弃电器电子产品 7935 万台，回收处理比例仅为 21%，而 2017 年处理数量仅与 2016 年基本持平。对废旧品回收再利用可以节约原料和能源成本，更有利于实现可持续发展（曹柬等，2020）。但由于消费者使用产品的时间与习惯等不同导致废旧品的质量不确定且相差较大，故回收再制造时所投入的再制造成本也不相同（Bhattacharya & Kaur，2015；Jr et al.，2011）。废旧品质量的参差不齐带来的是再制造过程中制造商付出的再制造成本的不确定，制造商在面对不确定的再制造成本时，为保证自身利益所采取的风险应对态度值得研究。

关于废旧品回收定价的研究有很多，如萨瓦斯坎等（Savaskan et al.，2001）和庄佳鸿等（Chuang et al.，2014）研究了制造商回收、零售商回收和第三方回收三种回收情形下的闭环供应链定价及协调问题。在此基础上，公彦德等（2018）研究了制造商与零售商两者混合回收及制造商、零售商和第三方回收商三者混合回收模式下的两类闭环供应链模型，并给出了不同决策情形下的最优决策。而朱晓东等（2017）则考虑了传统渠道回收与线上回收的成本不同时供应链的定价决策问题。但以上研究大多是结合回收渠道一起考虑，并且假设回收到的废旧品质量相同，忽略了废旧品质量高低给供应链再制造带来的影响。

废旧品质量高低可能会影响到供应链再制造时的再制造成本及新产品或再

制品的定价。程发新等（2018）研究了废旧品质量不确定时政府补贴对闭环供应链定价决策的作用，研究发现废旧品回收价格随再制造质量门槛的提高而降低，随补贴系数的提高而提高；而邓乾旺等（2017）在考虑补贴的基础上增加了碳税因素，并发现最佳回收质量系数受到碳税的影响，补贴加碳税相结合的机制更能有效地引导回收、降低碳总排量以及鼓励制造商进行再制造；郭春香等（2018）则通过政府设定废旧品回收比率来体现政府规制，研究表明政府规制的实施能够有效提升废旧品质量，但规制程度与各级回收支付系数差值需在一定范围内才能保障交易市场的有效性。高阳等（2011）和黄少辉等（2019）则从回收渠道角度作了研究，两人均对废旧品进行了等级划分，但高阳等（2011）是按照同一价格从消费者处回收废旧品而后再做等级划分，而黄少辉等（2019）则是考虑制造商、零售商与第三方回收商竞争回收时根据产品质量先做等级划分然后再给出各自的回收价格。以上研究大多假设供应链成员为风险中性，但贾默内格（Jammernegg，2007）等研究发现决策者的风险偏好会对供应链定价产生影响。例如，陈银平（2018）将供应链成员风险偏好与渠道选择问题结合起来，讨论了在零售商风险规避下制造商是否开通直销渠道的问题，研究发现直销渠道并不是总会使零售商的收益受损，且仅当制造商开通直销渠道的成本满足一定条件时，制造商才会选择开通，否则将会亏损。李书娟等（2011）构建了基于双源渠道的二级供应链模型，研究表明直销渠道下产品的最优零售价格和传统渠道下最优零售价格与零售商和制造商是否合作无关，但会受到供应链双方风险规避度的影响。以上研究大多研究市场新品需求波动带来的风险，而不是废旧品质量不确定带来的风险。

在第5章中考虑了风险中性下基于低碳视角的新品与回收品的最优定价决策，但第5章的研究未考虑以下问题：第一，当回收模式不同时，回收品和新品的定价是否不同？第二，当制造商不是风险中性时，回收品和新品如何定价？第三，废旧品经过回收再制造后成为再制品再次销往市场时，回收品、新品和再制品如何定价？本章将对第5章未考虑到的情况进行继续研究，本章将回收模式扩展为以下四种：集中化决策下制造商通过零售商回收；分散化决策下制造商通过零售商回收、制造商直接回收和第三方回收商回收。并在每个模型下以制造商为市场领导者且从风险规避型的角度出发，考虑新品与再制品同时存在市场时的定价决策。考虑到消费者对新品和再制品的偏好程度不同，故本章以消费者效用为切入点，研究新品和再制品的差别定价决策。

闭环供应链中回收模式有三种：制造商通过零售商回收（R）；制造商直接回收（M）；制造商通过第三方回收商回收（3P）。在制造商通过零售商回收时，制造商是否和零售商合作会导致结果不同，为方便比较，增加制造商通过零售商回收且集中决策时的模型（C）。

6.2 问题描述与基本假设

6.2.1 模型设计

为突出研究制造商风险规避态度和回收模式对供应链的影响，本章对第3章模型作简化处理，考虑仅包含单一制造商、单一零售商、单一第三方回收商和单一产品的闭环供应链模型。在正向物流过程中制造商分别以 ω_n、ω_r 的批发价将新品和再制品出售给零售商，零售商再以 p_n、p_r 的零售价格将产品出售给零售商，第三方回收商不直接参与正向物流过程；在逆向物流中，回收商以价格 b_r 从消费者处回收废旧品，在不同的模型下回收商可以是零售商、制造商或第三方回收商中的任何一个。但在以零售商和第三方回收商作为回收商的模型中，制造商会以 b_m 的转移价格从零售商或者第三方回收商处转移废旧产品。制造商将废旧品经过再制造为再制品后再次投入正向物流中进行产品销售，具体模型如图 6.1 所示。

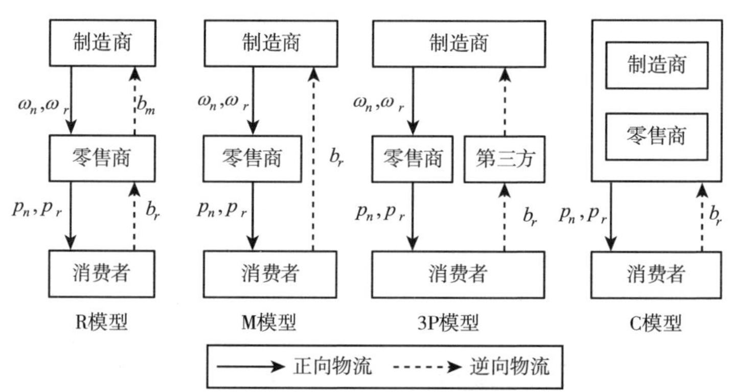

图 6.1 风险规避下考虑消费者偏好的闭环供应链再制造模型

考虑在市场信息完全的条件下，以制造商为市场主导者，采用斯塔克伯格博弈理论建立各回收模型下的最优收益模型，以供应链成员利益最大化为决策目标，并采用相关方法如逆向归纳法对模型进行求解分析，确定各个模型中的最优决策。本章定义“新品”为制造商使用全新的原材料生产出来的产品，“再制品”为制造商使用回收到的废旧品进行翻新、处理和加工而生产出的产品。

6.2.2　符号变量说明

d_n、d_r：分别表示新品与再制品的市场需求量，且 $d_n > d_r$。

c_n、c_r：分别表示制造商使用新材料生产新品的单位生产成本和使用废旧品翻新的单位生产成本，且 $c_n > c_r$。

ω_n、ω_r：分别表示新品和再制品的单位批发价格。

p_n、p_r：分别表示新品和再制品的单位零售价格。

$b_m > 0$：表示制造商从零售商处转移单位废旧品的价格，即转移价格。

$b_r > 0$：表示零售商从消费者处回收单位废旧品的价格，即回收价格。

q_r：表示从消费者处回收的废旧品数量，且 $q_r = h + \gamma b_r$，$h > 0$ 表示市场中消费者自愿上交的废旧品数量，γ 表示消费者对废旧品回收的价格弹性。

u_n、u_r：分别表示新品和再制品对消费者的净效用，消费者通过比较 u_n、u_r 的大小来决定购买新品还是再制品。

$\prod_j^i$：表示在闭环供应链中在 i 回收模型下供应链成员 j 的利润函数。其中：$i = C$、M、R、$3P$；$j = M$、R、$3P$、T，分别表示制造商、零售商、第三方回收商以及供应链；若有上标 *，则表示最优决策。

6.2.3　模型假设

假设 1：制造商为领导者且为风险规避型。

假设 2：回收的废旧品质量不确定，废旧品质量 x 服从期望为 μ、方差为 σ^2 的正态分布，即 $x \in N(\mu,\ \sigma^2)$，μ 表示废旧品的平均质量，σ 表示废旧品质量在平均质量上下的波动幅度，且 $\mu > \sigma > 0$。再制品的单位制造成本 c_r 与废旧品质量有关，$c_r = c_n - vx$。其中，$v(v > 0)$ 为质量成本系数，vx 即为回收再制造质量为 x 的废旧品所节约的成本。

假设 3：制造商以 b_m 的转移价格对零售商回收的废旧品进行转移回收，零售商以 b_r 的回收价格从消费者处回收废旧品，$b_r = (1 - r) b_m$。r 为回收商每回收一单位废旧产品的单位回收利润率。

假设 4：为激励回收商回收质量更高的产品，在零售商和第三方回收商回收时制造商将销售出的再制品所节省下的成本按照比例 $\theta(0 < \theta < 1)$ 给予奖励，即 $\theta v x d_r$，而零售商或第三方回收商为回收到更高质量的废旧品而做出的努力成本为 $\frac{kx^2}{2}$，k 为努力成本系数。

假设5：假设回收到的产品均可进行再制造但再制造成本不同，市场对再制品的需求量小于等于废旧品回收量，制造商对未进行再制造的废旧品以残值 s 处理，由于 s 足够小，本章模型中不考虑残值 s。

假设6：消费者对新品的估值 ϕ 服从区间为［A，B］的均匀分布，概率密度函数为

$$f(x) = \begin{cases} 1/(B-A), & x \in [A,B] \\ 0, & x \notin [A,B] \end{cases}$$

消费者对再制品的效用估值为新品的 a 倍，a 表示消费者对再制品的偏好系数，$0<a<1$。

假设7：制造商对废旧品质量不确定所带来的风险持规避态度，使用均值－方差法来衡量闭环供应链及其成员的期望效用，效用函数为 $U\left(\prod_j^i\right) = E\left(\prod_j^i\right) - \lambda\sqrt{\mathrm{Var}\left(\prod_j^i\right)}$，其中 λ 为风险规避度，且 $0 \leqslant \lambda \leqslant 1$（樊松，2008；林杰，2014）。

对于消费者，根据比较新品和再制品的效用来判断购买何种产品，由于本章主要研究的是新品与再制品的定价决策，故忽略消费者购买产品所花费的时间和距离等成本，即消费者得到的效用为产品估值与零售价格之差，则消费者购买新品和再制品的效用为：

$$u_n = \phi - p_n \tag{6-1}$$

$$u_r = a\phi - p_r \tag{6-2}$$

此时消费者根据购买两种产品的效用所做出的行为如表6.1所示。

表6.1　消费者购买行为

效用区间条件	消费者购买行为
条件1：$u_n \geqslant u_r$ 且 $u_n \geqslant 0$	只购买新品
条件2：$u_n \leqslant u_r$ 且 $u_r \geqslant 0$	只购买再制品
条件3：$u_n < 0, u_r < 0$	不购买任何产品

（1）条件1：$u_n \geqslant u_r$ 且 $u_n \geqslant 0$。

此时根据式（6－1）、式（6－2）可得到 $\phi \geqslant p_n$ 且 $\phi \geqslant (p_n - p_r)/(1-a)$，在该条件下存在两种情况。第一种为 $p_n > (p_n - p_r)/(1-a)$，即 $a < p_n/p_r$，此时 $u_n > u_r$，消费者只购买新品，新品的需求量为：

$$dn = (B - A)\int_{p_n}^{B} f(x)\mathrm{d}x = B - p_n$$

第二种为 $p_n \leqslant (p_n - p_r)/(1 - a)$，即 $a \geqslant p_n/p_r$，此时又分为以下两种情况：

① $(p_n - p_r)/(1 - a) \leqslant B$，即 $a \leqslant 1 - (p_n - p_r)/B$ 时，消费者购买新品的数量为：

$$d_n = (B - A)\int_{(p_n-p_r)/(1-a)}^{B} f(x)\mathrm{d}x = B - \frac{p_n - p_r}{1 - a} \qquad (6-3)$$

② $(p_n - p_r)/(1 - a) > B$，即 $a > 1 - (p_n - p_r)/B$ 时，消费者不购买新品，$d_n = 0$。

（2）条件2：$u_n \leqslant u_r$ 且 $u_r \geqslant 0$。

此时根据式（6-1）、式（6-2）可得到 $\phi \geqslant p_r/a$ 且 $\phi \leqslant (p_n - p_r)/(1 - a)$，即 $p_r/a \leqslant \phi \leqslant (p_n - p_r)/(1 - a)$，在该条件下又存在两种情况。

第一种：$p_r/a > (p_n - p_r)/(1 - a)$，即 $a < 1 - (p_n - p_r)/B$，此时消费者不购买再制品，再制品的需求量为 $d_r = 0$。

第二种：$p_r/a \leqslant (p_n - p_r)/(1 - a)$，即 $a \geqslant p_r/p_n$ 时，此时又有两种情形：

① $(p_n - p_r)/(1 - a) \leqslant B$，即 $a \leqslant 1 - (p_n - p_r)/B$ 时，消费者购买再制品的数量为：

$$d_r = (B - A)\int_{\frac{p_r}{a}}^{\frac{p_n-p_r}{1-a}} f(x)\mathrm{d}x = \frac{ap_n - p_r}{a(1 - a)} \qquad (6-4)$$

② $(p_n - p_r)/(1 - a) > B$，即 $a > 1 - (p_n - p_r)/B$ 时，消费者购买再制品的数量为：

$$d_r = (B - A)\int_{\frac{p_r}{a}}^{B} f(x)\mathrm{d}x = B - \frac{p_r}{a}$$

本章主要研究内容为新品和再制品的定价决策，故应选取市场中同时存在新品和再制品时研究才有意义，因此从消费者效用角度出发，选取式（6-3）、式（6-4）分别为新品和再制品的需求量。

6.3 分散化决策下闭环供应链最优定价决策

6.3.1 零售商回收时最优定价决策（R 模型）

制造商通过零售商进行回收时即模型 R：制造商的收益来源为将新品和再

制品批发给零售商的收入，以及利用废旧品进行再制造所节省的成本；制造商所支出的成本为新品与再制品的生产成本、从零售商处转移回收到的回收品的转移成本，以及给予零售商的回收奖励；零售商的收益来源为向消费者销售新品与再制品的收入，以及制造商给予的转移成本和回收奖励；零售商的支出成本为支付给制造商的新品与再制品的批发成本、支付给消费者回收品的回收成本，以及为回收更高质量的废旧品所付出的努力成本。由以上分析可得 R 模型下制造商与零售商的收益函数模型如下：

$$\prod_{M}^{R}=(\omega_{n}^{R}-c_{n})d_{n}^{R}+(\omega_{r}^{R}-c_{r})d_{r}^{R}-b_{m}^{R}q_{r}^{R}-\theta vxd_{r}^{R},q_{r}^{R}\geqslant d_{r}^{R} \tag{6-5}$$

$$\prod_{R}^{R}=(p_{n}^{R}-\omega_{n}^{R})d_{n}^{R}+(p_{r}^{R}-\omega_{r}^{R})d_{r}^{R}+b_{m}^{R}q_{r}^{R}+\theta vxd_{r}^{R}-b_{r}q_{r}^{R}-\frac{kx^{2}}{2} \tag{6-6}$$

此时制造商为供应链领导者，故决策顺序如下：首先，制造商决定新品与再制品的批发价，以及回收品的转移价格；然后，零售商在了解到制造商的定价决策后从自身利益最大化的角度出发，决定新品与再制品的零售价和回收品的回收价格。于是由逆向归纳法有：先求出零售商的最优定价决策，然后代入制造商期望效用函数中，求解出新品与再制品的批发价和回收品的转移价格之后，再代入新品与再制品的零售价和回收价中即可求出零售商期望利润。

零售商期望利润 $E\left(\prod_{R}^{R}\right)$ 为：

$$E\left(\prod_{R}^{R}\right)=(p_{n}^{R}-\omega_{n}^{R})d_{n}^{R}+(p_{r}^{R}-\omega_{r}^{R})d_{r}^{R}+b_{m}^{R}q_{r}^{R}+\theta v\mu d_{r}^{R}-b_{r}^{R}q_{r}^{R}-\frac{k(\mu^{2}+\sigma^{2})}{2} \tag{6-7}$$

对零售商的效用求关于新品零售价 p_{n}^{R}、再制品零售价 p_{r}^{R} 和单位利润率 r^{R} 的一阶偏导：

$$\frac{\partial E\left(\prod_{R}^{R}\right)}{\partial p_{n}^{R}}=\frac{B(1-a)-2p_{n}^{R}+2p_{r}^{R}+v\theta\mu+\omega_{n}^{R}-\omega_{r}^{R}}{1-a} \tag{6-8}$$

$$\frac{\partial E\left(\prod_{R}^{R}\right)}{\partial p_{r}^{R}}=\frac{2p_{r}^{R}+v\theta\mu+a(-2p_{n}^{R}+\omega_{n}^{R})-\omega_{r}^{R}}{(-1+a)a} \tag{6-9}$$

$$\frac{\partial E\left(\prod_{R}^{R}\right)}{\partial r^{R}}=b_{m}^{R}(h+bm_{m}^{R}(1-2r^{R})\gamma) \tag{6-10}$$

联立式（6－8）~式（6－10）可求出新品零售价 p_{n}^{R*}、再制品零售价 p_{r}^{R*} 和

单位利润率 r^{R*} 如下：

$$p_n^{R*} = \frac{B + \omega_n^R}{2} \tag{6-11}$$

$$p_r^{R*} = \frac{aB - v\theta\mu + \omega_r^R}{2} \tag{6-12}$$

$$r_R^{R*} = \frac{h + b_m^R\gamma}{2b_m^R\gamma} \tag{6-13}$$

将式（6-11）~式（6-13）代入制造商期望效用函数，再求新品批发价 ω_n^{R*}、再制品批发价 ω_r^{R*} 和转移价格 b_m^{R*} 的一阶偏导，即可联立解出最优解。而制造商为风险规避型，故根据 $U\left(\prod_M^R\right) = E\left(\prod_M^R\right) - \lambda\sqrt{\mathrm{Var}\left(\prod_M^R\right)}$ 准则来计算制造商效用。根据制造商收益函数式（6-5）可求出制造商收益期望和方差为：

$$E\left(\prod_M^R\right) = (\omega_n^R - c_n)d_n^R + (\omega_r^R - c_n + v\mu)d_r^R - b_m^R q_r^R - \theta v\mu d_r^R \tag{6-14}$$

$$\mathrm{Var}\left(\prod_M^R\right) = E\left(\left(\prod_M^R - E\left(\prod_M^R\right)\right)^2\right) = v^2\sigma^2\frac{(ap_n^R - p_r^R)^2(1-\theta)^2}{(1-a)^2a^2} \tag{6-15}$$

将式（6-14）与式（6-15）代入 $U\left(\prod_M^R\right) = E\left(\prod_M^R\right) - \lambda\sqrt{\mathrm{Var}\left(\prod_M^R\right)}$ 中即可求出制造商期望效用为：

$$U\left(\prod_M^R\right) = (\omega_n^R - c_n)d_n^R + (\omega_r^R - c_n + v\mu)d_r^R - b_m^R q_r^R - \theta v\mu d_r^R - \lambda v\sigma\frac{(ap_n^R - p_r^R)(1-\theta)}{(1-a)a} \tag{6-16}$$

将式（6-11）~式（6-13）代入式（6-16）中，求出制造商期望效用：

$$U\left(\prod_M^R\right) = (\omega_n^R - c_n)\left(\frac{B}{2} - \frac{v\theta\mu + \omega_n^R - \omega_r^R}{2(1-a)}\right) + (\omega_r^R - c_n + v\mu)\left(\frac{v\theta\mu + a\omega_n^R - \omega_r^R}{2a - 2a^2}\right) - b_m^R\frac{h + b_m^R\gamma}{2} - \theta v\mu\frac{v\theta\mu + a\omega_n^R - \omega_r^R}{2a - 2a^2} - \lambda v\sigma\frac{(a\omega_n^R - \omega_r^R + v\theta\mu)(1-\theta)}{2a - 2a^2}$$

$$\frac{h + b_m^R\gamma}{2} - \frac{v\theta\mu + a\omega_n^R - \omega_r^R}{2a - 2a^2} \geqslant 0$$

在求解 $U\left(\prod_{M}^{R}\right)$ 之前，先求其海塞矩阵，以判断其是否存在最优解，其海塞矩阵如下：

$$H_M^R = \begin{Bmatrix} \frac{1}{a-1} & \frac{1}{1-a} & 0 \\ \frac{1}{1-a} & \frac{1}{(a-1)a} & 0 \\ 0 & 0 & -\gamma \end{Bmatrix}$$

由于 $a<1$，则 $|H_M^R| = -\frac{\gamma}{(1-a)a} < 0$，二阶主子式大于0，一阶主子式小于0，故 $U\left(\prod_{M}^{R}\right)$ 为严格凹函数，存在唯一最优解。

由于再制品的需求量应小于等于废旧品的回收量，对 $U\left(\prod_{M}^{R}\right)$ 中的约束条件引入拉格朗日乘子 $\varepsilon_1 \geqslant 0$，构造拉格朗日函数如下：

$$\begin{aligned} L(\omega_n^R,\omega_r^R,b_m^R,\varepsilon_1) = {} & (\omega_n^R - c_n)\left(\frac{B}{2} - \frac{v\theta\mu + \omega_n^R - \omega_r^R}{2(1-a)}\right) - b_m^R \frac{h + b_m^R\gamma}{2} \\ & + (\omega_r^R - c_n + v\mu)\left(\frac{v\theta\mu + a\omega_n^R - \omega_r^R}{2a - 2a^2}\right) - \theta v\mu \frac{v\theta\mu + a\omega_n^R - \omega_r^R}{2a - 2a^2} \\ & - \lambda v\sigma \frac{(a\omega_n^R - \omega_r^R + v\theta\mu)(1-\theta)}{2a - 2a^2} \\ & + \varepsilon_1\left(\frac{h + b_m^R\gamma}{2} - \frac{v\theta\mu + a\omega_n^R - \omega_r^R}{2a - 2a^2}\right) \end{aligned} \tag{6-17}$$

对式（6－16）求 ω_n^R，ω_r^R，b_m^R，ε_1的一阶偏导如下：

$$\frac{\partial L(\omega_n^R,\omega_r^R,b_m^R,\varepsilon_1)}{\partial \omega_n^R} = \frac{B}{2} + \frac{2v\theta\mu - v\mu + v\lambda\sigma(1-\theta) + 2\omega_n^R - 2\omega_r^R}{2(a-1)} - \frac{\varepsilon_1}{2(1-a)} \tag{6-18}$$

$$\frac{\partial L(\omega_n^R,\omega_r^R,b_m^R,\varepsilon_1)}{\partial \omega_r^R} = \frac{c_n(1-a) + (2\theta-1)v\mu + v\lambda\sigma(1-\theta) + 2a\omega_n^R - 2\omega_r^R + \varepsilon_1}{2a - 2a^2} \tag{6-19}$$

$$\frac{\partial L(\omega_n^R,\omega_r^R,b_m^R,\varepsilon_1)}{\partial b_m^R} = \frac{\gamma\varepsilon_1}{2} - \frac{1}{2}(2b_m^R\gamma + h) \tag{6-20}$$

$$\frac{\partial L(\omega_n^R,\omega_r^R,b_m^R,\varepsilon_1)}{\partial \varepsilon_1} = \frac{a^2(h + b_m^R\gamma) + v\theta\mu - a(h + b_m^R\gamma - \omega_n^R) - \omega_R}{2a^2 - 2a} \tag{6-21}$$

则根据库恩－塔克条件（Kuhn－Tucker conditions，KT 条件）考虑两种情况，当 $\varepsilon_1=0$ 时和 $\varepsilon_1\neq0$ 时。

当 $\varepsilon_1=0$ 时，$L(\omega_n^R,\omega_r^R,b_m^R)=U\left(\prod_M^R\right)$，此时式（6－18）～式（6－20）中所有的 ε_1 为 0，并且联立式（6－18）～式（6－20）解得：

$$\omega_n^{R*}=\frac{B+c_n}{2}$$

$$\omega_r^{R*}=\frac{1}{2}(aB+c_n+s-v(1-2\theta)\mu+v(1-\theta)\lambda\sigma)$$

$$b_m^{R*}=-\frac{h}{2\gamma}<0$$

转移价格 b_m^{R*} 不能为负，故 $\varepsilon_1=0$ 时舍去。

当 $\varepsilon_1\neq0$ 时，联立式（6－18）～式（6－21）解得：

$$\omega_n^{R*}=\frac{B+c_n}{2} \tag{6-22}$$

$$\omega_r^{R*}=\frac{v\theta\mu+ac_n+v\lambda\sigma(1-\theta)(1-a)a\gamma+a(a-1)(h-\gamma(c_n-v\mu(1-\theta)))}{2(1+(1-a)a\gamma)}+\frac{aB+v\theta\mu}{2} \tag{6-23}$$

$$b_m^{R*}=\frac{\gamma(v(\mu-(1-\theta)\lambda\sigma)-c_n(1-a))+h}{2\gamma(1+(1-a)a\gamma)}-\frac{h}{\gamma} \tag{6-24}$$

$$\varepsilon_1^*=\frac{v(\mu-(1-\theta)\lambda\sigma)-(1-a)(c_n+ah)}{1+(1-a)a\gamma}$$

所以 R 模型中的最优决策为：

$$\omega_n^{R*}=\frac{B+c_n}{2}$$

$$\omega_r^{R*}=\frac{v\theta\mu+ac_n+v\lambda\sigma(1-\theta)(1-a)a\gamma+a(a-1)(h-\gamma(c_n-v\mu(1-\theta)))}{2(1+(1-a)a\gamma)}+\frac{aB+v\theta\mu}{2}$$

$$b_m^{R*}=\frac{\gamma(v(\mu-(1-\theta)\lambda\sigma)-c_n(1-a))+h}{2\gamma(1+(1-a)a\gamma)}-\frac{h}{\gamma}$$

将式（6－22）～式（6－24）代入式（6－11）～式（6－13）得到新品与再制品的零售价和单位利润率如下：

$$p_n^{R*} = \frac{1}{4}(3B + c_n) \tag{6-25}$$

$$p_r^{R*} = \frac{3aB}{4} + \frac{a(c_n - (1-a)(h - \gamma(c_n - v(\mu - (1-\theta)\lambda\sigma))))}{4(1+(1-a)a\gamma)} \tag{6-26}$$

$$r_R^{R*} = \frac{h - (1-a)c_n\gamma + v\gamma(\mu - (1-\theta)\lambda\sigma)}{2(v\gamma(\mu - (1-\theta)\lambda\sigma) - (1-a)c_n\gamma - h(1+2a\gamma - 2a^2\gamma))} \tag{6-27}$$

将式（6－25）~式（6－26）代入式（6－3）和式（6－4）中，可求出新品与再制品的需求量为：

$$d_n^{R*} = \frac{B}{4} - \frac{c_n + a(h + v\gamma(\mu - (1-\theta)\lambda\sigma))}{4(1+(1-a)a\gamma)} \tag{6-28}$$

$$d_r^{R*} = \frac{h + \gamma(v(\mu - (1-\theta)\lambda\sigma) - (1-a)c_n)}{4(1+(1-a)a\gamma)} \tag{6-29}$$

将式（6－24）和式（6－27）代入 $b_m^{R*} = (1 - r^{R*})b_r^{R*}$，求出废旧品回收价为：

$$b_r^{R*} = \frac{\gamma(v(\mu - (1-\theta)\lambda\sigma) - c_n(1-a)) - h(3 + 4(1-a)a\gamma)}{4\gamma(1+(1-a)a\gamma)} \tag{6-30}$$

则废旧品回收量为：

$$q_r^{R*} = h + \gamma b_r^{R*} = \frac{h + \gamma(v(\mu - (1-\theta)\lambda\sigma) - (1-a)c_n)}{4(1+(1-a)a\gamma)} \tag{6-31}$$

将式（6－22）~式（6－31）代入式（6－16）和式（6－7）分别得到制造商期望效用和零售商期望利润为：

$$U\left(\prod_M^{R*}\right) = \frac{(h+\gamma a c_n)^2 + (h - \gamma(c_n - v(\mu - (1-\theta)\lambda\sigma)))^2 - h^2}{8\gamma(1+(1-a)a\gamma)} + \frac{(B-c_n)^2}{8} - \frac{c_n a\gamma(c_n - v(\mu - (1-\theta)\lambda\sigma))}{1+(1-a)a\gamma} \tag{6-32}$$

$$E\left(\prod_R^{R*}\right) = \frac{(h - \gamma(1-a)c_n)^2 - \gamma^2((1-a)c_n - v(\mu - (1-\theta)\lambda\sigma))^2}{16\gamma(1+(1-a)a\gamma)} + \frac{(c_n+B)^2}{16} - \frac{k(\mu^2+\sigma^2)}{2} \tag{6-33}$$

6.3.2 制造商回收时最优定价决策（M 模型）

制造商直接对废旧品进行回收时即模型 M：制造商的收益为将新品和再制品批发给零售商的收入，再加上利用废旧品进行再制造所节省下的生产成本；制造商的付出为生产新品与再制品所花费的生产成本，以及从消费者处回收废旧品的回收成本；零售商的收益来源为向消费者销售新品与再制品的收入；零售商的支出成本为支付给制造商的新品与再制品的批发成本。由以上分析可得 M 模型下制造商与零售商的收益函数模型如下：

$$\prod\nolimits_{M}^{M} = (\omega_n^M - c_n)d_n^M + (\omega_r^M - c_r)d_r^M - b_r^M q_r^M \tag{6-34}$$

$$q_r^M \geqslant d_r^M$$

$$\prod\nolimits_{R}^{M} = (p_n^M - \omega_n^M)d_n^M + (p_r^M - \omega_r^M)d_r^M \tag{6-35}$$

此时制造商为供应链领导者，故决策顺序如下：首先，制造商决定新品与再制品的批发价，以及废旧品的回收价格；然后，零售商在了解到制造商的定价决策后从自身利益最大化的角度出发，决定新品与再制品的零售价。于是由逆向归纳法有：先求出零售商的最优定价决策，然后代入制造商期望效用函数中，求解出新品与再制品的批发价和废旧品的回收价格之后，再代入新品与再制品的零售价中即可求出零售商期望利润。

零售商期望利润 $E\left(\prod_{R}^{M}\right)$ 为：

$$E\left(\prod\nolimits_{R}^{M}\right) = (p_n^M - \omega_n^M)d_n^M + (p_r^M - \omega_r^M)d_r^M \tag{6-36}$$

对零售商的效用求关于新品零售价 p_n^M 和再制品零售价 p_r^M 的一阶偏导：

$$\frac{\partial E\left(\prod_{R}^{M}\right)}{\partial p_n^M} = B - \frac{2p_n^M - 2p_r^M - \omega_n^M + \omega_r^M}{1-a} \tag{6-37}$$

$$\frac{\partial E\left(\prod_{R}^{M}\right)}{\partial p_r^M} = \frac{2ap_n^M - 2p_r^M - a\omega_n^M + \omega_r^M}{a-a^2} \tag{6-38}$$

联立式（6-37）和式（6-38）可求出新品零售价 p_n^{M*} 和再制品零售价 p_r^{M*}，如式（6-39）和式（6-40）所示：

$$p_n^{M*} = \frac{B + \omega_n^M}{2} \tag{6-39}$$

$$p_r^{M*} = \frac{aB + \omega_r^M}{2} \tag{6-40}$$

将式（6-39）和式（6-40）代入制造商期望效用函数，再求新品批发价 ω_n^{M*}、再制品批发价 ω_r^{M*} 和回收价格 b_r^{M*} 的一阶偏导，即可联立解出最优决策。而制造商为风险规避型，同样根据 $U\left(\prod_M^M\right) = E\left(\prod_M^M\right) - \lambda\sqrt{\mathrm{Var}\left(\prod_M^M\right)}$ 准则来计算制造商效用。根据制造商收益函数式（6-34）可求出制造商收益期望和方差为：

$$E\left(\prod_M^M\right) = (\omega_n^M - c_n)d_n^M + (\omega_r^M - c_n + v\mu)d_r^M - b_r^M q_r^M \tag{6-41}$$

$$\mathrm{Var}\left(\prod_M^M\right) = E\left(\left(\prod_M^M - E\left(\prod_M^M\right)\right)^2\right) = v^2\sigma^2\frac{(ap_n^M - p_r^M)^2(1-\theta)^2}{(1-a)^2a^2} \tag{6-42}$$

将式（6-41）与式（6-42）代入 $U\left(\prod_M^M\right) = E\left(\prod_M^M\right) - \lambda\sqrt{\mathrm{Var}\left(\prod_M^M\right)}$ 中即可求出制造商期望效用为：

$$U\left(\prod_M^M\right) = (\omega_n^M - c_n)d_n^M + (\omega_r^M - c_n + v\mu)d_r^M - b_r^M q_r^M - \lambda v\sigma\frac{(ap_n^M - p_r^M)(1-\theta)}{(1-a)a} \tag{6-43}$$

将已求出的新品零售价 p_n^{M*} 和再制品零售价 p_r^{M*} 即式（6-39）和式（6-40）代入式（6-43）中求出制造商期望效用如下：

$$U\left(\prod_M^M\right) = (\omega_n^M - c_n)\left(\frac{B}{2} - \frac{\omega_n^M - \omega_r^M}{2(1-a)}\right) + (\omega_r^M - c_n + v\mu)\left(\frac{a\omega_n^M - \omega_r^M}{2a - 2a^2}\right)$$
$$- b_r^M(h + \gamma b_r^M) - \lambda v\sigma\frac{(a\omega_n^M - \omega_r^M)(1-\theta)}{2a - 2a^2} \tag{6-44}$$
$$\frac{h + b_r^M\gamma}{2} - \frac{a\omega_n^M - \omega_r^M}{2a - 2a^2} \geqslant 0$$

在求解 $U\left(\prod_M^M\right)$ 之前，先求其海塞矩阵，以判断其是否存在最优解，其海塞矩阵如下：

$$H_M^M = \begin{Bmatrix} \frac{1}{a-1} & \frac{1}{1-a} & 0 \\ \frac{1}{1-a} & \frac{1}{(a-1)a} & 0 \\ 0 & 0 & -2\gamma \end{Bmatrix}$$

由于 $a<1$，则 $|H_M^M|=-\dfrac{2\gamma}{(1-a)a}<0$，二阶主子式大于0，一阶主子式小于0，故 $U\left(\prod_M^M\right)$ 为严格凹函数，存在唯一最优解。

由于再制品的需求量应小于等于废旧品的回收量，对 $U\left(\prod_M^M\right)$ 中的约束条件引入拉格朗日乘子 ε_2，构造拉格朗日函数如下：

$$L(\omega_n^M,\omega_r^M,b_r^M,\varepsilon_2)=(\omega_n^M-c_n)\left(\frac{B}{2}-\frac{\omega_n^M-\omega_r^M}{2(1-a)}\right)+(\omega_r^M-c_n+v\mu)\left(\frac{a\omega_n^M-\omega_r^M}{2a-2a^2}\right)$$
$$-b_r^M(h+\gamma b_r^M)-\lambda v\sigma\frac{(a\omega_n^M-\omega_r^M)(1-\theta)}{2(1-a)a}$$
$$+\varepsilon_2\left(\frac{h+b_r^M\gamma}{2}-\frac{a\omega_n^M-\omega_r^M}{2a-2a^2}\right) \tag{6-45}$$

对式（6－45）求 ω_n^M，ω_r^M，b_r^M，ε_2的一阶偏导：

$$\frac{\partial L(\omega_n^M,\omega_r^M,b_r^M,\varepsilon_2)}{\partial\omega_n^M}=\frac{B}{2}+\frac{v\mu-\varepsilon_2-v\lambda\sigma-2\omega_n^M+2\omega_r^M}{2(1-a)} \tag{6-46}$$

$$\frac{\partial L(\omega_n^M,\omega_r^M,b_r^M,\varepsilon_2)}{\partial\omega_r^M}=\frac{c_n}{2a}-\frac{v\mu-\varepsilon_2-v\lambda\sigma-2a\omega n+2\omega r}{2a(1-a)} \tag{6-47}$$

$$\frac{\partial L(\omega_n^M,\omega_r^M,b_r^M,\varepsilon_2)}{\partial b_r^M}=-h-\gamma(2b_r^M-\varepsilon_2) \tag{6-48}$$

$$\frac{\partial L(\omega_n^M,\omega_r^M,b_r^M,\varepsilon_2)}{\partial\varepsilon_2}=h+b_r^M\gamma-\frac{a\omega_n^M-\omega_r^M}{2(1-a)a} \tag{6-49}$$

根据 KT 条件考虑两种情况，$\varepsilon_2=0$ 时和 $\varepsilon_2\neq 0$ 时。

当 $\varepsilon_2=0$ 时，$L(\omega_n^M,\omega_r^M,b_r^M)=U\left(\prod_M^M\right)$，此时式（6－46）~式（6－48）中所有的 ε_2 为0，并且联立式（6－46）~式（6－48）解得：

$$\omega_n^{M*}=\frac{B+c_n}{2}$$

$$\omega_r^{M*}=\frac{1}{2}(aB+c_n-v\mu+v\lambda\sigma)$$

$$b_r^{M*}=-\frac{h}{2\gamma}<0$$

前文假设回收价格 b_r^{M*} 大于0，故 $\varepsilon_2=0$ 时舍去。

当 $\varepsilon_2\neq 0$ 时，联立式（6－46）~式（6－49）解得：

$$\omega_n^{M*} = \frac{B + c_n}{2} \tag{6-50}$$

$$\omega_r^{M*} = \frac{a(B + c_n)}{2} - \frac{a(1 - a)(h + 2v\gamma(\mu - \lambda\sigma))}{1 + 2(1 - a)a\gamma} \tag{6-51}$$

$$b_r^{M*} = \frac{h + \gamma(v(\mu - \lambda\sigma) - c_n(1 - a))}{2\gamma(1 + 2(1 - a)a\gamma)} - \frac{h}{\gamma} \tag{6-52}$$

$$\varepsilon_2^* = \frac{v(\mu - \lambda\sigma) - 2ha(1 - a) - c_n(1 - a)}{1 + 2a\gamma(1 - a)}$$

所以 M 模型中的最优决策为：

$$\omega_n^{M*} = \frac{B + c_n}{2}$$

$$\omega_r^{M*} = \frac{a(B + c_n)}{2} - \frac{a(1 - a)(h + 2v\gamma(\mu - \lambda\sigma))}{1 + 2(1 - a)a\gamma}$$

$$b_r^{M*} = \frac{h + \gamma(v(\mu - \lambda\sigma) - c_n(1 - a))}{2\gamma(1 + 2(1 - a)a\gamma)} - \frac{h}{\gamma}$$

将式（6－50）~式（6－52）代入新品和再制品最优零售价计算式（6－39）和式（6－40），得到新品与再制品的零售价如下：

$$p_n^{M*} = \frac{1}{4}(3B + c_n) \tag{6-53}$$

$$p_r^{M*} = \frac{3aB}{4} + \frac{a(c_n - 2(1 - a)(h - \gamma(c_n - v(\mu - \lambda\sigma))))}{4(1 + 2(1 - a)a\gamma)} \tag{6-54}$$

将式（6－53）和式（6－54）代入式（6－3）和式（6－4）中，可求出新品与再制品的需求量为：

$$d_n^{M*} = \frac{B}{4} - \frac{c_n + 2a(h + v\gamma(\mu - \lambda\sigma))}{4(1 + 2(1 - a)a\gamma)} \tag{6-55}$$

$$d_r^{M*} = \frac{h + \gamma(v(\mu - \lambda\sigma) - (1 - a)c_n)}{2(1 + 2(1 - a)a\gamma)} \tag{6-56}$$

则废旧品回收量为：

$$q_r^{M*} = h + \gamma b_r^{M*} = \frac{h + \gamma(v(\mu - \lambda\sigma) - (1 - a)c_n)}{2(1 + 2(1 - a)a\gamma)} \tag{6-57}$$

将式（6－50）~式（6－57）代入式（6－36）和式（6－44）分别得到制造商期望效用和零售商期望利润为：

$$U\left(\prod_{M}^{M*}\right)=\frac{ac_n(2h+\gamma^2(B(v(\mu-\lambda\sigma)-c_n)-ac_n(1-a)))}{4(1+2(1-a)a\gamma)}+\frac{(h+\gamma(v(\mu-\lambda\sigma)-c_n))^2}{4\gamma(1+2(1-a)a\gamma)}+\frac{(B-c_n)^2}{8}\qquad(6-58)$$

$$E\left(\prod_{R}^{M*}\right)=\frac{(B-c_n)^2}{16}+\frac{a(1-a)(h+\gamma(v(\mu-\lambda\sigma)-(1-a)c_n))^2}{4(1+2(1-a)a\gamma)^2}+\frac{c_n^2a\gamma^2(1-a)^3}{2(1+2(1-a)a\gamma)^2}\qquad(6-59)$$

6.3.3　第三方回收时最优定价决策（3P 模型）

制造商委托第三方回收商对废旧品进行回收时即模型 $3P$：制造商的收益为将新品和再制品批发给零售商的收入，以及利用废旧品进行再制造所节省下的生产成本；制造商的付出成本为生产新品与再制品花费的生产成本、从第三方回收商处转移回收到的废旧产品的转移成本，以及给予第三方回收商的回收奖励；零售商的收益来源为向消费者销售新品与再制品的收入；零售商的支出成本为支付给制造商的新品与再制品的批发成本。第三方回收商的收益来源为制造商给予的转移成本和回收奖励；第三方回收商的成本支出为支付给消费者的回收成本，以及为回收更高质量的废旧品所付出的努力成本。由以上分析可得 $3P$ 模型下制造商、零售商和第三方回收商的收益函数模型：

$$\prod_{M}^{3P}=(\omega_n^{3P}-c_n)d_n^{3P}+(\omega_r^{3P}-c_r)d_r^{3P}-b_m^{3P}q_r^{3P}-\theta vxd_r^{3P}\qquad(6-60)$$

$$q_r^{3P}\geqslant d_r^{3P}$$

$$\prod_{R}^{3P}=(p_n^{3P}-\omega_n^{3P})d_n^{3P}+(p_r^{3P}-\omega_r^{3P})d_r^{3P}\qquad(6-61)$$

$$\prod_{3P}^{3P}=b_m^{3P}q_r^{3P}-b_rq_r^{3P}+\theta vxd_r^{3P}-\frac{kx^2}{2}\qquad(6-62)$$

此时制造商为供应链领导者，故决策顺序如下：首先，制造商决定新品与再制品的批发价，以及从第三方回收商处转移废旧产品的转移价格；然后，零售商和第三方回收商在了解到制造商的定价决策后，从自身利益最大化的角度出发，分别决定新品与再制品的零售价以及废旧品的回收价格。于是由逆向归纳法有：先求出零售商和第三方回收商的最优定价决策，然后代入制造商期望效用函数中，求解出新品与再制品的批发价和废旧品的转移价格之后，再代入新品与再制品的零售价中即可求出零售商期望利润。

根据式（6－61）和式（6－62）可求出零售商和第三方回收商的期望利润 $E\left(\prod_{R}^{3P}\right)$、$E\left(\prod_{3P}^{3P}\right)$ 分别为：

$$E\left(\prod_{R}^{3P}\right) = (p_n^{3P} - \omega_n^{3P})d_n^{3P} + (p_r^{3P} - \omega_r^{3P})d_r^{3P} \tag{6-63}$$

$$E\left(\prod_{3P}^{3P}\right) = b_m^{3P}q_r^{3P} - b_r q_r^{3P} + \theta v\mu d_r^{3P} - \frac{k(\mu^2 + \sigma^2)}{2} \tag{6-64}$$

对零售商的效用求关于新品零售价 p_n^M 和再制品零售价 p_r^M 的一阶偏导：

$$\frac{\partial E\left(\prod_{R}^{3P}\right)}{\partial p_n^{3P}} = B - \frac{2p_n^{3P} - 2p_r^{3P} - \omega_n^{3P} + \omega_r^{3P}}{1 - a} \tag{6-65}$$

$$\frac{\partial E\left(\prod_{R}^{3P}\right)}{\partial p_r^{3P}} = \frac{2ap_n^{3P} - 2p_r^{3P} - a\omega_n^{3P} + \omega_r^{3P}}{a - a^2} \tag{6-66}$$

对第三方回收商的效用求关于回收单位利润率 r_{3P}^{3P} 的一阶偏导：

$$\frac{\partial E\left(\prod_{R}^{3P}\right)}{\partial r_{3P}^{3P}} = b_m^{3P}(h + b_m^{3P}(1 - 2r_{3P}^{3P})\gamma) \tag{6-67}$$

联立式（6－65）～式（6－67）可求出新品零售价 p_n^{3P*}、再制品零售价 p_r^{3P*} 和第三方回收商单位回收利润率 r_{3P}^{3P*}，如式（6－68）～式（6－70）所示：

$$p_n^{3P*} = \frac{B + \omega_n^{3P}}{2} \tag{6-68}$$

$$p_r^{3P*} = \frac{aB + \omega_r^{3P}}{2} \tag{6-69}$$

$$r_{3P}^{3P*} = \frac{h + b_m^{3P}\gamma}{2b_m^{3P}\gamma} \tag{6-70}$$

将式（6－68）～式（6－70）代入制造商期望效用函数，再求新品批发价 ω_n^{3P*}、再制品批发价 ω_r^{3P*} 和转移价格 b_m^{3P*} 的一阶偏导，即可联立解出最优决策。而制造商为风险规避型，同样根据 $U\left(\prod_{M}^{3P}\right) = E\left(\prod_{M}^{3P}\right) - \lambda\sqrt{\mathrm{Var}\left(\prod_{M}^{3P}\right)}$ 准则来计算制造商效用。根据制造商收益函数式（6－60）可求出制造商收益期望和方差为：

$$E\left(\prod_{M}^{3P}\right) = (\omega_n^{3P} - c_n)d_n^{3P} + (\omega_r^{3P} - c_n + v\mu)d_r^{3P} - b_m^{3P}q_r^{3P} - \theta v\mu d_r^{3P} \tag{6-71}$$

$$\mathrm{Var}\left(\prod_M^{3P}\right) = E\left(\left(\prod_M^{3P} - E\left(\prod_M^{3P}\right)\right)^2\right) = v^2\sigma^2 \frac{(ap_n^{3P} - p_r^{3P})^2(1-\theta)^2}{(1-a)^2a^2} \tag{6-72}$$

将式（6－71）与式（6－72）代入 $U\left(\prod_M^{3P}\right) = E\left(\prod_M^{3P}\right) - \lambda\sqrt{\mathrm{Var}\left(\prod_M^{3P}\right)}$ 中即可求出制造商期望效用为：

$$U\left(\prod_M^{3P}\right) = (\omega_n^{3P} - c_n)d_n^{3P} + (\omega_r^{3P} - c_n + v\mu)d_r^{3P} - b_m^{3P}q_r^{3P} - \theta v\mu d_r^{3P} - v^2\sigma^2\frac{(ap_n^{3P} - p_r^{3P})^2(1-\theta)^2}{(1-a)^2a^2} \tag{6-73}$$

$$q_r^{3P} \geqslant d_r^{3P}$$

将已求出的新品零售价 p_n^{3P*} 和再制品零售价 p_r^{3P*} 即式（6－68）和式（6－69）代入式（6－73）中求出制造商期望效用如下：

$$U\left(\prod_M^{3P}\right) = (\omega_n^{3P} - c_n)\left(\frac{B}{2} - \frac{\omega_n^{3P} - \omega_r^{3P}}{2(1-a)}\right) + (\omega_r^{3P} - c_n + v\mu)\left(\frac{a\omega_n^{3P} - \omega_r^{3P}}{2a - 2a^2}\right) - b_m^{3P}\left(h - \frac{\gamma b_m^{3P} - h}{2\gamma}\right) - \theta v\mu\left(\frac{a\omega_n^{3P} - \omega_r^{3P}}{2a - 2a^2}\right) - v^2\sigma^2\frac{(a\omega_n^{3P} - \omega_r^{3P})^2(1-\theta)^2}{(1-a)^2a^2} \tag{6-74}$$

$$h - \frac{\gamma b_m^{3P} - h}{2\gamma} - \frac{a\omega_n^{3P} - \omega_r^{3P}}{2a - 2a^2} \geqslant 0$$

在求解 $U\left(\prod_M^{3P}\right)$ 之前，先求其海塞矩阵，以判断其是否存在最优解，其海塞矩阵如下：

$$H_M^{3P} = \begin{Bmatrix} \frac{1}{a-1} & \frac{1}{1-a} & 0 \\ \frac{1}{1-a} & \frac{1}{(a-1)a} & 0 \\ 0 & 0 & -\gamma \end{Bmatrix}$$

由于 $a < 1$，则 $|H_M^{3P}| = -\frac{\gamma}{(1-a)a} < 0$，二阶主子式大于0，一阶主子式小于0，故 $U\left(\prod_M^{3P}\right)$ 为严格凹函数，存在唯一最优解。

根据再制品的需求量应小于等于废旧品的回收量这一约束条件，对

$U\left(\prod_{M}^{3P}\right)$ 中的约束条件引入拉格朗日乘子 ε_3，构造拉格朗日函数如下：

$$\begin{aligned}L(\omega_n^{3P},\omega_r^{3P},b_r^{3P},\varepsilon_3) = &(\omega_n^{3P} - c_n)\left(\frac{B}{2} - \frac{\omega_n^{3P} - \omega_r^{3P}}{2(1-a)}\right) + (\omega_r^{3P} - c_n + v\mu)\left(\frac{a\omega_n^{3P} - \omega_r^{3P}}{2a - 2a^2}\right)\\ &- b_m^{3P}\left(h - \frac{\gamma b_m^{3P} - h}{2\gamma}\right) - \theta v\mu\left(\frac{a\omega_n^{3P} - \omega_r^{3P}}{2a - 2a^2}\right)\\ &- v^2\sigma^2\frac{(a\omega_n^{3P} - \omega_r^{3P})^2(1-\theta)^2}{(1-a)^2a^2}\\ &+ \varepsilon_3\left(\frac{h + b_r^{3P}\gamma}{2} - \frac{a\omega_n^{3P} - \omega_r^{3P}}{2a - 2a^2}\right)\end{aligned} \tag{6-75}$$

对式（6－75）求 ω_n^{3P}，ω_r^{3P}，b_m^{3P}，ε_3的一阶偏导：

$$\frac{\partial L(\omega_n^{3P},\omega_r^{3P},b_m^{3P},\varepsilon_3)}{\partial\omega_n^{3P}} = \frac{B}{2} - \frac{\varepsilon_3 - v(1-\theta)(\mu - \lambda\sigma) + 2\omega_n^{3P} - 2\omega_r^{3P}}{2(1-a)} \tag{6-76}$$

$$\frac{\partial L(\omega_n^{3P},\omega_r^{3P},b_m^{3P},\varepsilon_3)}{\partial\omega_r^{3P}} = \frac{c_n}{2a} + \frac{\varepsilon_3 - v(1-\theta)(\mu - \lambda\sigma) + 2a\omega_n^{3P} - 2\omega_r^{3P}}{2(1-a)a} \tag{6-77}$$

$$\frac{\partial L(\omega_n^{3P},\omega_r^{3P},b_m^{3P},\varepsilon_3)}{\partial b_m^{3P}} = \frac{1}{2}(-h + \gamma(-2b_m^{3P} + \varepsilon_3)) \tag{6-78}$$

$$\frac{\partial L(\omega_n^{3P},\omega_r^{3P},b_m^{3P},\varepsilon_3)}{\partial\varepsilon_3} = \frac{h + b_m^{3P}\gamma}{2} - \frac{a\omega_n^{3P} - \omega_r^{3P}}{2(1-a)a} \tag{6-79}$$

根据 KT 条件考虑两种情况，$\varepsilon_3 = 0$ 时和 $\varepsilon_3 \neq 0$ 时。

当 $\varepsilon_3 = 0$ 时，$L(\omega_n^{3P},\omega_r^{3P},b_m^{3P}) = U\left(\prod_{M}^{3P}\right)$，此时式（6－76）~式（6－78）中所有的 ε_3 为0，并且联立式（6－76）~式（6－78）解得：

$$\omega_n^{3P*} = \frac{B + c_n}{2}$$

$$\omega_r^{3P*} = \frac{1}{2}(aB + c_n - v(1-\theta)(\mu - \lambda\sigma))$$

$$b_m^{3P*} = -\frac{h}{2\gamma} < 0$$

前文假设回收价格 b_r^{3P*} 大于0，故 $\varepsilon_2 = 0$ 时舍去。

当 $\varepsilon_2 \neq 0$ 时，联立式（6－76）~式（6－79）解得：

$$\omega_n^{3P*} = \frac{B + c_n}{2} \tag{6-80}$$

$$\omega_r^{3P*} = \frac{aB}{2} + \frac{a(c_n - (1-a)(h - \gamma(c_n - v(1-\theta)(\mu - \lambda\sigma))))}{2(1 + (1-a)a\gamma)} \tag{6-81}$$

$$b_m^{3P*} = \frac{h - \gamma(c_n(1-a) - v(1-\theta)(\mu - \lambda\sigma))}{2\gamma(1 + (1-a)a\gamma)} - \frac{h}{\gamma} \tag{6-82}$$

$$\varepsilon_2^* = \frac{v(1-\theta)(\mu - \lambda\sigma) - (1-a)(c_n + ah)}{1 + (1-a)a\gamma}$$

所以3P模型中的最优决策为:

$$\omega_n^{3P*} = \frac{B + c_n}{2}$$

$$\omega_r^{3P*} = \frac{aB}{2} + \frac{a(c_n - (1-a)(h - \gamma(c_n - v(1-\theta)(\mu - \lambda\sigma))))}{2(1 + (1-a)a\gamma)}$$

$$b_m^{3P*} = \frac{h - \gamma(c_n(1-a) - v(1-\theta)(\mu - \lambda\sigma))}{2\gamma(1 + (1-a)a\gamma)} - \frac{h}{\gamma}$$

将式(6-80)~式(6-82)代入式(6-68)~式(6-70),得到新品与再制品的零售价以及第三方回收商回收单位利润率:

$$p_n^{3P*} = \frac{1}{4}(3B + c_n) \tag{6-83}$$

$$p_r^{3P*} = \frac{3aB}{4} + \frac{a(c_n - (1-a)(h - \gamma(c_n - v(1-\theta)(\mu - \lambda\sigma))))}{4 + 4(1-a)a\gamma} \tag{6-84}$$

$$r_{3P}^{3P*} = \frac{v\gamma(1-\theta)(\mu - \lambda\sigma) - (1-a)c_n\gamma + h}{2(v\gamma(1-\theta)(\mu - \lambda\sigma) - (1-a)c_n\gamma - h(1 + 2a\gamma - 2a^2\gamma))} \tag{6-85}$$

将式(6-83)和式(6-84)代入式(6-3)和式(6-4)中,可求出新品与再制品的需求量为:

$$d_n^{3P*} = \frac{B}{4} - \frac{c_n + a(h + v\gamma(1-\theta)(\mu - \lambda\sigma))}{4(1 + (1-a)a\gamma)} \tag{6-86}$$

$$d_r^{3P*} = \frac{h + \gamma(v(1-\theta)(\mu - \lambda\sigma) - c_n(1-a))}{4(1 + (1-a)a\gamma)} \tag{6-87}$$

则废旧品回收量为:

$$q_r^{3P*} = h + \gamma b_r^{3P*} = \frac{h + \gamma(v(1-\theta)(\mu - \lambda\sigma) - c_n(1-a))}{4(1+(1-a)a\gamma)} \quad (6-88)$$

将式（6－80）~式（6－88）代入式（6－73）、式（6－63）和式（6－64），分别得到制造商期望效用、零售商期望利润和第三方回收商期望利润为：

$$U\left(\prod_M^{3P*}\right) = \frac{(B-c_n)^2}{8} + \frac{(h+\gamma c_n a)^2 + (h - \gamma(c_n - v(1-\theta)(\mu-\lambda\sigma)))^2 - h^2}{8\gamma(1+(1-a)a\gamma)} - \frac{\gamma a c_n(c_n - v(1-\theta)(\mu-\lambda\sigma))}{4(1+(1-a)a\gamma)} \quad (6-89)$$

$$E\left(\prod_R^{3P*}\right) = \frac{(B-c_n)^2}{16} - \frac{(1-a)c_n\gamma(h+v\gamma(1-\theta)(\mu-\lambda\sigma))}{8(1+(1-a)a\gamma)^2} - \frac{(h+v\gamma(1-\theta)(\mu-\lambda\sigma))^2(1-a)a}{16(1+(1-a)a\gamma)^2} \quad (6-90)$$

$$E\left(\prod_{3P}^{3P*}\right) = \frac{(h+\gamma(v(1-\theta)(\mu-\lambda\sigma) - c_n(1-a)))^2}{16\gamma(1+(1-a)a\gamma)^2} - \frac{k(\mu^2+\sigma^2)}{2} + \frac{v\theta\mu((v(1-\theta)(\mu-\lambda\sigma) + (1-a)c_n)\gamma + h)}{4(1+(1-a)a\gamma)} \quad (6-91)$$

6.4 集中化决策下闭环供应链最优定价决策（C 模型）

制造商与零售商采取集中决策进行回收时即模型 C，此时将制造商与零售商看作一个整体：供应链的收益来源为将新品和再制品销售给消费者的收入，以及利用废旧品进行再制造所节省的成本；供应链所支出的成本为新品与再制品的生产成本，以及从消费者处回收废旧品的回收成本；但因为制造商为风险规避型，零售商为风险中性型，所以在计算供应链利润时要先分别考虑制造商期望效用和零售商的期望利润，然后再将制造商期望效用与零售商期望利润相加，得到供应链总收益。此时制造商利润函数和零售商利润函数的数学模型与模型 R 中的相同：

$$\prod_M^C = (\omega_n^C - c_n)d_n^C + (\omega_r^C - c_r)d_r^C - b_m^C q_r^C - \theta v x d_r^C \quad (6-92)$$

$$q_r^{3P} \geqslant d_r^{3P}$$

$$\prod_R^C = (p_n^C - \omega_n^C)d_n^C + (p_r^C - \omega_r^C)d_r^C + b_m^C q_r^C + \theta v x d_r^C - b_r q_r^C - \frac{kx^2}{2} \quad (6-93)$$

$$\prod^{C} = \prod_{M}^{C} + \prod_{R}^{C} \tag{6-94}$$
$$q_r^C \geqslant d_r^C$$

由式（6－92）和式（6－93）可根据模型 C 得到制造商期望效用函数和零售商期望利润为：

$$U\left(\prod_{M}^{C}\right) = (\omega_n^C - c_n)d_n^C + (\omega_r^C - c_n + v\mu)d_r^C - b_m^C q_r^C - \theta v\mu d_r^C - \lambda v\sigma \frac{(ap_n^C - p_r^C)(1-\theta)}{(1-a)a} \tag{6-95}$$

$$E\left(\prod_{R}^{C}\right) = (p_n^C - \omega_n^C)d_n^C + (p_r^C - \omega_r^C)d_r^C + b_m^C q_r^C + \theta v\mu d_r^C - b_r^C q_r^C - \frac{k(\mu^2+\sigma^2)}{2} \tag{6-96}$$

根据式（6－94），将式（6－95）和式（6－96）相加便可得到 C 模型下供应链期望收益如式（6－97）所示：

$$E\left(\prod^{C}\right) = (p_n^C - c_n)d_n^C + (p_r^C - c_n + v\mu)d_r^C - \lambda v\sigma \frac{(ap_n^C - p_r^C)(1-\theta)}{(1-a)a} - b_r^C q_r^C - \frac{k(\mu^2+\sigma^2)}{2} \tag{6-97}$$
$$q_r^C \geqslant d_r^C$$

求式（6－97）中 $E\left(\prod^{C}\right)$ 的海塞矩阵，以判断其是否存在最优解，其海塞矩阵如下：

$$H_M^C = \begin{Bmatrix} \frac{2}{a-1} & \frac{2}{1-a} & 0 \\ \frac{2}{1-a} & \frac{2}{(a-1)a} & 0 \\ 0 & 0 & -2\gamma \end{Bmatrix}$$

由于 $a<1$，则 $|H_M^C| = -\frac{8\gamma}{(1-a)a} < 0$，二阶主子式大于 0，一阶主子式小于 0，故 $E\left(\prod^{C}\right)$ 为严格凹函数，存在唯一最优解。

根据再制品的需求量应小于等于废旧品的回收量这一约束条件，对 $E\left(\prod^{C}\right)$ 中的约束条件引入拉格朗日乘子 ε_4，构造拉格朗日函数如下：

$$L(p_n^C,p_r^C,b_r^C,\varepsilon_4) = (p_n^C - c_n)\left(B - \frac{p_n^C - p_r^C}{1-a}\right) + (p_r^C - c_n + v\mu)\frac{ap_n^C - p_r^C}{a(1-a)} - \lambda v\sigma\frac{(ap_n^C - p_r^C)(1-\theta)}{(1-a)a} - b_r^C(h + b_r^C\gamma) - \frac{k(\mu^2+\sigma^2)}{2} + \varepsilon_4\left(h + b_r^C\gamma - \frac{ap_n^C - p_r^C}{a(1-a)}\right) \tag{6-98}$$

对式（6－98）求 p_n^C，p_r^C，b_r^C，ε_4的一阶偏导如下：

$$\frac{\partial L(p_n^C,p_r^C,b_r^C,\varepsilon_4)}{\partial p_n^C} = B - \frac{2p_n^C - 2p_r^C - v(\mu - \lambda\sigma(1-\theta)) + \varepsilon_4}{1-a} \tag{6-99}$$

$$\frac{\partial L(p_n^C,p_r^C,b_r^C,\varepsilon_4)}{\partial p_r^C} = \frac{c_n}{a} + \frac{2ap_n^C - 2p_r^C - v(\mu - (1-\theta)\lambda\sigma) + \varepsilon_4}{(1-a)a} \tag{6-100}$$

$$\frac{\partial L(p_n^C,p_r^C,b_r^C,\varepsilon_4)}{\partial b_r^C} = -h + \gamma(-2b_r^C + \varepsilon_4) \tag{6-101}$$

$$\frac{\partial L(p_n^C,p_r^C,b_r^C,\varepsilon_4)}{\partial \varepsilon_4} = h + b_r^C\gamma - \frac{ap_n^C - p_r^C}{(1-a)a} \tag{6-102}$$

根据 KT 条件考虑两种情况，$\varepsilon_4 = 0$ 时和 $\varepsilon_4 \neq 0$ 时。

当 $\varepsilon_4 = 0$ 时，$L(p_n^C,p_r^C,b_r^C) = E\left(\prod^C\right)$，此时式（6－99）~式（6－101）中所有的 ε_4 为0，并且联立式（6－99）~式（6－101）解得：

$$p_n^{C*} = \frac{B + c_n}{2}$$

$$p_r^{C*} = \frac{1}{2}(aB + c_n - v(\mu(1-\theta)\lambda\sigma))$$

$$b_r^{C*} = -\frac{h}{2\gamma} < 0$$

前文假设回收价格 b_r^{C*} 大于0，故 $\varepsilon_4 = 0$ 时舍去。

当 $\varepsilon_2 \neq 0$ 时，联立式（6－99）~式（6－102）解得：

$$p_n^{C*} = \frac{B + c_n}{2} \tag{6-103}$$

$$p_r^{C*} = \frac{aB}{2} + \frac{a(c_n - (1-a)(h - \gamma(c_n - v(\mu - (1-\theta)\lambda\sigma))))}{2 + 2(1-a)a\gamma} \tag{6-104}$$

$$b_r^{C*} = \frac{h + \gamma(v(\mu - (1-\theta)\lambda\sigma) - c_n(1-a))}{2\gamma(1 + (1-a)a\gamma)} - \frac{h}{\gamma} \quad (6-105)$$

$$\varepsilon_4^* = \frac{v(\mu - (1-\theta)\lambda\sigma) - (1-a)(c_n + ah)}{1 + (1-a)a\gamma}$$

所以 C 模型中的最优决策为:

$$p_n^{C*} = \frac{B + c_n}{2}$$

$$p_r^{C*} = \frac{aB}{2} + \frac{a(c_n - (1-a)(h - \gamma(c_n - v(\mu - (1-\theta)\lambda\sigma))))}{2 + 2(1-a)a\gamma}$$

$$b_r^{C*} = \frac{h + \gamma(v(\mu - (1-\theta)\lambda\sigma) - c_n(1-a))}{2\gamma(1 + (1-a)a\gamma)} - \frac{h}{\gamma}$$

将式（6－103）~式（6－105）代入式（6－3）和式（6－4）中，可求出新品与再制品的需求量为:

$$d_n^{C*} = \frac{B}{2} - \frac{c_n + a(h + v\gamma(\mu - (1-\theta)\lambda\sigma))}{2 + 2(1-a)a\gamma} \quad (6-106)$$

$$d_r^{C*} = \frac{h - (1-a)c_n\gamma + v\gamma(\mu - (1-\theta)\lambda\sigma)}{2 + 2(1-a)a\gamma} \quad (6-107)$$

则废旧品回收量:

$$q_r^{3P*} = h + \gamma b_r^{C*} = \frac{h - (1-a)c_n\gamma + v\gamma(\mu - (1-\theta)\lambda\sigma)}{2 + 2(1-a)a\gamma} \quad (6-108)$$

将式（6－103）~式（6－108）代入式（6－98）得到供应链期望收益为:

$$E\left(\prod^{C*}\right) = \frac{(h + \gamma v(\mu - (1-\theta)\lambda\sigma))^2}{4\gamma(1 + (1-a)a\gamma)} - \frac{c_n(1-a)(h + v\gamma(\mu - (1-\theta)\lambda\sigma))}{2(1 + (1-a)a\gamma)} + \frac{(B - c_n)^2}{4} - \frac{k(\mu^2 + \sigma^2)}{2} \quad (6-109)$$

6.5 性质分析

由以上求解分析可得四种回收模式下最优解，如表 6.2 ~ 表 6.5 所示。

表 6.2　　　　零售商回收（R）模型下闭环供应链最优解

最优解	模型 R
ω_n	$\frac{B+c_n}{2}$
ω_r	$\frac{v\theta\mu+ac_n+v\lambda\sigma(1-\theta)(1-a)a\gamma}{2(1+(1-a)a\gamma)}+\frac{a(a-1)(h-\gamma(c_n-v\mu(1-\theta)))}{2(1+(1-a)a\gamma)}+\frac{aB+v\theta\mu}{2}$
p_n	$\frac{1}{4}(3B+c_n)$
p_r	$\frac{3aB}{4}+\frac{a(c_n-(1-a)(h-\gamma(c_n-v(\mu-(1-\theta)\lambda\sigma))))}{4(1+(1-a)a\gamma)}$
b_r	$\frac{\gamma(v(\mu-(1-\theta)\lambda\sigma)-c_n(1-a))-h(3+4(1-a)a\gamma)}{4\gamma(1+(1-a)a\gamma)}$
$\prod_M$	$\frac{(h+\gamma ac_n)^2+(h-\gamma(c_n-v(\mu-(1-\theta)\lambda\sigma)))^2-h^2}{8\gamma(1+(1-a)a\gamma)}+\frac{(B-c_n)^2}{8}-\frac{c_na\gamma(c_n-v(\mu-(1-\theta)\lambda\sigma))}{1+(1-a)a\gamma}$
$\prod_R$	$\frac{(h-\gamma(1-a)c_n)^2-\gamma^2((1-a)c_n-v(\mu-(1-\theta)\lambda\sigma))^2}{16\gamma(1+(1-a)a\gamma)}+\frac{(c_n+B)^2}{16}-\frac{k(\mu^2+\sigma^2)}{2}$

表 6.3　　　　制造商回收（M）模型下闭环供应链最优解

最优解	模型 M
ω_n	$\frac{B+c_n}{2}$
ω_r	$\frac{a(B+c_n)}{2}-\frac{a(1-a)(h+2v\gamma(\mu-\lambda\sigma))}{1+2(1-a)a\gamma}$
p_n	$\frac{1}{4}(3B+c_n)$
p_r	$\frac{3aB}{4}+\frac{a(c_n-2(1-a)(h-\gamma(c_n-v(\mu-\lambda\sigma))))}{4(1+2(1-a)a\gamma)}$
b_r	$\frac{h+\gamma(v(\mu-\lambda\sigma)-c_n(1-a))}{2\gamma(1+2(1-a)a\gamma)}-\frac{h}{\gamma}$

续表

最优解	模型 M
Π_M	$\frac{ac_n(2h+\gamma^2(B(v(\mu-\lambda\sigma)-c_n)-ac_n(1-a)))}{4(1+2(1-a)a\gamma)}+\frac{(h+\gamma(v(\mu-\lambda\sigma)-c_n))^2}{4\gamma(1+2(1-a)a\gamma)}+\frac{(B-c_n)^2}{8}$
Π_R	$\frac{(B-c_n)^2}{16}+\frac{c_n^2a\gamma^2(1-a)^3}{2(1+2(1-a)a\gamma)^2}+\frac{a(1-a)(h+\gamma(v(\mu-\lambda\sigma)-(1-a)c_n))^2}{4(1+2(1-a)a\gamma)^2}$

表 6.4　第三方回收（3P）模型下闭环供应链最优解

最优解	模型 M
ω_n	$\frac{B+c_n}{2}$
ω_r	$\frac{aB}{2}+\frac{a(c_n-(1-a)(h-\gamma(c_n-v(1-\theta)(\mu-\lambda\sigma))))}{2(1+(1-a)a\gamma)}$
p_n	$\frac{1}{4}(3B+c_n)$
p_r	$\frac{3aB}{4}+\frac{a(c_n-(1-a)(h-\gamma(c_n-v(1-\theta)(\mu-\lambda\sigma))))}{4+4(1-a)a\gamma}$
b_r	$\frac{\gamma(v(1-\theta)(\mu-\lambda\sigma)-c_n(1-a))-h(3+4(1-a)a\gamma)}{4\gamma(1+(1-a)a\gamma)}$
Π_M	$\frac{(B-c_n)^2}{8}-\frac{\gamma ac_n(c_n-v(1-\theta)(\mu-\lambda\sigma))}{4(1+(1-a)a\gamma)}+\frac{(h+\gamma c_na)^2+(h-\gamma(c_n-v(1-\theta)(\mu-\lambda\sigma)))^2-h^2}{8\gamma(1+(1-a)a\gamma)}$
Π_R	$\frac{(B-c_n)^2}{16}-\frac{(1-a)c_n\gamma(h+v\gamma(1-\theta)(\mu-\lambda\sigma))}{8(1+(1-a)a\gamma)^2}-\frac{(h+v\gamma(1-\theta)(\mu-\lambda\sigma))^2(1-a)a}{16(1+(1-a)a\gamma)^2}$
Π_{3P}	$\frac{(h+\gamma(v(1-\theta)(\mu-\lambda\sigma)-c_n(1-a)))^2}{16\gamma(1+(1-a)a\gamma)^2}-\frac{k(\mu^2+\sigma^2)}{2}+\frac{v\theta\mu((v(1-\theta)(\mu-\lambda\sigma)+(1-a)c_n)\gamma+h)}{4(1+(1-a)a\gamma)}$

表 6.5　　集中化决策（C）模型下闭环供应链最优解

最优解	模型 M
p_n	$\frac{B+c_n}{2}$
p_r	$\frac{aB}{2}+\frac{a(c_n-(1-a)(h-\gamma(c_n-v(\mu-(1-\theta)\lambda\sigma))))}{2+2(1-a)a\gamma}$
b_r	$\frac{h+\gamma(v(\mu-(1-\theta)\lambda\sigma)-c_n(1-a))}{2\gamma(1+(1-a)a\gamma)}-\frac{h}{\gamma}$
Π_C	$\frac{(h+\gamma v(\mu-(1-\theta)\lambda\sigma))^2}{4\gamma(1+(1-a)a\gamma)}-\frac{c_n(1-a)(h+v\gamma(\mu-(1-\theta)\lambda\sigma))}{2(1+(1-a)a\gamma)}+\frac{(B-c_n)^2}{4}-\frac{k(\mu^2+\sigma^2)}{2}$

通过对表 6.2 ~ 表 6.5 中四种模型下最优解进行分析比较，可以得出如下性质。

性质 6－1：分散化决策模型下的三种模型，新品的最优批发价和再制品的最优批发价比较关系如下：$\omega_n^{R*}=\omega_n^{M*}=\omega_n^{3P*}$，$\omega_r^{R*}>\omega_r^{3P*}>\omega_r^{M*}$。

证明：由分散化决策中三种模型的最优解可知 $\omega_n^{R*}=\omega_n^{M*}=\omega_n^{3P*}=\frac{(B+c_n)}{2}$。

将 R 模型中再制品的最优批发价与 3*P* 模型中再制品的最优批发价相减，得：

$$\omega_r^{R*}-\omega_r^{3P*}=\frac{v(2+(1-a)a\gamma)\theta\mu}{2+2(1-a)a\gamma}>0$$

将 M 模型中再制品的最优批发价与 3*P* 模型中再制品的最优批发价相减，得：

$$\omega_r^{M*}-\omega_r^{3P*}=-\frac{(1-a)a(h+v\gamma(1+(1+2(1-a)a\gamma)\theta)(\mu-\lambda\sigma)-(1-a)c_n\gamma)}{2+2(1-a)a\gamma(3+2(1-a)a\gamma)}$$

根据 M 模型成立的条件为 $v(1+(1+2(1-a)a\gamma)\theta)(\mu-\lambda\sigma)>(1-a)c_n$ 可以推出 $v(\mu-\lambda\sigma)>(1-a)c_n$，故 $\omega_r^{M*}-\omega_r^{3P*}<0$，而 $\omega_r^{R*}-\omega_r^{3P*}>0$，故可得到 $\omega_r^{R*}-\omega_r^{M*}>0$，即有 $\omega_r^{R*}>\omega_r^{3P*}>\omega_r^{M*}$。

性质 6－1 证毕。

性质 6－1 说明，分散化决策模型下的三种模型中，制造商在对新品批发价进行定价时只考虑新品的生产成本和消费者对新品的最大期望效用，故新品的批发价与何种回收模型无关。而再制品的批发价会受到消费者对再制品的偏好程度等因素的影响，而且在不同的模型中表现出的最优批发价格不同。由零售商负责回收的R模型中再制品的最优批发价最高，由制造商直接负责回收的M模型中再制品的最优批发价最低，而由第三方回收商负责回收的3P模型中的再制品最优批发价则介于两者之间。

性质6-2：分散化决策模型下的三种模型的新品最优零售价与集中化决策模型下的新品最优零售价之间的大小为：$p_n^{R*}=p_n^{M*}=p_n^{3P*}>p_n^{C*}$。而分散化决策下的三种模型的再制品最优零售价与集中化决策模型下的再制品最优零售价之间的关系存在以下三种情况：

（1）当$\theta<\dfrac{h+\gamma(v(\mu-\lambda\sigma)-(1-a)c_n)}{v\gamma(1+2a\gamma-2a^2\gamma)\lambda\sigma}$，有$p_r^{3P*}>p_r^{R*}>p_r^{M*}>p_r^{C*}$；

（2）当$\theta=\dfrac{h+\gamma(v(\mu-\lambda\sigma)-(1-a)c_n)}{v\gamma(1+2a\gamma-2a^2\gamma)\lambda\sigma}$时，有$p_r^{3P*}>p_r^{M*}=p_r^{R*}>p_r^{C*}$；

（3）当$\theta>\dfrac{h+\gamma(v(\mu-\lambda\sigma)-(1-a)c_n)}{v\gamma(1+2a\gamma-2a^2\gamma)\lambda\sigma}$时，有$p_r^{3P*}>p_r^{M*}>p_r^{R*}>p_r^{C*}$。

证明：由以上四种模型最优解可知

$$p_n^{R*}=p_n^{M*}=p_n^{3P*}=\frac{3B+c_n}{4}>p_n^{C*}=\frac{B+c_n}{2}$$

故$p_n^{R*}=p_n^{M*}=p_n^{3P*}>p_n^{C*}$，即分散化决策模型下新品的最优零售价相同，并且要高于集中化决策模型下新品的最优零售价，因为分散化结构使供应链中出现了双重边际效应。

将3P模型下再制品的最优零售价与R模型下再制品的最优零售价相减，得：

$$p_r^{3P*}-p_r^{R*}=\frac{(1-a)av\gamma\theta\mu}{4+4(1-a)a\gamma}>0$$

即$p_r^{3P*}>p_r^{R*}$。

将3P模型下再制品的最优零售价与M模型下再制品的最优零售价相减，得：

$$p_r^{3P*}-p_r^{M*}=\frac{(1-a)a(h+v\gamma(1+(1+2(1-a)a\gamma)\theta)(\mu-\lambda\sigma)-(1-a)c_n\gamma)}{4+4(1-a)a\gamma(3+2(1-a)a\gamma)}>0$$

即$p_r^{3P*}>p_r^{M*}$。但不能判断p_r^{R*}和p_r^{M*}的大小关系，故将p_r^{R*}和p_r^{M*}相减，得：

$$p_r^{R*}-p_r^{M*}=\frac{(1-a)a(h+v\gamma(\mu-(1+\theta)\lambda\sigma)-(1-a)\gamma(c_n+2av\gamma\theta\lambda\sigma))}{4+4(1-a)a\gamma(3+2(1-a)a\gamma)} \tag{6-110}$$

此时p_r^{R*}和p_r^{M*}的大小关系仅与式（6－110）的正负性有关，令式（6－110）等于0，并进行求解可得：

$$\theta=\frac{h+\gamma(v(\mu-\lambda\sigma)-(1-a)c_n)}{v\gamma(1+2a\gamma-2a^2\gamma)\lambda\sigma}$$

故当$\theta=\frac{h+\gamma(v(\mu-\lambda\sigma)-(1-a)c_n)}{v\gamma(1+2a\gamma-2a^2\gamma)\lambda\sigma}$时，$p_r^{R*}-p_r^{M*}=0$，即$p_r^{R*}=p_r^{M*}$；

当$\theta<\frac{h+\gamma(v(\mu-\lambda\sigma)-(1-a)c_n)}{v\gamma(1+2a\gamma-2a^2\gamma)\lambda\sigma}$时，$p_r^{R*}-p_r^{M*}>0$，即$p_r^{R*}>p_r^{M*}$；

当$\theta>\frac{h+\gamma(v(\mu-\lambda\sigma)-(1-a)c_n)}{v\gamma(1+2a\gamma-2a^2\gamma)\lambda\sigma}$时，$p_r^{R*}-p_r^{M*}<0$，即$p_r^{R*}<p_r^{M*}$。

此时只需判断p_r^{R*}、p_r^{M*}与p_r^{C*}之间的大小关系，同样将p_r^{R*}、p_r^{M*}分别与p_r^{C*}相减，得：

$$p_r^{R*}-p_r^{C*}=\frac{B-c_n}{4}+\frac{(1-a)(c_n+a(h+v\gamma(\mu-(1-\theta)\lambda\sigma)))}{4+4(1-a)a\gamma}>0$$

即$p_r^{R*}>p_r^{C*}$。

$$p_r^{M*}-p_r^{C*}=\frac{B}{4}+\frac{ac_n-2a(1-a)(h-\gamma(c_n-v(\mu-\lambda\sigma)))}{4(1+2(1-a)a\gamma)}+\frac{2a((1-a)((h+v\gamma(\mu-(1-\theta)\lambda\sigma))-c_n\gamma)-c_n)}{4(1+(1-a)a\gamma)} \tag{6-111}$$

由于$p_r^{M*}-p_r^{C*}$的后两项分母不同，无法直接判断$p_r^{M*}-p_r^{C*}$的正负性，故考虑放缩法，即将式（6－111）中的最后一项分母扩大为$4(1+2(1-a)a\gamma)$，此时有

$$p_r^{M*}-p_r^{C*}>\frac{B}{4}+\frac{ac_n-2a(1-a)(h-\gamma(c_n-v(\mu-\lambda\sigma)))}{4(1+2(1-a)a\gamma)}+\frac{2a((1-a)((h+v\gamma(\mu-(1-\theta)\lambda\sigma))-c_n\gamma)-c_n)}{4(1+2(1-a)a\gamma)}$$

化简后为

$$p_r^{M*}-p_r^{C*}>\frac{B}{4}+\frac{a(2(1-a)v\gamma\lambda\sigma\theta-c_n)}{4(1+2(1-a)a\gamma)}>0$$

故 $p_r^{M*}-p_r^{C*}>0$，即 $p_r^{M*}>p_r^{C*}$。

综上所述，3P 模型中的再制品的最优零售价 $p_r^{3P*}>\max\{p_r^{R*},p_r^{M*}\}$，C 模型中的再制品的最优零售价 $p_r^{C*}<\min\{p_r^{R*},p_r^{M*}\}$，而 p_r^{R*} 和 p_r^{M*} 的大小关系则与 R 模型中制造商对零售商的奖励比例有关。

性质 6－2 证毕。

性质 6－2 表明，在分散化决策下三种回收模型中的新品最优零售价相等，且要高于集中化决策下的新品最优零售价，这是由于在产品销售到市场时，分散化决策导致供应链成员之间以各自自身利益最大化为决策目标，故产生了双重边际效应，使新品的最优零售价高于无双重边际效应的集中化决策。同理可得，分散化决策下三种模型中的再制品的最优零售价格也均高于集中化决策模型下再制品的最优零售价格，但分散化决策下三种模型中再制品最优零售价格的大小与制造商对回收商的奖励比例有关。分散化决策下由第三方回收商负责回收时，再制品的最优定价始终要高于由零售商回收和制造商回收的情形。通过对比零售商回收模型和制造商回收模型可以发现，零售商回收时，制造商需要给予零售商一定比例的奖励费用来激励零售商回收更高质量的废旧品，因此这两种模型下再制品的最优定价就和奖励比例有关，只有当回收比例 $\theta=\dfrac{h+\gamma(v(\mu-\lambda\sigma)-(1-a)c_n)}{v\gamma(1+2a\gamma-2a^2\gamma)\lambda\sigma}$ 时，两种模型下的再制品最优定价才会相同。

性质 6－3：四种模型下，回收方从消费者处回收废旧品的最优回收价格 b_r^* 之间的大小关系存在以下三种情况：

（1）当 $\theta<\dfrac{h+\gamma(v(\mu-\lambda\sigma)-(1-a)c_n)}{v\gamma(1+2a\gamma-2a^2\gamma)\lambda\sigma}$ 时，有 $b_r^{C*}>b_r^{R*}>b_r^{M*}>b_r^{3P*}$；

（2）当 $\theta=\dfrac{h+\gamma(v(\mu-\lambda\sigma)-(1-a)c_n)}{v\gamma(1+2a\gamma-2a^2\gamma)\lambda\sigma}$ 时，有 $b_r^{C*}>b_r^{R*}=b_r^{M*}>b_r^{3P*}$；

（3）当 $\theta>\dfrac{h+\gamma(v(\mu-\lambda\sigma)-(1-a)c_n)}{v\gamma(1+2a\gamma-2a^2\gamma)\lambda\sigma}$ 时，有 $b_r^{C*}>b_r^{M*}>b_r^{R*}>b_r^{3P*}$。

另外，在 3P 模型中和 R 模型中，制造商给予回收商的最优转移价格和回收商的最优单位回收利润率存在以下关系：$b_m^{R*}>b_m^{3P*}$，$r^{R*}<r^{3P*}$。

证明：将 R 模型中废旧品的最优回收价格与 3P 模型下的最优回收价格相减，得到：

$$b_r^{R*}-b_r^{3P*}=\frac{v\theta\mu}{4+4(1-a)a\gamma}>0$$

即 $b_r^{R*} > b_r^{3P*}$。

将C模型中废旧品的最优回收价格与R模型下的最优回收价格相减，得到：

$$b_r^{C*} - b_r^{R*} = \frac{h + \gamma(v(\mu - (1-\theta)\lambda\sigma) - (1-a)c_n)}{4\gamma(1 + (1-a)a\gamma)} > 0$$

即 $b_r^{C*} > b_r^{R*}$。

将M模型中废旧品的最优回收价格与3P模型下的最优回收价格相减，得到：

$$b_r^{M*} - b_r^{3P*} = \frac{h + v\gamma(1 + (1+2(1-a)a\gamma)\theta)(\mu - \lambda\sigma) - (1-a)c_n\gamma}{4\gamma(1 + (1-a)a\gamma)(1 + 2(1-a)a\gamma)} > 0$$

即 $b_r^{M*} > b_r^{3P*}$。

将C模型中废旧品的最优回收价格与M模型下的最优回收价格相减，得到：

$$b_r^{C*} - b_r^{M*} = \frac{(1-a)a(h + \gamma(v(\mu - \lambda\sigma(1-2\theta)) - (1-a)c_n)) + v\lambda\sigma\theta}{2 + 2(1-a)a\gamma(3 + 2(1-a)a\gamma)} > 0$$

即 $b_r^{C*} > b_r^{M*}$。

此时已得出 $b_r^{R*} > b_r^{3P*}$，$b_r^{M*} > b_r^{3P*}$，$b_r^{C*} > b_r^{R*}$，$b_r^{C*} > b_r^{M*}$，有 $b_r^{C*} > \max\{b_r^{R*}, b_r^{M*}\}$，$b_r^{3P*} < \min\{b_r^{R*}, b_r^{M*}\}$，故需要进一步确定 b_r^{R*}，b_r^{M*} 之间的大小关系，两者相减，得：

$$b_r^{R*} - b_r^{M*} = \frac{h + \gamma(v(\mu - (1 + \theta + 2(1-a)a\gamma\theta)\lambda\sigma) - c_n(1-a))}{4\gamma(1 + (1-a)a\gamma)(1 + 2(1-a)a\gamma)}$$

b_r^{R*}，b_r^{M*} 的大小关系与 $b_r^{R*} - b_r^{M*}$ 结果的正负性有关，故对 $b_r^{R*} - b_r^{M*}$ 结果进行求解得到：

当 $\theta = \dfrac{h + \gamma(v(\mu - \lambda\sigma) - (1-a)c_n)}{v\gamma(1 + 2a\gamma - 2a^2\gamma)\lambda\sigma}$ 时，$b_r^{R*} - b_r^{M*} = 0$，即 $b_r^{R*} = b_r^{M*}$；

当 $\theta < \dfrac{h + \gamma(v(\mu - \lambda\sigma) - (1-a)c_n)}{v\gamma(1 + 2a\gamma - 2a^2\gamma)\lambda\sigma}$ 时，$b_r^{R*} - b_r^{M*} > 0$，即 $b_r^{R*} > b_r^{M*}$；

当 $\theta > \dfrac{h + \gamma(v(\mu - \lambda\sigma) - (1-a)c_n)}{v\gamma(1 + 2a\gamma - 2a^2\gamma)\lambda\sigma}$ 时，$b_r^{R*} - b_r^{M*} < 0$，即 $b_r^{R*} < b_r^{M*}$。

将R模型和3P模型中回收品的最优转移价格相减，得到：

$$b_m^{R*} - b_m^{3P*} = \frac{v\theta\mu}{2 + 2(1-a)a\gamma} > 0$$

即 $b_m^{R*} > b_m^{3P*}$。

将 R 模型和 3P 模型中回收商的最优单位回收利润率相减，得到：

$$r^{R*} - r^{3P*} = \frac{-hv\gamma(1+(1-a)a\gamma)\theta\mu}{(h+\gamma((1-a)(c_n+2ah)-v(1-\theta)(\mu-\lambda\sigma)))(h+\gamma((1-a)(c_n+2ah)-v(\mu-(1-\theta)\lambda\sigma)))}$$

根据 M 模型和 3P 模型下 KT 函数的成立条件和 r^{R*}、r^{3P*} 的值可以判断 $r^{R*}-r^{3P*}$ 的分母中两部分均大于 0，故 $r^{R*}-r^{3P*}<0$，即 $r^{R*}<r^{3P*}$。

性质 6－3 证毕。

性质 6－3 表明，集中化决策模型下的废旧品最优回收价格始终高于分散化决策下的三种模型，因为在回收废旧品时，分散化决策模型下的供应链成员同样以自身回收收益最大化为目标进行决策，在产品回收过程中通常产生了双重边际效应，而集中化决策模型以供应链总收益最大化为目标进行决策，故集中化决策模型下的废旧最优回收价格要高于分散化决策下的三种模型。在分散化决策的三种模型下，第三方回收商进行回收时废旧品的最优回收价格最低，制造商负责回收和零售商负责回收时的最优回收价格与制造商对回收商的奖励比例有关，这与性质 6－2 类似，不做重复解释。另外，在第三方回收商回收和零售商回收的模型中，制造商给予零售商的废旧品转移价格要高于给予第三方回收商的转移价格，因此第三方回收商若想获取与零售商回收时相同的利润就需要提高自身的单位回收利润率，于是第三方回收时的单位回收利润率要高于零售商回收时的单位回收利润率。

性质 6－4：四种模式下，再制品的市场需求量关系有如下三种情况：

（1）当 $\theta < \frac{h+\gamma(v(\mu-\lambda\sigma)-(1-a)c_n)}{v\gamma(1+2a\gamma-2a^2\gamma)\lambda\sigma}$，有 $d_r^{C*} > d_r^{R*} > d_r^{M*} > d_r^{3P*}$；

（2）当 $\theta = \frac{h+\gamma(v(\mu-\lambda\sigma)-(1-a)c_n)}{v\gamma(1+2a\gamma-2a^2\gamma)\lambda\sigma}$ 时，有 $d_r^{C*} > d_r^{R*} = d_r^{M*} > d_r^{3P*}$；

（3）当 $\theta > \frac{h+\gamma(v(\mu-\lambda\sigma)-(1-a)c_n)}{v\gamma(1+2a\gamma-2a^2\gamma)\lambda\sigma}$ 时，有 $d_r^{C*} > d_r^{M*} > d_r^{R*} > d_r^{3P*}$。

且每个模型中废旧产品的最优回收量与再制品的需求量都相等。

证明：由以上四种模型的最优决策可知：

$$q_r^{R*} = h + \gamma b_r^{R*} = d_r^{R*} = \frac{h+\gamma(v(\mu-(1-\theta)\lambda\sigma)-(1-a)c_n)}{4(1+(1-a)a\gamma)}$$

$$q_r^{M*} = h + \gamma b_r^{M*} = d_r^{M*} = \frac{h+\gamma(v(\mu-\lambda\sigma)-(1-a)c_n)}{2(1+2(1-a)a\gamma)}$$

$$q_r^{3P*} = h + \gamma b_r^{3P*} = d_r^{3P*} = \frac{h + \gamma(v(1-\theta)(\mu - \lambda\sigma) - c_n(1-a))}{4(1+(1-a)a\gamma)}$$

$$q_r^{C*} = h + \gamma b_r^{C*} = q_r^{C*} = \frac{h - (1-a)c_n\gamma + v\gamma(\mu - (1-\theta)\lambda\sigma)}{2 + 2(1-a)a\gamma}$$

故每个模型中再制品的需求量与废旧产品的最优回收量都相等，而废旧产品的最优回收量与最优回收价格 b_r^* 呈线性关系，因此四种模式下 d_r^* 之间的关系与性质 6－3 中相应模式下的 b_r^* 关系相同，不再重复证明。

性质 6－4 证毕。

性质 6－4 表明，四种回收模型下再制品的需求量与废旧品的最优回收量都相同，即在四种决策模型下，供应链成员若想取得自身利益和供应链总收益最大化，应充分了解市场中对再制品的需求，然后尽可能地回收等量的废旧品进行再制造，否则将偏离最优收益。废旧品的回收量又与废旧品的回收价格有关且呈线性关系，于是四种模型下的废旧品的最优回收量大小关系会与性质 6－3 中四种模型下废旧品的最优回收价格大小关系类似，均与制造商对回收商的奖励比例有关。

性质 6－5：分散化决策的三种模型中，再制品的最优批发价与消费者对再制品的偏好系数成正比；在零售商负责回收和第三方回收商负责回收的 R 模型和 3P 模型中，再制品的最优批发价与奖励比例成正比。

证明：对 R 模型下再制品的最优批发价求关于消费者偏好系数的一阶偏导：

$$\frac{\partial \omega_r^{R*}}{\partial a} = \frac{B}{2} + \frac{c_n + (1-a)^2 c_n\gamma + (2a-1)(h + v\gamma(\mu - (1-\theta)\lambda\sigma))}{2(1 + a\gamma - a^2\gamma)^2}$$

采用放缩法，$\frac{\partial \omega_r^{R*}}{\partial a}$一定大于等于当 $a=0$ 时的情况，于是有

$$\frac{\partial \omega_r^{R*}}{\partial a} \geqslant \frac{B}{2} + \frac{c_n + c_n\gamma - (h + v\gamma(\mu - (1-\theta)\lambda\sigma))}{2} \geqslant \frac{B}{2} + \frac{c_n + \gamma(c_n - v\mu) - h}{2}$$

由式（6－3）可知，新品需求量为 $B - \frac{p_n - p_r}{1-a} < B$，而再制品需求量小于新品需求量，即 $d_r^{R*} < d_n^{R*}$，在 R 模型中得到 $d_r^{R*} = q_r^{R*} = h + b_r^{R*}$，故 $q_r^{R*} = h + b_r^{R*} < d_n^{R*} = B - \frac{p_n - p_r}{1-a} < B$，能够证明消费者自愿上交废旧品的数量 h 远远小于消费者对新品的最高估值 B，而 $c_n - v\mu$ 得到的就是再制品的平均再制造成本，故有 $\frac{\partial \omega_r^{R*}}{\partial a} \geqslant \frac{B}{2} + \frac{c_n + \gamma(c_n - v\mu) - h}{2} > 0$，即 R 模型下再制品的最优批发价与消

费者对再制品的偏好程度成正比。

对 M 模型下再制品的最优批发价求关于消费者偏好系数的一阶偏导：

$$\frac{\partial \omega_r^{M*}}{\partial a} = \frac{B}{2} + \frac{c_n(1+2(1-a)^2\gamma) - 2(1-2a)(h+v\gamma(\mu-\lambda\sigma))}{2(1+2a\gamma-2a^2\gamma)^2}$$

同样使用放缩法，$\frac{\partial \omega_r^{M*}}{\partial a}$一定大于等于当 $a=0$ 时的情况，于是有

$$\frac{\partial \omega_r^{M*}}{\partial a} \geqslant \frac{B}{2} + \frac{c_n - 2h + 2\gamma(c_n - v\mu)}{2} > 0$$

证明方法与证明$\frac{\partial \omega_r^{M*}}{\partial a}>0$ 时相同，即 M 模型下再制品的最优批发价与消费者对再制品的偏好程度成正比。

对 3P 模型下再制品的最优批发价求关于消费者偏好系数的一阶偏导：

$$\frac{\partial \omega_r^{3P*}}{\partial a} = \frac{B}{2} + \frac{c_n(1+(1-a)^2\gamma) - (1-2a)(h+v\gamma(1-\theta)(\mu-\lambda\sigma))}{2(1+a\gamma-a^2\gamma)^2}$$

考虑使用放缩法，即$\frac{\partial \omega_r^{3P*}}{\partial a}$一定大于等于当 $a=0$ 时的情况，于是有

$$\frac{\partial \omega_r^{3P*}}{\partial a} \geqslant \frac{B}{2} + \frac{c_n + \gamma(c_n - v\mu) - h}{2}$$

证明方法与证明$\frac{\partial \omega_r^{M*}}{\partial a}>0$ 时相同，即 3P 模型下再制品的最优批发价与消费者对再制品的偏好程度也成正比。

对 R 模型下再制品的最优批发价求关于奖励比例的一阶偏导：

$$\frac{\partial \omega_r^{R*}}{\partial \theta} = v\mu - \frac{v(1-a)a\gamma\lambda\sigma}{2(1+(1-a)a\gamma)} > 0$$

对 3P 模型下再制品的最优批发价求关于奖励比例的一阶偏导：

$$\frac{\partial \omega_r^{3P*}}{\partial \theta} = \frac{(1-a)av\gamma(\mu-\lambda\sigma)}{2(1+(1-a)a\gamma)} > 0$$

故 R 模型和 3P 模型下再制品的最优批发价与奖励比例成正比。

性质 6－5 证毕。

性质 6－5 表明，分散化决策三种模型下，再制品的最优批发价会随着消费者对再制品偏好程度的增加而增加，因为当消费者对再制品的偏好程度增加时，

说明消费者对再制品的效用估值和接受度均增加，制造商便会通过提高再制品的最优批发价来获取更高的收益。而在零售商负责回收和第三方回收商负责回收的模型中，奖励比例的提高也会间接提高再制品的最优批发价。当制造商给予回收商的奖励比例提高时，制造商自身效益受到削减，制造商则会通过提高再制品最优批发价的方式来维持和稳定自身效益水平，故制造商给予回收商奖励比例的提高会间接提高再制品最优批发价。

性质 6－6：在分散化决策的三种模型和集中化决策模型中，再制品的最优零售价与消费者对再制品的偏好系数成正比；在零售商负责回收的 R 模型和集中化决策 C 模型中，再制品的最优零售价与奖励比例成反比，但在第三方回收商负责回收的 3P 模型中，再制品的最优零售价与奖励比例成正比。

证明：对 R 模型下再制品的最优零售价求关于消费者偏好系数的一阶偏导：

$$\frac{\partial p_r^{R*}}{\partial a}=\frac{3B}{4}+\frac{c_n+(1-a)^2c_n\gamma-(1-2a)(h+v\gamma(\mu-(1-\theta)\lambda\sigma))}{4(1+(1-a)a\gamma)^2}$$

同理，按照性质6－5中放缩法的证明过程，$\frac{\partial p_r^{R*}}{\partial a}\geqslant\frac{3B}{4}+\frac{c_n+c_n\gamma-(h+v\gamma\mu)}{4}>0$，故 $\partial p_r^{R*}/\partial a>0$。

对 M 模型下再制品的最优零售价求关于消费者偏好系数的一阶偏导：

$$\frac{\partial p_r^{M*}}{\partial a}=\frac{3B}{4}+\frac{c_n+2(1-a)^2c_n\gamma-2(1-2a)(h+v\gamma(\mu-\lambda\sigma))}{4(1+2(1-a)a\gamma)^2}>0$$

对 3P 模型下再制品的最优零售价求关于消费者偏好系数的一阶偏导：

$$\frac{\partial p_r^{3P*}}{\partial a}=\frac{3B}{4}+\frac{c_n+(1-a)^2c_n\gamma-(1-2a)(h+v\gamma(1-\theta)(\mu-\lambda\sigma))}{4(1+(1-a)a\gamma)^2}>0$$

对 C 模型下再制品的最优零售价求关于消费者偏好系数的一阶偏导：

$$\frac{\partial p_r^{C*}}{\partial a}=\frac{B}{2}+\frac{c_n+(1-a)^2c_n\gamma-(1-2a)(h+v\gamma(\mu-(1-\theta)\lambda\sigma))}{2(1+(1-a)a\gamma)^2}>0$$

对 R 模型下再制品的最优零售价求关于奖励比例的一阶偏导：

$$\frac{\partial p_r^{R*}}{\partial\theta}=-\frac{(1-a)av\gamma\lambda\sigma}{4+4(1-a)a\gamma}<0$$

对 C 模型下再制品的最优零售价求关于奖励比例的一阶偏导：

$$\frac{\partial p_r^{C*}}{\partial\theta}=-\frac{(1-a)av\gamma\lambda\sigma}{2+2(1-a)a\gamma}<0$$

对 3P 模型下再制品的最优零售价求关于奖励比例的一阶偏导：

$$\frac{\partial p_r^{3P*}}{\partial \theta}=\frac{(1-a)av\gamma(\mu-\lambda\sigma)}{4+4(1-a)a\gamma}>0$$

性质 6－6 证毕。

性质 6－6 表明，当 R 模型和 C 模型中制造商提高对零售商回收的奖励比例时，对于制造商来说，相当于提高了再制品的单位生产成本，故制造商的效用会减小，于是制造商为维持自身收益就会通过提高再制品的批发价来缓解奖励比例提高带来的效益损失。对于零售商来说，零售商同时负责再制品的销售和废旧品的回收，当奖励比例增加时，零售商获得的效益大幅增加，由制造商分配的利润增加量高于制造商提高再制品批发价所带来的成本增加，故此时零售商为获取更多的分配利润就会通过降低零售价的方式来扩大再制品的需求量，于是制造商会回收更多的废旧品，零售商在产品销售和废旧品回收的利润也随之增加，就形成一个始终增加的良性循环。而在 3P 模型中，提高对第三方回收商的奖励比例时，对于制造商仍会通过提高再制品的批发价来缓解奖励比例提高带来的效益损失，而对于此时的零售商只进行再制品和新品的销售，故当制造商提高再制品的批发价时，零售商只能被动地提高再制品的零售价来维持自身的收益水平。

性质 6－7：在分散化决策的三种模型和集中化决策模型中，废旧品的最优回收价格会随着消费者对再制品的偏好系数 a 的取值不同而分为两种情况：

（1）当 $a>\frac{1}{2}$ 时，四种模型中的最优回收价格与消费者对再制品的偏好系数成正比；

（2）当 $a<\frac{1}{2}$ 时，只有 $h<\frac{c_n+2(1-a)^2c_n\gamma}{(2-4a)}-v\gamma(\mu-\lambda\sigma)$ 时，四种模型中的最优回收价格才与消费者对再制品的偏好系数成正比。

证明：对四种模型下废旧品的最优回收价格分别求关于消费者偏好系数的一阶偏导：

$$\frac{\partial b_r^{R*}}{\partial a}=\frac{c_n+(1-a)^2c_n\gamma-(1-2a)(h+v\gamma(\mu-(1-\theta)\lambda\sigma))}{4(1+(1-a)a\gamma)^2}$$

$$\frac{\partial b_r^{M*}}{\partial a}=\frac{c_n+2(1-a)^2c_n\gamma-2(1-2a)(h+v\gamma(\mu-\lambda\sigma))}{2(1+2(1-a)a\gamma)^2}$$

$$\frac{\partial b_r^{3P*}}{\partial a}=\frac{c_n+(1-a)^2c_n\gamma-(1-2a)(h+v\gamma(1-\theta)(\mu-\lambda\sigma))}{4(1+(1-a)a\gamma)^2}$$

$$\frac{\partial b_r^{C*}}{\partial a}=\frac{c_n+(1-a)^2c_n\gamma-(1-2a)(h+v\gamma(\mu-(1-\theta)\lambda\sigma))}{2(1+(1-a)a\gamma)^2}$$

此时$\frac{\partial b_r^{R*}}{\partial a}$、$\frac{\partial b_r^{M*}}{\partial a}$、$\frac{\partial b_r^{3P*}}{\partial a}$、$\frac{\partial b_r^{C*}}{\partial a}$的正负性与$1-2a$的正负性有关，当$1-2a<0$即$a>\frac{1}{2}$时，$\frac{\partial b_r^{R*}}{\partial a}$、$\frac{\partial b_r^{M*}}{\partial a}$、$\frac{\partial b_r^{3P*}}{\partial a}$、$\frac{\partial b_r^{C*}}{\partial a}$均大于0。当$1-2a>0$即$a<\frac{1}{2}$时无法直接判断，若使$\frac{\partial b_r^{R*}}{\partial a}$、$\frac{\partial b_r^{M*}}{\partial a}$、$\frac{\partial b_r^{3P*}}{\partial a}$、$\frac{\partial b_r^{C*}}{\partial a}$仍大于0，则需给出此时$h$的取值范围，令$\frac{\partial b_r^{R*}}{\partial a}$、$\frac{\partial b_r^{M*}}{\partial a}$、$\frac{\partial b_r^{3P*}}{\partial a}$、$\frac{\partial b_r^{C*}}{\partial a}$均大于0，解出此时的$h^*$为：

$$h^{R*}<\frac{c_n(1+(1-a)^2\gamma)}{1-2a}-v\gamma(\mu-(1-\theta)\lambda\sigma)$$

$$h^{M*}<\frac{c_n+2(1-a)^2c_n\gamma}{2(1-2a)}-v\gamma(\mu-\lambda\sigma)$$

$$h^{3P*}<\frac{c_n(1+(1-a)^2\gamma)}{1-2a}-v\gamma(1-\theta)(\mu-\lambda\sigma)$$

$$h^{C*}<\frac{c_n(1+(1-a)^2\gamma)}{1-2a}-v\gamma(\mu-(1-\theta)\lambda\sigma)$$

h^{R*}和h^{C*}的取值范围相同且均大于h^{M*}和h^{3P*}，即$h^{R*}=h^{C*}>\max\{h^{M*},h^{3P*}\}$，而通过对比$h^{M*}$和$h^{3P*}$的取值范围可以得到$h^{M*}<h^{3P*}$，于是有$h^{M*}<h^{3P*}<h^{R*}=h^{C*}$；若想在$a<\frac{1}{2}$时四种模式下的最优回收价格与消费者对再制品的偏好系数都成正比，则h^*必须取$\min\{h^{M*},h^{R*},h^{3P*},h^{C*}\}$，即$h^*=h^{M*}<\frac{c_n+2(1-a)^2c_n\gamma}{2-4a}-v\gamma(\mu-\lambda\sigma)$。

性质6-7证毕。

性质6-7表明，四种回收模式下的废旧品的最优回收价与消费者对再制品的偏好相关，当消费者对再制品的偏好系数$a>\frac{1}{2}$时，可以理解为消费者对再制品的偏好较大时，对再制品的需求量也较大，四种回收模式下的废旧品的最优回收价会随着消费者对再制品的偏好增加而增加，因为此时消费者对再制品的需求量也会增加，故制造商和回收商会通过提高废旧产品的回收价格来获取更多的废旧品进行再制造。而当$a<\frac{1}{2}$时，可以理解为消费者对再制品的偏好

较小，只有满足 $h < \frac{c_n + 2(1-a)^2 c_n \gamma}{2-4a} - v\gamma(\mu - \lambda\sigma)$ 时，废旧品的最优回收价才会随着消费者对再制品的偏好增加而增加。因为 h 表示消费者主动上交的废旧品数量，所以当 $h > \frac{c_n + 2(1-a)^2 c_n \gamma}{2-4a} - v\gamma(\mu - \lambda\sigma)$ 时，说明市场中环保意识较高的消费者数量较多，不用通过回收价格刺激就可以回收到大量废旧产品，所以此时以较低的废旧品回收价格就可以回收到满足再制造需求的废旧品数量；而当 h 小于这个值时则相反，此时市场中消费者的环保意识并不是很强，若想回收更多的废旧品数量则需要一定的价格刺激，故此时消费者对再制品的偏好增加时，制造商和回收商为满足再制品需求的增加，只能通过提高废旧品回收价格来刺激消费者回收更多的废旧产品。

性质 6－8：在存在奖励分配的 R 模型、3P 模型和 C 模型中，R 模型、C 模型中废旧品的回收价与奖励分配比例成正比，3P 模型中废旧品的回收价与奖励分配比例成反比。

证明：对 R 模型、3P 模型和 C 模型中的最优回收价格求关于分配比例系数的一阶偏导：

$$\frac{\partial b_r^{R*}}{\partial \theta} = \frac{v\lambda\sigma}{4 + 4(1-a)a\gamma} > 0$$

$$\frac{\partial b_r^{3P*}}{\partial \theta} = -\frac{v(\mu - \lambda\sigma)}{4 + 4(1+a)a\gamma} < 0$$

$$\frac{\partial b_r^{C*}}{\partial \theta} = \frac{v\lambda\sigma}{2 + 2(1-a)a\gamma} > 0$$

对 3P 模型中制造商的最优转移价格求关于分配比例系数的一阶偏导：

$$\frac{\partial b_m^{3P*}}{\partial \theta} = -\frac{v(\mu - \lambda\sigma)}{2 + 2(1-a)a\gamma} < 0$$

对 3P 模型中第三方回收商的单位回收利润率求关于分配比例系数的一阶偏导：

$$\frac{\partial r^{3P*}}{\partial \theta} = \frac{hv\gamma(1 + (1-a)a\gamma)(\mu - \lambda\sigma)}{(h + 2(1-a)ah\gamma + \gamma(c_n - ac_n - v(1-\theta)(\mu - \lambda\sigma)))^2} > 0$$

性质 6－8 证毕。

性质 6－8 表明，制造商对回收商的奖励程度会影响到废旧品的回收价格，在零售商负责回收的 R 模型和集中决策的 C 模型中，当制造商提高对回收商的奖励时，回收商就会获利更多，此时回收商可以通过回收更多数量的废旧品来获取更高利润，故回收商会通过提高废旧品的最优回收价的方式来提高废旧品的回收量。而在3P模型中制造商提高对第三方回收商的回收奖励比例时，对于制造商来说，相当于提高了再制品的单位生产成本，故制造商的效用会减小，于是制造商为维持自身收益就会通过降低对废旧品的转移价格 b_m^{3P*} 来缓解奖励比例提高带来的效益损失。对于第三方回收商来说，只负责废旧品的回收，当奖励比例增加时，废旧品的转移价格 b_m^{3P*} 降低，第三方回收商会通过提高单位回收利润率的方式来维持自身在回收过程中的收益，而第三方回收商对废旧品的回收价格与转移价格成正比，与利润率成反比，即 $b_r=(1-r)b_m$，因此第三方回收商会对废旧品回收价格采取一定程度降价策略来维持自身收益水平。另外，在分散化决策下零售商和第三方回收商负责回收的模型中，如果制造商提高了对回收商的奖励比例，制造商自身收益就会受到削减，此时制造商会通过降低对回收商的转移价格来缓解奖励比例提高带来的自身收益损失，所以随着奖励比例的提高，制造商对回收商的转移价格将会降低。

性质6-9：四种模型下，再制品的最优零售价格 p_r^* 与废旧品的平均质量 μ 成反比，与废旧产品的质量波动幅度 σ 成正比；而废旧品回收价格 b_r^* 与废旧品的平均质量 μ 成正比，与废旧产品的质量波动幅度 σ 成反比。

证明：对四种模型中的再制品最优零售价格 p_r^* 分别求关于废旧品平均质量 μ 和质量波动幅度 σ 的一阶偏导：

$$\frac{\partial p_r^{R*}}{\partial \mu}=-\frac{(1-a)av\gamma}{4+4(1-a)a\gamma}<0$$

$$\frac{\partial p_r^{M*}}{\partial \mu}=-\frac{2(1-a)av\gamma}{4+8(1-a)a\gamma}<0$$

$$\frac{\partial p_r^{3P*}}{\partial \mu}=-\frac{(1-a)av\gamma(1-\theta)}{4+4(1-a)a\gamma}<0$$

$$\frac{\partial p_r^{C*}}{\partial \mu}=-\frac{(1-a)av\gamma}{2+2(1-a)a\gamma}<0$$

$$\frac{\partial p_r^{R*}}{\partial \sigma}=\frac{(1-a)av\gamma(1-\theta)\lambda}{4+4(1-a)a\gamma}>0$$

$$\frac{\partial p_r^{M*}}{\partial \sigma}=\frac{(1-a)av\gamma\lambda}{2+4(1-a)a\gamma}>0$$

$$\frac{\partial p_r^{3P*}}{\partial \sigma}=\frac{(1-a)av\gamma(1-\theta)\lambda}{4+4(1-a)a\gamma}>0$$

$$\frac{\partial p_r^{C*}}{\partial \sigma}=\frac{(1-a)av\gamma(1-\theta)\lambda}{2+2(1-a)a\gamma}>0$$

对四种模型中的废旧品最优回收价格 b_r^* 分别求关于废旧品平均质量 μ 和质量波动幅度 σ 的一阶偏导：

$$\frac{\partial b_r^{R*}}{\partial \mu} = \frac{v}{4 + 4a\gamma - 4a^2\gamma} > 0$$

$$\frac{\partial b_r^{M*}}{\partial \mu} = \frac{v}{2 + 4a\gamma - 4a^2\gamma} > 0$$

$$\frac{\partial b_r^{3P*}}{\partial \mu} = \frac{v(1 - \theta)}{4(1 + (1 - a)a\gamma)} > 0$$

$$\frac{\partial b_r^{C*}}{\partial \mu} = \frac{v}{2 + 2a\gamma - 2a^2\gamma} > 0$$

$$\frac{\partial b_r^{R*}}{\partial \sigma} = -\frac{v(1 - \theta)\lambda}{4(1 + (1 - a)a\gamma)} < 0$$

$$\frac{\partial b_r^{M*}}{\partial \sigma} = \frac{-v\lambda}{2(1 + 2(1 - a)a\gamma)} < 0$$

$$\frac{\partial b_r^{3P*}}{\partial \sigma} = -\frac{v(1 - \theta)\lambda}{4(1 + (1 - a)a\gamma)} < 0$$

$$\frac{\partial b_r^{C*}}{\partial \sigma} = -\frac{v(1 - \theta)\lambda}{2(1 + (1 - a)a\gamma)} < 0$$

性质 6－9 证毕。

性质 6－9 表明，在四种回收模式下，当废旧品的平均质量越高时，制造商会通过适当提高废旧品的最优回收价来回收更多的质量较高的废旧品，对废旧品进行再制造时所花费的成本就会降低，于是制造商和零售商就会降低再制品的最优零售价试图提高市场对再制品的需求量，获取更多的市场。而当废旧品的质量波动幅度较大时，制造商对废旧品的再制造过程就更难以把控，面对的再制造成本更加不确定，制造商又为风险规避型，故此时制造商就会通过降低废旧品的最优回收价来降低废旧品的回收量，通过再制造节约下的成本也就变小，制造商和零售商就会提高再制品的零售价格来维持自身的收益水平。

性质 6－10：四种模型下，供应链最优总收益和废旧品最优回收价格与制造商风险规避系数成反比，而再制品最优零售价与制造商风险规避系数成正比。

证明：对四种模型下的废旧品最优回收价格求关于制造商风险规避系数的一阶偏导：

$$\frac{\partial b_r^{R*}}{\partial \lambda} = -\frac{v(1 - \theta)\sigma}{4 + 4(1 - a)a\gamma} < 0$$

$$\frac{\partial b_r^{M*}}{\partial \lambda} = -\frac{v\sigma}{2+4(1-a)a\gamma} < 0$$

$$\frac{\partial b_r^{3P*}}{\partial \lambda} = -\frac{v(1-\theta)\sigma}{4+4(1-a)a\gamma} < 0$$

$$\frac{\partial b_r^{C*}}{\partial \lambda} = -\frac{v(1-\theta)\sigma}{2+2(1-a)a\gamma} < 0$$

对四种模型下的再制品最优零售价求关于制造商风险规避系数的一阶偏导:

$$\frac{\partial p_r^{R*}}{\partial \lambda} = \frac{(1-a)av\gamma(1-\theta)\sigma}{4+4(1-a)a\gamma} > 0$$

$$\frac{\partial p_r^{M*}}{\partial \lambda} = \frac{(1-a)av\gamma\sigma}{2+4(1-a)a\gamma} > 0$$

$$\frac{\partial p_r^{3P*}}{\partial \lambda} = \frac{(1-a)av\gamma(1-\theta)\sigma}{4+4(1-a)a\gamma} > 0$$

$$\frac{\partial p_r^{C*}}{\partial \lambda} = \frac{(1-a)av\gamma(1-\theta)\sigma}{2+2(1-a)a\gamma} > 0$$

对四种模型下的供应链总收益求关于制造商风险规避系数的一阶偏导:

$$\frac{\partial E\left(\prod_T^{R*}\right)}{\partial \lambda} = -\frac{3v(1-\theta)\sigma(h+v\gamma(\mu-(1-\theta)\lambda\sigma)-(1-a)c_n\gamma)}{8+8(1-a)a\gamma} < 0$$

$$\frac{\partial E\left(\prod_T^{M*}\right)}{\partial \lambda} = -\frac{v\sigma(1+3(1-a)a\gamma)(h+v\gamma(\mu-\lambda\sigma)-(1-a)c_n\gamma)}{2(1+2(1-a)a\gamma)^2} < 0$$

$$\frac{\partial E\left(\prod_T^{3P*}\right)}{\partial \lambda} = -\frac{v(1-\theta)\sigma(3h+\gamma(3(1-a)c_n+v((3-\theta)\mu-3(1-\theta)\lambda\sigma)))}{8+8(1-a)a\gamma} < 0$$

$$\frac{\partial E\left(\prod_T^{C*}\right)}{\partial \lambda} = -\frac{v(1-\theta)\sigma(h+v\gamma(\mu-(1-\theta)\lambda\sigma)-(1-a)c_n\gamma)}{2+2(1-a)a\gamma} < 0$$

性质6-10证毕。

性质6-10表明，制造商的风险规避程度会影响供应链中的最优决策，当制造商风险规避程度增加时，制造商就更不愿意去面对废旧品质量不确定带来的风险，于是就会通过降低最优回收价的方式减少对废旧品的回收。因此制造商再制造过程中节约的成本和所制造的再制品数量就会降低，于是就会通过提高再制品最优零售价格的方式来维持自身收益和减少市场中消费者对再制品的需求量。故再制造过程和再制品销售过程为供应链所带来的收益就会减少，供应链总收益也就随着制造商的风险规避程度的增加而减少。

6.6　数值分析

本章6.3节和6.4节对四种模型下的最优决策进行了理论分析，为了更加直观地表现消费者偏好、废旧品质量和制造商风险规避系数等对供应链收益和定价决策的影响，本节将采用Mathematica软件对定价过程进行数值模拟。

6.6.1　消费者再制品偏好的影响

为方便研究消费者对再制品的偏好对供应链收益和定价决策的影响，假设其他变量的值不变，具体假设如下：$B=250$，$h=5$，$\gamma=4$，$c_n=50$，$v=40$，$\theta=0.2$，$\mu=0.8$，$\sigma=0.1$，$\lambda=0.2$，$k=2$，$a\in[0,1]$。

从图6.2中可以看出，分散化决策的三种模型中，再制品的最优批发价与消费者对再制品的偏好系数成正比。

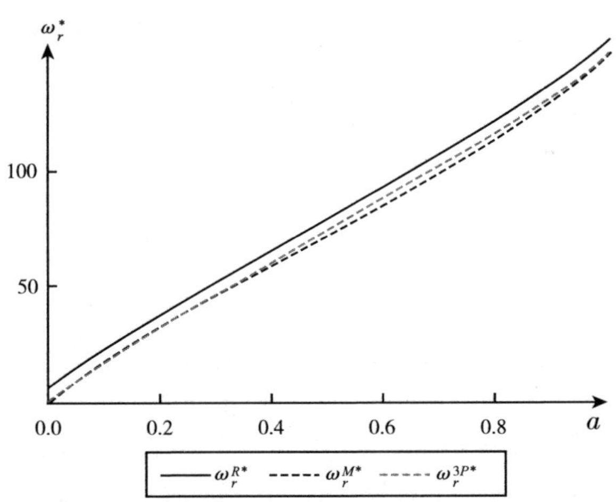

图6.2　分散化决策下消费者再制品偏好系数对再制品批发价的影响

从图6.3中可以看出，随着消费者对再制品的偏好程度增加，集中化决策和分散化决策下的四种模型中再制品的零售价均会增加，并且集中化决策模型下的再制品零售价始终低于分散化决策模型。分散化决策中，三种回收模式下的再制品零售价差别不大，但可以从表6.6中看出，3P模型下再制品零售价随着消费者偏好系数的增加始终高于 R 模型和 M 模型下再制品的零售价，但在 $a \in [0, 0.36]$ 时，M 模型中再制品零售价要高于 R 模型中再制品零售价，在 $a \in (0.36, 1]$ 时，R 模型中再制品零售价会高于 M 模型中再制品零售价，因为 a 的变动会改变制造商对回收商的奖励比例，根据性质 6 – 3 可知，当奖励比例取不同的范围值时，M 模型和 R 模型下的再制品零售价的大小关系也会不同。

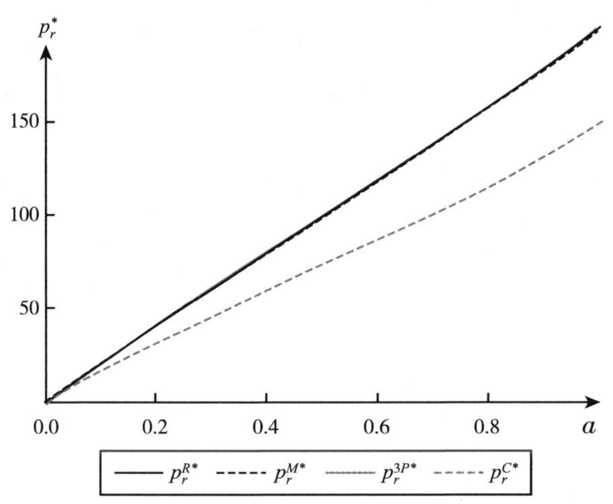

图 6.3　四种回收模式下消费者再制品偏好系数对再制品零售价的影响

表 6.6　　分散化决策下再制品零售价随消费者偏好的变化

a	0.16	0.26	0.36	0.46	0.56	0.66	0.76
p_r^{R*}	32.8208	52.4773	71.9269	91.301	110.683	130.154	149.827
p_r^{M*}	33.237	52.6895	71.9271	91.0936	110.267	129.519	148.966
p_r^{3P*}	33.3802	53.1731	72.6942	92.0984	111.478	130.911	150.501

从图 6.4 可以看出，四种回收模式下的废旧品回收价均随着消费者偏好系数的提高而提高，且集中化决策下的废旧品回收价要始终高于分散化决策下，而在分散化决策中，3P 模型下废旧品回收价对消费者偏好的敏感度最低，增长的最为缓慢。但只有消费者对再制品的偏好达到一定程度时，废旧品回收价格才会为正，即回收商才会出钱回收，否则回收商利益就会遭到削减。废旧品的回收数量与回收价格呈正向线性关系，因此图 6.5 中废旧品的回收量变化情况与图 6.4 中相同。

从图 6.6 中可以看出，随着消费者对再制品的偏好增加，四种回收模式下新品的市场需求量先有小幅增长后均逐渐降低，但集中化决策模型下的新品需求量始终要高于分散化决策模型下。从图 6.6 中还可以发现，四种回收模式下新品的需求量随消费者偏好增加变化的幅度不同，随着消费者偏好系数的增加，

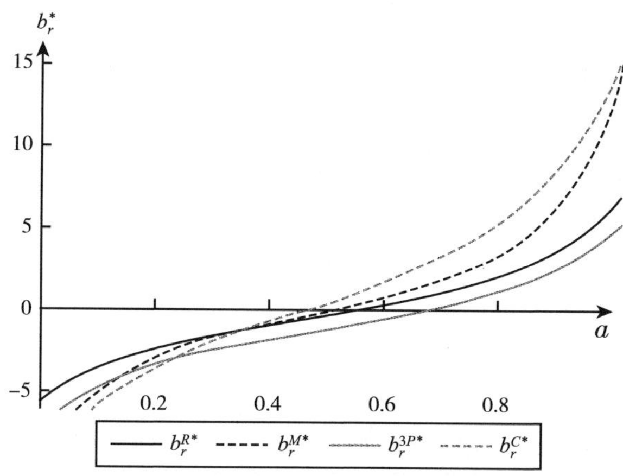

图 6.4　四种回收模式下消费者再制品偏好系数对废旧品回收价格的影响

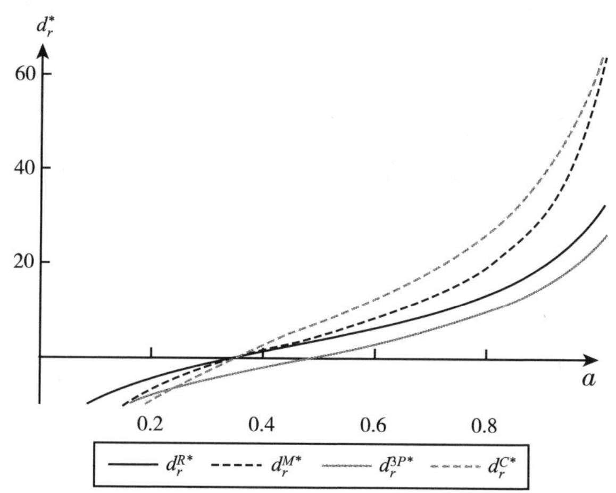

图 6.5　四种回收模式下消费者偏好对再制品需求量的影响

新品需求量的边际递减率越来越大，即降低速度越来越快，其中 C 模型和 M 模型中新品需求量变化较为明显。

从图 6.7 中，分散化决策模型下制造商期望效用会随着消费者对再制品偏好的增加而呈现 U 型分布，即当消费者偏好较小时，会对制造商期望收益起抑制作用，当消费者偏好较大时才对制造商效用起促进作用。因为当消费者对再制品的偏好较小时，市场中对再制品的需求量也比较小，此时若制造商进行回收再制造，其回收再制造所付出的成本要大于再制造过程中节约的成本，故制造商收益会降低；但当消费者对再制品偏好较大时，市场中对再制品的需求量增加，制造商回收再制造过程所花费的成本小于在制造过程中节约的成本，故

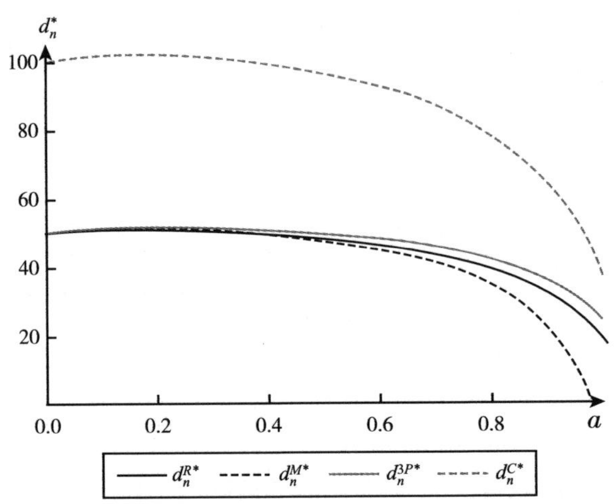

图 6.6　四种回收模式下消费者偏好对新品需求量的影响

制造商效用会增加。另外，在分散化决策下的三种模型中，由制造商负责回收再制造的 M 模型对消费者偏好系数的变化最为敏感，在消费者偏好系数较大时，选取制造商回收模式对制造商收益最有利。

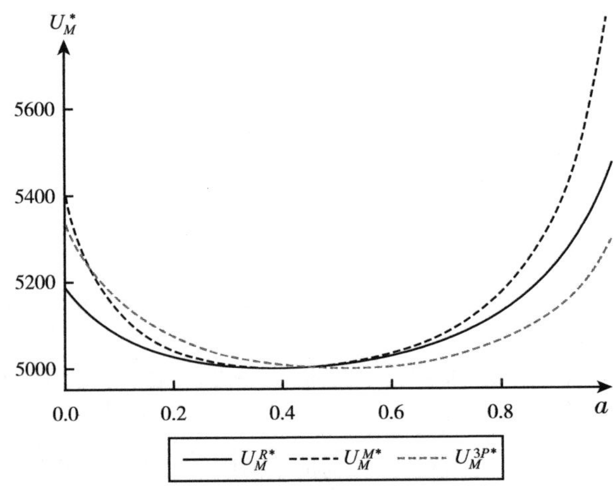

图 6.7　分散化决策下消费者偏好对制造商效用的影响

由图 6.8 可以看出在分散化决策模型中，零售商负责回收的 R 模型中零售商收益与消费者偏好系数呈 U 型分布，而在图 6.7 中已经分析了制造商的期望效用与消费者偏好系数呈 U 型分布的原因是回收再制造过程中的成本与再制造节约的成本会随着消费者偏好系数而变化，而此时负责废旧品回收的零售商最优决策就会受到制造商的影响，于是零售商利润也会呈现U型分布。但在3P和M模型中，零售商期望利润与消费者偏好呈M型分布，这两种回收模型下的零售商只负责产品的销售，不参与逆向物流过程，新品的批发价和零售价只与新品生产成本有关，此时对零售商收益影响最大的就是再制品的批发价和零售价，可以将零售商的期望利润变化分为以下四个过程。

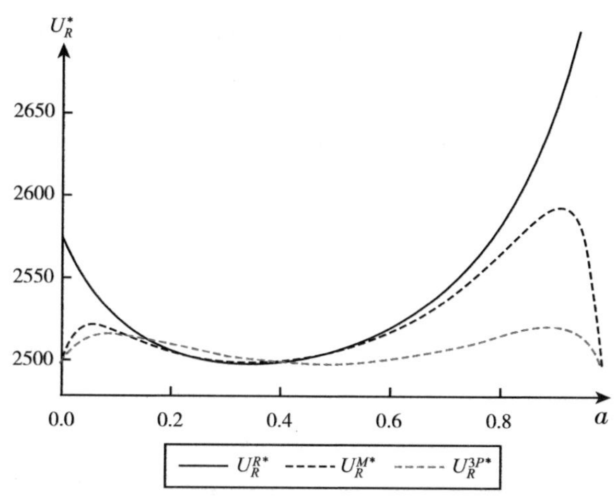

图6.8　分散化决策下消费者偏好对零售商效用的影响

（1）由图6.6可知，在消费者偏好较小时，新品销售量先会有小幅的增长，然后再降低，由于新品的零售价和批发价只与成本有关，所以在消费者偏好较小时，零售商销售新品的利润是随着消费者偏好增加的；此时再制品的零售价、批发价和需求量均随着消费者偏好增加，于是零售商期望利润在消费者偏好较小时会先逐渐增加。

（2）当消费者偏好变大时，由图6.6可知市场中对新品的需求量开始下降，但下降速度较为缓慢，于是零售商出售新品所得到的利润就会缓慢降低，虽然出售再制品的利润在增加，但出售再制品的利润增加量要小于出售新品的利润削减量，因此零售商期望利润会有一个下降的过程。

（3）当消费者偏好继续变大时，新品的需求量还在缓慢下降过程中，但由图6.5可知，M模型和3P模型下再制品的需求量（等于废旧品回收量）已经开始迅速上升，于是零售商出售再制品的利润就会慢慢超过新品数量下降带来的利润削减量，故零售商期望利润会再次上升，且上升速度较快。

（4）当消费者对再制品的偏好接近1时，此时消费者对新品和再制品的效用期望趋于相等，再制品与新品之间的替代性更强，由图6.6可知，消费者偏好越靠近1，新品需求量下降越快，此时新品需求量下降带来的利润下降程度高于再制品需求量提高带来的利润提高，于是零售商期望利润会快速降低，直至消费者偏好系数等于1时，此时消费者对两种产品不做区分，零售商期望利润将几乎降回消费者偏好等于0的水平。

由图6.9和图6.10可以看出，供应链总效用与消费者偏好系数也呈现U型关系，并且集中化决策模型下的供应链总效用要始终远大于分散化决策模型。在分散化决策下的三种回收模型中，制造商回收模式下供应链总效用始终要略高于零售商回收和第三方回收商回收，故此时若从供应链总收益最大化为目标出发，应优先选取集中化决策回收模式，其次是制造商回收模式。

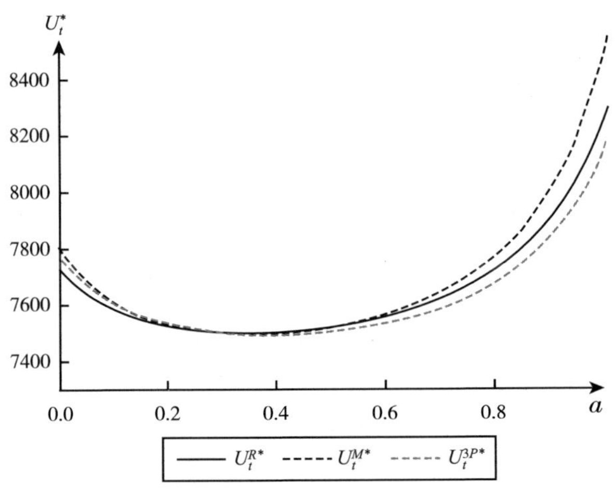

图6.9　分散化决策下消费者偏好对供应链总效用的影响

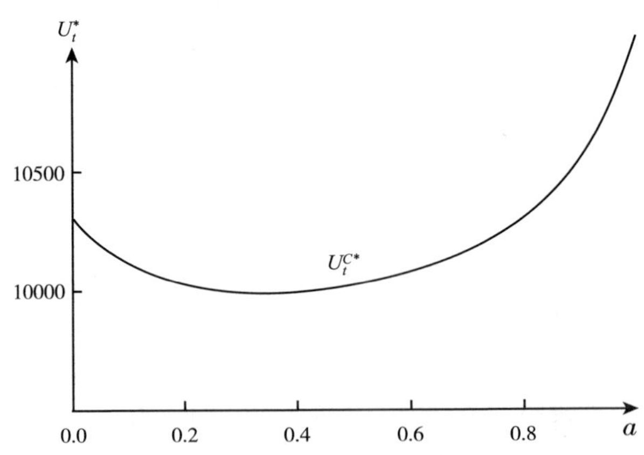

图6.10　集中化决策模型下消费者偏好对供应链总效用的影响

6.6.2　制造商风险规避程度的影响

为方便研究制造商风险规避系数对供应链收益和定价决策的影响，假设其他变量的值不变，具体假设如下：$B=250$，$h=5$，$\gamma=4$，$c_n=50$，$v=40$，$\theta=0.2$，$\mu=0.8$，$\sigma=0.1$，$a=0.8$，$k=2$，$\lambda\in[0,1]$。

由图6.11可以看出废旧品回收价与制造商风险规避系数成反比，且集中化决策模型下的废旧品回收价要高于分散化决策模型。而在分散化决策下的三种回收模型下，第三方回收商回收的3P模型回收价格最低，制造商直接回收的M模型下回收价格最高。

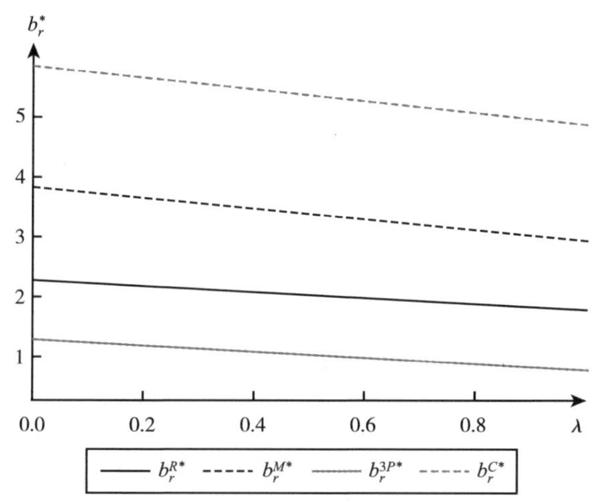

图6.11　四种回收模式下风险规避系数对废旧品回收价格的影响

图6.12表明再制品的零售价格与制造商风险规避系数成正比，且集中化决策模型下的再制品零售价要远低于分散化决策模型。而在分散化决策下的三种回收模型下，第三方回收商回收的3P模型中再制品零售价最高，制造商直接回收的M模型下再制品零售价最低。

由图6.13和图6.14可以看出再制品需求量与制造商风险规避系数成反比，但新品需求量与制造商风险规避系数成正比。且集中化决策模型下的再制品和新品需求量都要高于分散化决策模型。但在分散化决策模型中，再制品需求量最高的是制造商回收的M模型，新品需求量最高的是第三方负责回收的3P模型。

由图6.15和图6.16可知，分散化决策模型下，制造商和零售商期望收益

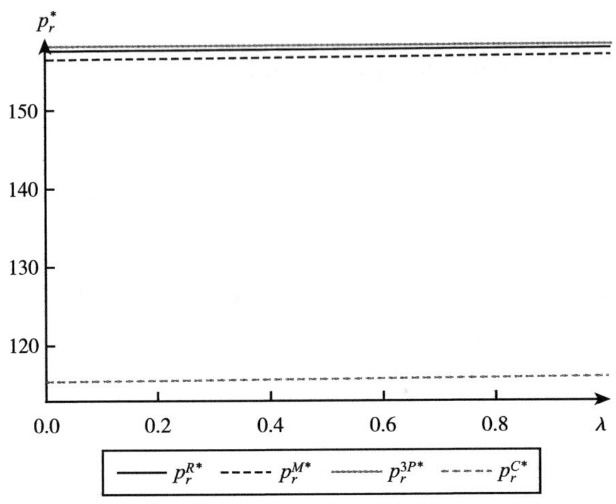

图 6.12　四种回收模式下风险规避系数对再制品零售价的影响

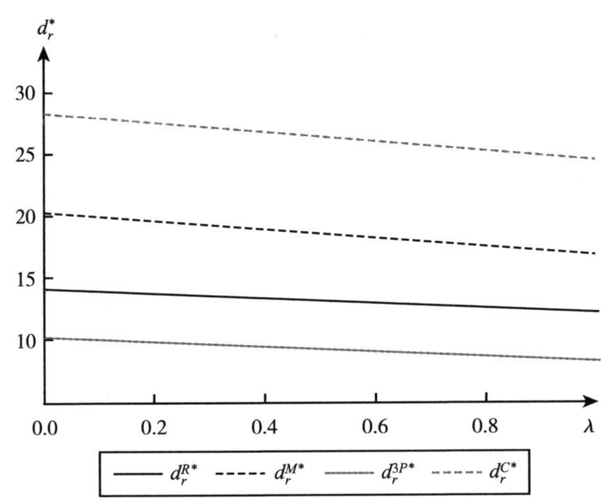

图 6.13　四种回收模式下风险规避系数对再制品需求量的影响

都与制造商风险规避系数成反比，且制造商利润要高于零售商利润。另外，制造商期望效用最高的是制造商作为回收商的 M 模式，而零售商效用最高的是零售商作为回收商的 R 模式，第三方回收商回收时制造商和零售商期望效用均最低。故在分散化决策模型下制造商作为领导者的时候，制造商自己回收时制造商期望效用最大。

从图 6.17 和图 6.18 可以看出，四种回收模式下供应链总效用与制造商风险规避系数成反比，且集中化决策模型下的供应链总效用最高，制造商负责回收的 M 模型次之。

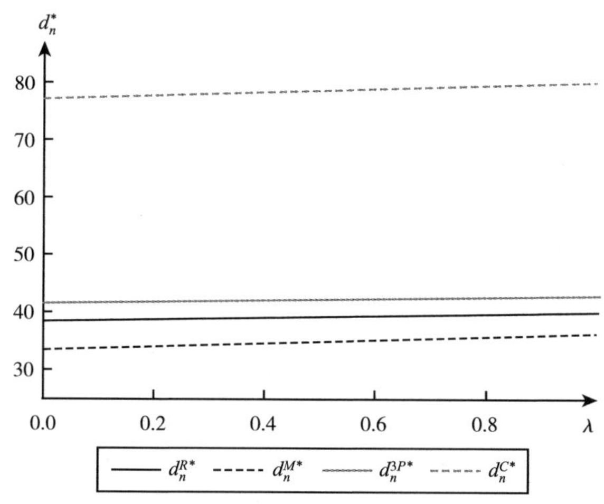

图 6.14 四种回收模式下风险规避系数对新品需求量的影响

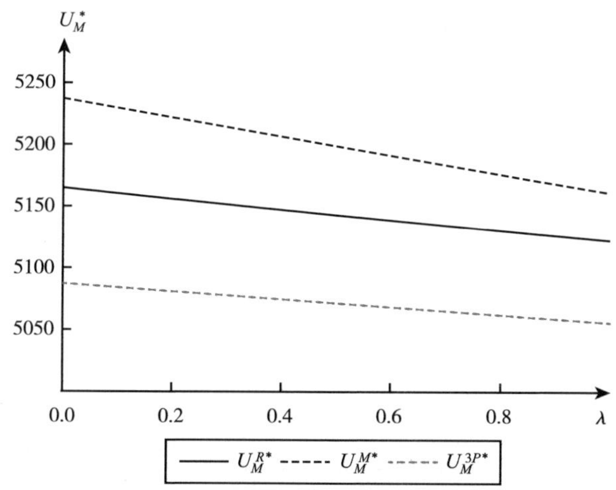

图 6.15 分散化决策下风险规避系数对制造商期望效用的影响

6.6.3 废旧品质量不确定的影响

为方便研究制造商奖励比例对供应链收益和定价决策的影响，假设其他变量的值不变，具体假设如下：$B=250$，$h=5$，$\gamma=4$，$c_n=50$，$v=40$，$\theta=0.2$，$\mu=0.8$，$a=0.8$，$\lambda=0.2$，$k=2$，此处考虑到废旧品质量在平均质量上下波动，故 σ 可正可负，假设 $\sigma \in [-0.5, 0.5]$。

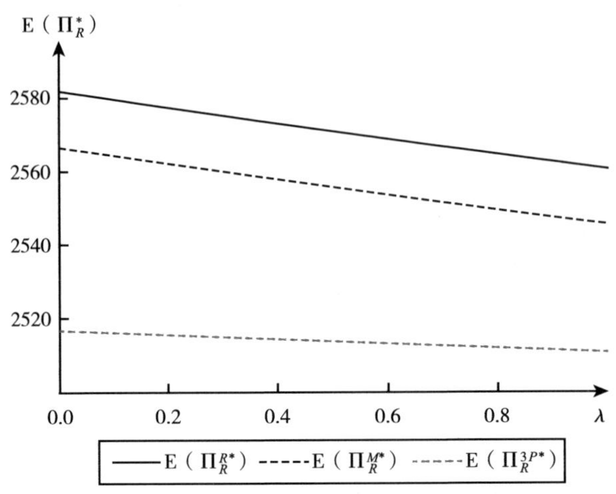

图 6.16 分散化决策下风险规避系数对零售商期望利润的影响

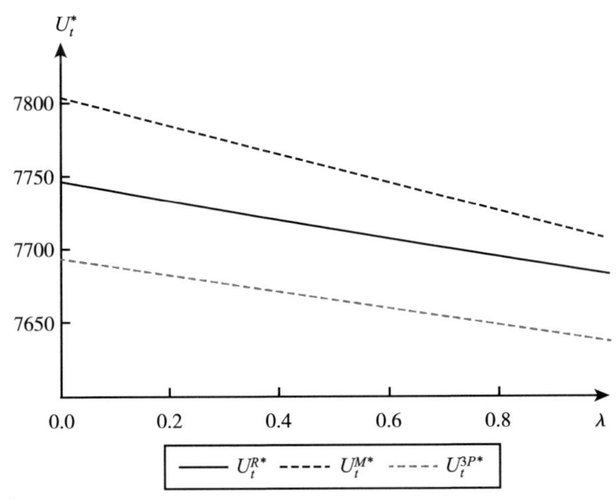

图 6.17 分散化决策下风险规避系数对供应链总效用的影响

由图 6.19 可以看出，再制品回收价格与废旧品质量的波动幅度大小 $|\sigma|$ 成反比，且集中化决策模型中废旧品回收价格最高，3P 模型下废旧品回收价格最低。

由图 6.20、图 6.21 和图 6.22 可以看出，集中化决策与分散化决策下，再制品的批发价和零售价均与废旧品质量的波动幅度大小 $|\sigma|$ 成正比，且分散化模型下，R 模型下再制品批发价最高，3P 模型下再制品零售价最高，M 模型下的再制品批发价和零售价均最低。

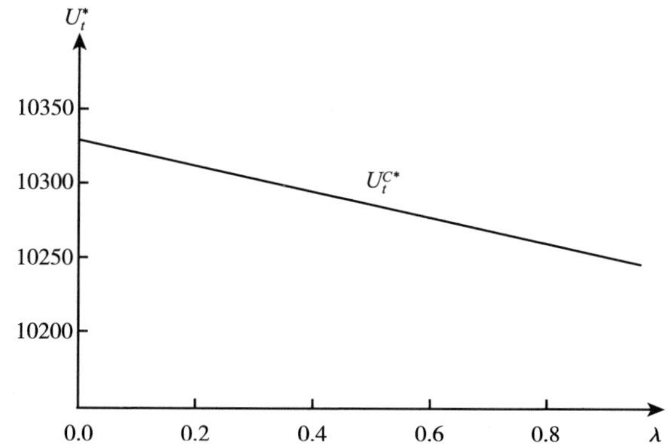

图 6.18　集中化决策下风险规避系数对供应链总效用的影响

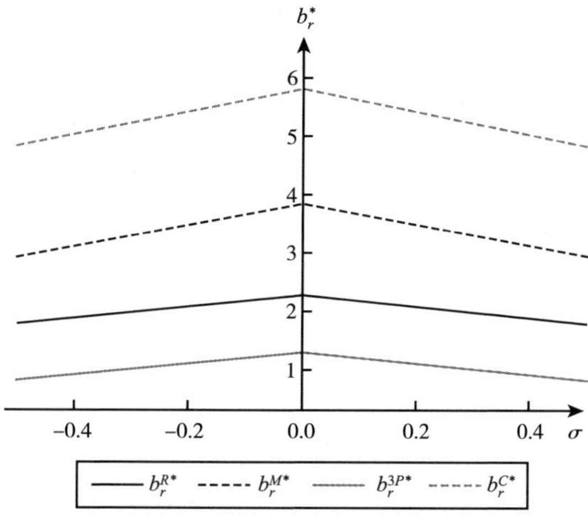

图 6.19　四种回收模式下废旧品质量波动幅度对废旧品回收价格的影响

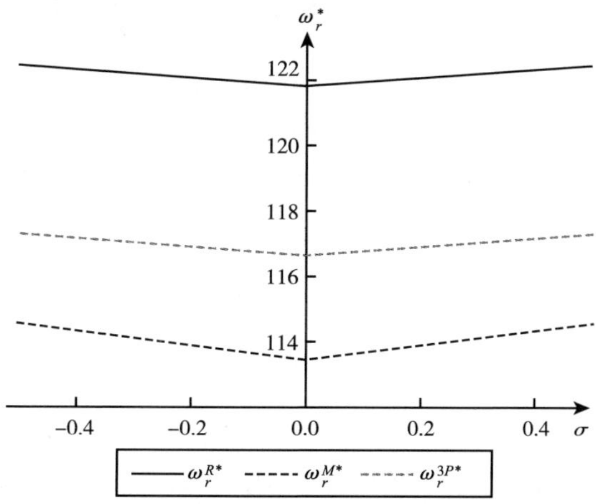

图 6.20　分散化决策下废旧品质量波动幅度对再制品批发价格的影响

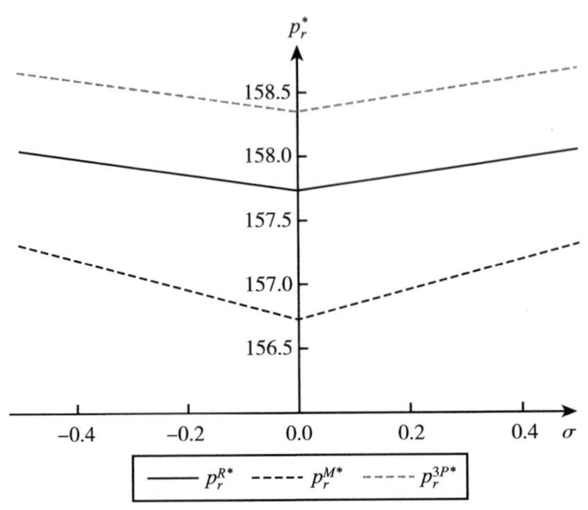

图 6.21　分散化决策下废旧品质量波动幅度对再制品零售价格的影响

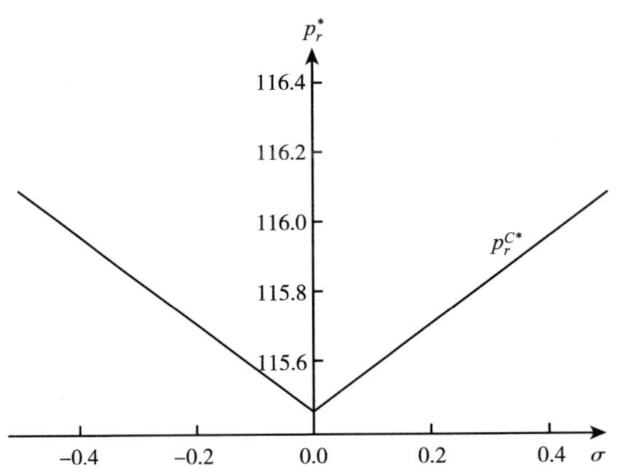

图 6.22　集中化决策下废旧品质量波动幅度对再制品零售价格的影响

由图 6.23 和图 6.24 可以看出，再制品的需求量与废旧品质量的波动幅度大小 $|\sigma|$ 成反比，而新品的需求量与废旧品质量的波动幅度大小 $|\sigma|$ 成正比。

由图 6.25～图 6.28 可以看出，制造商期望效用与零售商期望利润均与废旧品质量的波动幅度大小 $|\sigma|$ 成反比，集中化决策与分散化决策下供应链总利润也都与废旧品质量的波动幅度大小 $|\sigma|$ 成反比。

6.6.4　各数值分析总结

以上数值分析结果与 6.5 节中所得性质一致，更直观地反映了消费者偏好、制造商风险规避态度和废旧品质量不确定对供应链收益和定价决策的影响，总

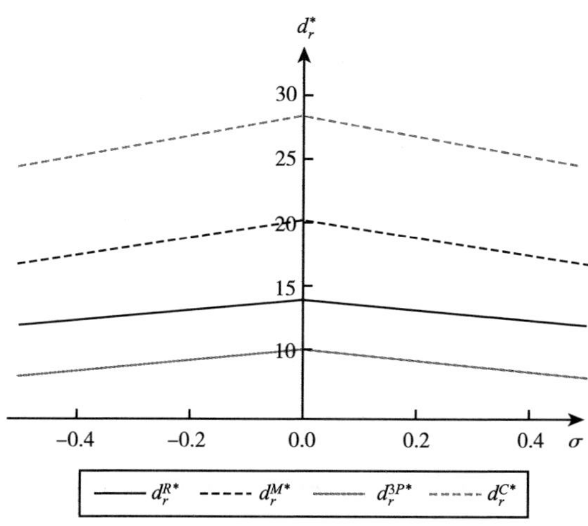

图 6.23 四种回收模式下废旧品质量波动幅度对再制品需求量的影响

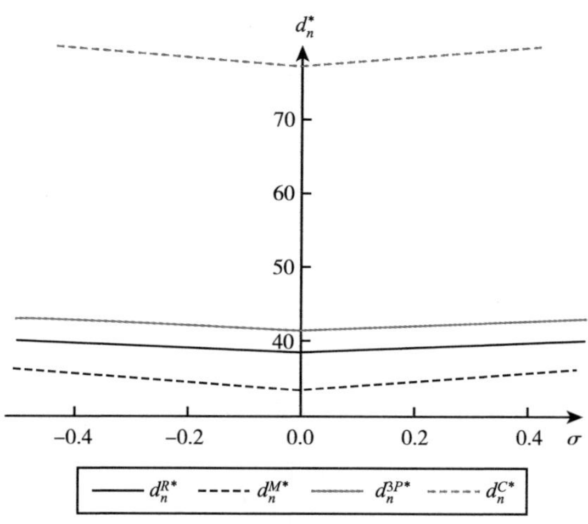

图 6.24 四种回收模式下废旧品质量波动幅度对新品需求量的影响

结得出以下几点：

（1）新品的批发价和零售价只与新品的生产成本和消费者对新品的最大估值有关，与消费者对再制品的偏好程度、制造商风险规避系数和废旧品质量无关。

（2）在四种回收模式下，零售商负责回收的 R 模型中再制品的批发价最高，第三方回收商负责回收的 3P 模型中再制品的零售价最高，集中化决策 C 模型中再制品的批发价和零售价最低。

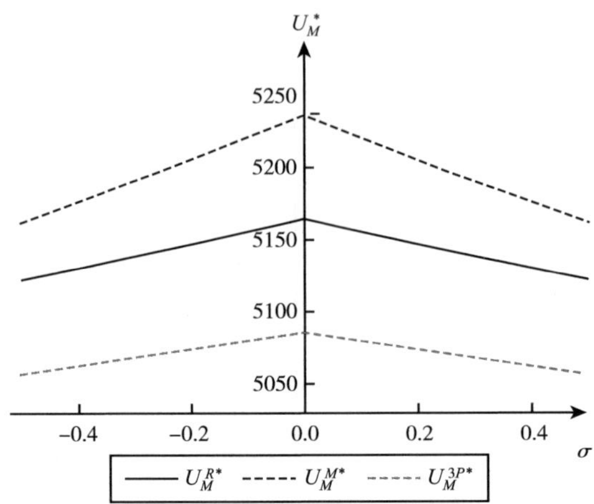

图 6.25　分散化决策下废旧品质量波动幅度对制造商期望收益的影响

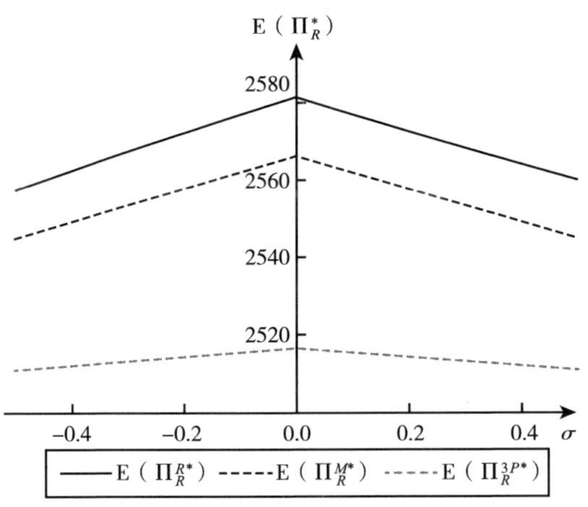

图 6.26　分散化决策下废旧品质量波动幅度对零售商期望利润的影响

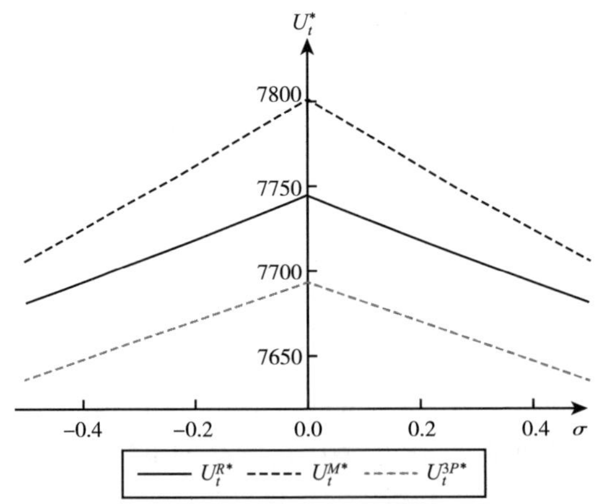

图 6.27　分散化决策下废旧品质量波动幅度对供应链总收益的影响

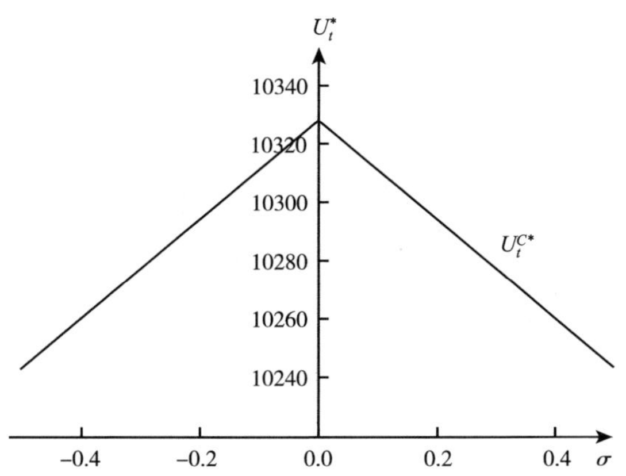

图 6.28 集中化决策下废旧品质量波动幅度对供应链总收益的影响

（3）四种回收模式下，集中化决策 C 模型对废旧品的回收价格最高，第三方回收商回收的 3P 模型中对废旧品的回收价格最低。零售商负责回收和制造商负责回收的废旧品回收价格大小关系视情况而定。

（4）四种回收模式下，集中化决策中新品和再制品的需求量最高，分散化决策中 3P 模型下再制品的需求量最高，新品需求量最低，M 模型下新品的需求量最高，再制品需求量最低。

（5）分散化决策下，三种回收模式下制造商期望效用和 R 模型下零售商期望利润与消费者偏好呈 U 型变化关系，而 3P 模型和 M 模型下零售商期望利润与消费者呈现 M 型变化关系。并且在消费者偏好较大时，制造商作为回收商直接回收时制造商期望效用最大，零售商作为回收商时零售商期望利润最大。

（6）四种回收模式下，集中化决策模型下供应链总收益最高，3P 模型供应链收益最低。

6.7 本章小结

本章在第 3 章的基础上增加考虑制造商的风险态度、废旧品的质量以及不同的回收模式，假设回收到的废旧品均可以再制造但质量水平参差不齐，于是制造商的再制造成本也会随之波动，制造商为了激励回收商能回收更高质量的废旧品，将售出的再制品所节省下的成本以一定的比例分配给回收商，并进一步分析对比了四种回收模式下的供应链收益和最优定价决策，通过数值分析更加直观地验证和表现得到的结论。

7 供需波动环境下电子产品闭环供应链定价模型

7.1 问题描述及基本假设

7.1.1 问题描述

本章考虑由一个原始设备制造商（OEM）、一个零售商和一个第三方再制造商（TPR）组成的闭环供应链模型，其结构如图 7.1 所示。OEM 通过技术授权的方式委托 TPR 回收废旧品并由其生产再制品，OEM 和 TPR 分别把新品和再制品以相同的批发价卖给相同的零售商。在正向物流中，原始制造商生产新品，第三方再制造商收到原始制造商的技术授权后生产再制品。零售商再将新品和再制品以相同的零售价出售给消费者。在逆向物流中，第三方再制造商需支付一定的技术授权费用来获得原始制造商的技术授权，然后以一定的回收价格从消费者手中回收废旧产品进行再制造。

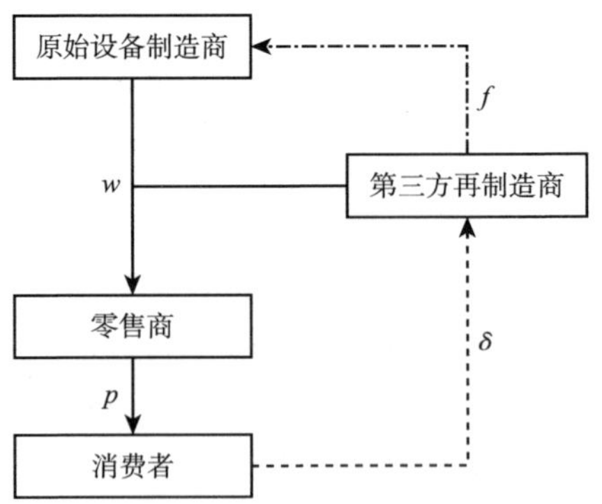

图 7.1　回收再造闭环供应链模型结构

考虑在市场信息完全对称的条件下，供应链中原始设备制造商为领导者，利用斯塔克伯格博弈理论建立技术授权背景下的闭环供应链定价模型，以供应链成员利益最大化为决策目标，并采用相关方法如逆向归纳法对模型进行求解分析，确定供应链各成员企业的最优决策。

7.1.2 模型基本假设

为使研究表达更加清晰，模型中符号变量的含义如表7.1所示。

表7.1 模型符号及其含义

符号	含义
w^a	产品单位批发价
p^a	产品单位零售价
c_n	新品的单位制造成本
c_r	再制品的单位制造成本
δ^a	废旧产品的单位回收价格
f^a	单位产品的技术授权费用
α	市场容量
β	消费者对零售价的敏感系数
v	消费者对回收价格的敏感程度
q_n^a	新品的需求量
q_r^a	再制品的需求量

注：新品和再制品分别用下标 n 和 r 表示。

模型构建需满足的假设如下：

假设1：市场总需求为 $D(p^a) = \alpha - \beta p^a$，且 $\alpha > 0, \beta > 0, \alpha > \beta c_n$。

假设2：废旧产品的回收量 $G(\delta) = u + v\delta^a$，其中 $u = u_0 + \varepsilon$，且 $\varepsilon \sim N(0, \sigma^2)$，$u$ 表示当回收价格 δ^a 为0时，废旧产品的回收量；v 表示消费者对回收价格的敏感程度。

假设3：假设回收的废旧品可全部用于再制造并被销售出去，则再制品的订购量等于废旧产品的回收量（Huang & Wang，2018），即 $q_r^a = G(\delta)$，故新品需求量为 $q_n^a = D(p) - G(\delta)$。据朱蒂尼（Giutini，2003）的研究，再制造通常采用高技术标准来保证再制品在质量、功能和效用上不差于新品。而且，随着消费者个体环保意识以及对再制品认识的增强，已有越来越多的消费者考虑到再制造产品更加有利于节能环保，从而愿意接受以新品价格来购买此类产品（张焕男和张震，

2019)，尤其在造纸和一些电子产品行业的再制造实践中。故本书假设再制品在质量、功能和效用上和新产品完全相同，以相同的价格向市场销售。

假设4：假设 OEM 和 TPR 的领导者均为风险规避型的决策者，使用均值－方差模型来衡量成员企业的期望效用，即 $E(U_i(\pi_i)) = E(\pi_i) - k_i\sqrt{Var(\pi_i)}$。其中，$k_i$ 表示企业 i 的风险规避度，数值越大，风险规避度越大；i 取 M 和 T 分别表示 OEM 和 TPR。零售商的领导者为风险中性型的决策者。

假设5：假设再制品的单位制造成本小于新品的单位制造成本，即 $c_r < c_n$，令 $\Delta = c_n - c_r$，Δ 表示再制造过程每单位产品的成本节约，且假设 $\Delta > \delta$，这使得再制造过程有利可图。

假设6：假设制造商是领导者且市场信息完全对称，每个参与成员都以利润最大化为决策目标。

7.2 模型的建立与求解

7.2.1 确定环境下的再制造闭环供应链产品定价模型——DC 模型

根据前述的假设和分析，易知确定情形下，零售商的利润函数 π_R、OEM 的利润函数 π_M、TPR 的利润函数 π_T分别为：

$$\max\pi_R^a = (p^a - w^a)(q_n^a + q_r^a) = (p^a - w^a)(\alpha - \beta p^a) \tag{7-1}$$

$$\max\pi_M^a = (w^a - c_n)q_n^a + f^a q_r^a = (w^a - c_n)(\alpha - \beta p^a - u_0 - v\delta^a) + f^a(u_0 + v\delta^a) \tag{7-2}$$

$$\max\pi_T^a = (w^a - c_r - \delta^a - f^a)q_r^a = (w^a - c_r - \delta^a - f^a)(u_0 + v\delta^a) \tag{7-3}$$

式（7－1）中零售商利润指零售商销售的新品和再制品的利润之和。式（7－2）中制造商的利润由两部分构成：其一是将新品批发给零售商所得利润，其二是来自 TPR 再制品利润所得中抽取的技术授权费用。式（7－3）表示 TPR 的利润是由再制品批发价减去再制造成本、回收价以及技术授权费用所得。

由于 OEM 作为斯塔克伯格博弈的主导者，故决策顺序为：OEM 首先决定批发价格和技术授权费用，然后零售商和 TPR 作为斯塔克伯格博弈的跟随者同时分别决定零售价格和废旧品回收价格。由此，采用逆向归纳法，先求出零售商和 TPR 的最优价格决策，然后代入 OEM 利润函数中，求解出产品的批发价格、技术授权费用。

由零售商利润函数式（7－1）和TPR利润函数式（7－3）分别对产品零售价 p 和废旧品回收价 δ 求二阶偏导数，得到：

$$\frac{\partial^2 \pi_R^a}{\partial p^2} = -2\beta < 0 \tag{7-4}$$

$$\frac{\partial^2 \pi_T^a}{\partial \delta^2} = -2v < 0 \tag{7-5}$$

因此零售商和TPR的效用函数分别是零售价和回收价的严格凹函数，存在唯一最优解。

对零售商和TPR的利润函数分别关于零售价 p^a 和回收价格 δ^a 求一阶偏导数并令其为0，可得：

$$\frac{\partial \pi_R^a}{\partial p^a} = \alpha + \beta w^a - 2\beta p^a = 0 \tag{7-6}$$

$$\frac{\partial \pi_T^a}{\partial \delta^a} = v(w^a - f^a - c_r) - u_0 - 2v\delta^a = 0 \tag{7-7}$$

由式（7－2）对 f^a 和 w^a 求二阶偏导数，可以得到OEM效用函数的海塞矩阵：

$$H_M = \begin{bmatrix} \frac{\partial^2 \pi_M}{\partial w^2} & \frac{\partial^2 \pi_M}{\partial w \partial f} \\ \frac{\partial^2 \pi_M}{\partial f \partial w} & \frac{\partial^2 \pi_M}{\partial f^2} \end{bmatrix} = \begin{bmatrix} -v-\beta & v \\ v & -v \end{bmatrix}$$

因为 $-v-\beta<0$，$|H_M| = \beta v > 0$，所以OEM的效用函数是批发价和技术授权费用的联合凹函数。

由式（7－2）对 f^a 和 w^a 分别求一阶偏导数并令其为0，可得：

$$\frac{\partial \pi_M^a}{\partial w^a} = 0 \tag{7-8}$$

$$\frac{\partial \pi_M^a}{\partial f^a} = 0 \tag{7-9}$$

联立式（7－8）和式（7－9）可得OEM的最优批发价 w^{a*} 和最优技术授权费用 f^{a*}。

再将最优批发价 w^{a*} 和最优技术授权费用 f^{a*} 代入式（7－6）和式（7－7），可得出最优零售价 p^{a*} 和最优回收价格 δ^{a*}。

故在需求确定情形下，OEM 的最优批发价格为 $w^{a*}=\dfrac{\alpha+c_n\beta}{2\beta}$，最优技术授权费用为 $f^{a*}=\dfrac{v\alpha-vc_r\beta+\beta u_0}{2v\beta}$，OEM 可得最优利润 $\Pi_M^{a*}=\dfrac{(\alpha-\beta c_n)^2}{8\beta}+\dfrac{(u_0+\Delta v)^2}{8v}$，零售商的最优零售价格为 $p^{a*}=\dfrac{3\alpha+c_n\beta}{4\beta}$，零售商可得最优利润 $\Pi_R^{a*}=\dfrac{(\alpha-c_n\beta)^2}{16\beta}$，TPR 的最优回收价格为 $\delta^{a*}=\dfrac{\Delta v-3u_0}{4v}$，TPR 的最优利润为 $\Pi_T^{a*}=\dfrac{(u_0+\Delta v)^2}{16v}$。最优决策下，新品的需求量为 $q_n^{a*}=\dfrac{\alpha-u_0-c_n\beta-\Delta v}{4}$，再制品的需求量为 $q_r^{a*}=u_0+\dfrac{\Delta v-3u_0}{4}$。

7.2.2　供需波动情形的再制造闭环供应链产品定价模型——DN 模型

在需求波动情形下，由于市场环境存在供需波动，产品需求量的不确定使得原有的计划生产量 q_n^{a*} 和 q_r^{a*} 与实际的产品需求量 $\tilde{q}_n$ 和 $\tilde{q}_r$ 不一致，这将会产生额外的费用。当 $\tilde{q}_n>q_n^*$ 或 $\tilde{q}_r>q_r^*$ 时，即实际新品或再制品的需求量大于计划新品和再制品的需求量时，对于新增加的新品、再制品，每单位产品将分别增加额外的生产成本 λ_{n1} 或 λ_{r1}。当 $\tilde{q}_n<q_n^*$ 或 $\tilde{q}_r<q_r^*$ 时，即实际新品或再制品的需求量小于计划新品和再制品的需求量时，每单位的剩余产品将分别增加处理费用 λ_{n2} 或 λ_{r2}。其中，$\tilde{q}_n$ 和 $\tilde{q}_r$ 分别表示波动环境下新品和再制品各自的需求量。故波动环境下，零售商的利润函数 $\tilde{\pi}_R^a$、OEM 的利润函数 $\tilde{\pi}_M^a$、TPR 的利润函数 $\tilde{\pi}_T^a$ 分别表示为：

$$\tilde{\pi}_R^a=(\tilde{p}^a-\tilde{w}^a)(\tilde{q}_n^a+\tilde{q}_r^a) \tag{7-10}$$

$$\tilde{\pi}_M^a=(\tilde{w}^a-c_n)\tilde{q}_n+\tilde{f}^a\tilde{q}_r^a-\lambda_{n1}(\tilde{q}_n^a-q_n^{a*})^+-\lambda_{n2}(q_n^{a*}-\tilde{q}_n^a)^+ \tag{7-11}$$

$$\tilde{\pi}_T^a=(\tilde{w}^a-c_r-\tilde{\delta}^a-\tilde{f}^a)\tilde{q}_r^a-\lambda_{r1}(\tilde{q}_r^a-q_r^{a*})^+-\lambda_{r2}(q_r^{a*}-\tilde{q}_r^a)^+ \tag{7-12}$$

其中，新品和再制品的需求函数分别为：

$$\tilde{q}_n^a = \alpha - \beta \tilde{p}^a - u_0 - v\tilde{\delta}^a \qquad (7-13)$$

$$\tilde{q}_r^a = u_0 + \varepsilon + v\tilde{\delta}^a \qquad (7-14)$$

因为缺货和库存不可能同时发生，且假设一段时期内市场总需求固定（宫艳雪，2011；王玲媛，2017），所以在波动环境下再制品的需求量 $\tilde{q}_r^a > q_r^{a*}$ 时，新品的需求量 $\tilde{q}_n^a < q_n^{a*}$；当 $\tilde{q}_n^a > q_n^{a*}$ 时，$\tilde{q}_r^a < q_r^{a*}$。

为了便于分析，根据需求波动的偏差量处于的不同区间，将不确定环境分成三种情形进行讨论，如图 7.2 和表 7.2 所示。表 7.2 是利用各最优价格，得到需求不确定下新品和再制品的需求量，再跟需求确定时的需求量做比较，从而得出需求偏差量的波动范围。

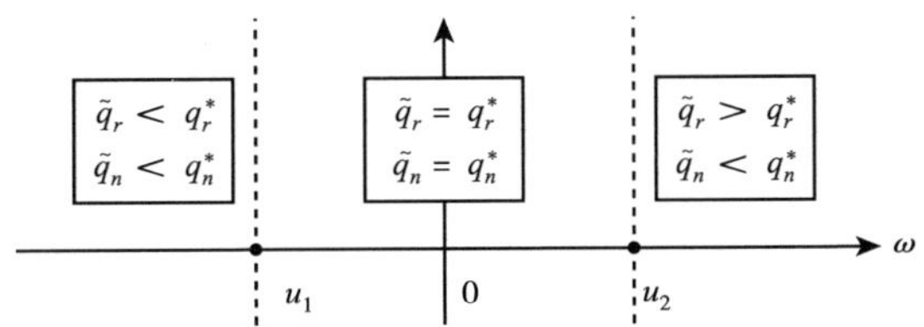

图 7.2　需求偏差量的波动区间

表 7.2　需求偏差量的不同区间

情形	新品和再制品的需求量	偏差量的波动范围
$\tilde{q}_r^a > q_r^{a*}$ $\tilde{q}_n^a < q_n^{a*}$	$\tilde{q}_r^a = q_r^{a*} + \frac{4\varepsilon - v(\lambda_{n2} + \lambda_{r1}) + (2k_M + k_T)\sigma}{4}$ $\tilde{q}_n^a = q_n^{a*} + \frac{v(\lambda_{n2} + \lambda_{r1}) + \beta\lambda_{n2} - (2k_M + k_T)\sigma - 4\varepsilon}{4}$	$\varepsilon > u_2$
$\tilde{q}_r^a < q_r^{a*}$ $\tilde{q}_n^a > q_n^{a*}$	$\tilde{q}_r^a = q_r^{a*} + \frac{4\varepsilon + v(\lambda_{n1} + \lambda_{r2}) + (2k_M + k_T)\sigma}{4}$ $\tilde{q}_n^a = q_n^{a*} + \frac{-v(\lambda_{n1} + \lambda_{r2}) - \beta\lambda_{n1} - (2k_M + k_T)\sigma - 4\varepsilon}{4}$	$\varepsilon < u_1$
$\tilde{q}_r^a = q_r^{a*}$ $\tilde{q}_n^a = q_n^{a*}$		$u_1 \leqslant \varepsilon \leqslant u_2$
其中，令 $u_1 = -\frac{v(\lambda_{n1} + \lambda_{r2}) + \beta\lambda_{n1} + (2k_M + k_T)\sigma}{4}$，$u_2 = \frac{v(\lambda_{n2} + \lambda_{r1}) + \beta\lambda_{n2} - (2k_M + k_T)\sigma}{4}$		

此处只证明表 7.2 中的第一种情形，其他情况类似。事实上，当 $\tilde{q}_r^a > q_r^{a*}$，$\tilde{q}_n^a < q_n^{a*}$ 时，根据式（7－13）和式（7－14），对确定环境和波动环境下的最

优产量进行比较，此时波动环境下的新品、再制品需求量满足

$$\tilde{q}_r^a = q_r^{a*} + \frac{4\varepsilon - v(\lambda_{n2} + \lambda_{r1}) + (2k_M + k_T)\sigma}{4}$$

和

$$\tilde{q}_n^a = q_n^{a*} + \frac{v(\lambda_{n2} + \lambda_{r1}) + \beta\lambda_{n2} - (2k_M + k_T)\sigma - 4\varepsilon}{4}$$

因需满足 $\tilde{q}_r > q_r^*$，$\tilde{q}_n < q_n^*$ 的条件，联立不等式解得

$$\varepsilon > \frac{v(\lambda_{n2} + \lambda_{r1}) + \beta\lambda_{n2} - (2k_M + k_T)\sigma}{4}$$

故根据不同区间的需求波动情形，TPR 的利润函数可写为：

$$\tilde{\pi}_T^a = \begin{cases} (\tilde{w}^a - c_r - \tilde{\delta}^a - \tilde{f}^a)(u_0 + \varepsilon + v\tilde{\delta}^a) - \lambda_{r1}(\tilde{q}_r^a - q_r^{a*}), & \tilde{q}_r^a > q_r^{a*} \\ (\tilde{w}^a - c_r - \tilde{\delta}^a - \tilde{f}^a)(u_0 + \varepsilon + v\tilde{\delta}^a), & \tilde{q}_r^a = q_r^{a*} \\ (\tilde{w}^a - c_r - \tilde{\delta}^a - \tilde{f}^a)(u_0 + \varepsilon + v\tilde{\delta}^a) - \lambda_{r2}(q_r^{a*} - \tilde{q}_r^a), & \tilde{q}_r^a < q_r^{a*} \end{cases} \tag{7-15}$$

同理，OEM 的利润函数可写为：

$$\tilde{\pi}_M^a = \begin{cases} (\tilde{w}^a - c_n)(\alpha - \beta\tilde{p}^a - u_0 - v\tilde{\delta}^a) + \tilde{f}^a(u_0 + v\tilde{\delta}^a) \\ \qquad - \lambda_{n2}(q_n^{a*} - \tilde{q}_n^a), & \tilde{q}_n^a < q_n^{a*} \\ (\tilde{w}^a - c_n)(\alpha - \beta\tilde{p}^a - u_0 - v\tilde{\delta}^a) + \tilde{f}^a(u_0 + v\tilde{\delta}^a), & \tilde{q}_n^a = q_n^{a*} \\ (\tilde{w}^a - c_n)(\alpha - \beta\tilde{p}^a - u_0 - v\tilde{\delta}^a) + \tilde{f}^a(u_0 + v\tilde{\delta}^a) \\ \qquad - \lambda_{n1}(\tilde{q}_n^a - q_n^{a*}), & \tilde{q}_n^a > q_n^{a*} \end{cases} \tag{7-16}$$

在供需波动情形下，根据前文假设，考虑零售商为风险中性型企业，供应链的其他成员企业均为风险规避，利用均值-方差模型衡量风险规避型企业的期望效用。此模型下 OEM 仍作为斯塔克伯格博弈的主导者，故决策顺序与需求确定情形一致，采用逆向归纳法求解。

因为 TPR 为风险规避型企业，其效用函数利用均值 - 方差模型求得：

$$E(U(\tilde{\pi}_T^a))=\begin{cases}(\tilde{w}^a-c_r-\tilde{\delta}^a-\tilde{f}^a)(u_0+v\tilde{\delta}^a)-\lambda_{r1}\left(v\tilde{\delta}^a-\dfrac{\Delta v-3u_0}{4}\right)\\-k_T(\tilde{w}^a-c_r-\tilde{\delta}^a-\tilde{f}^a-\lambda_{r1})\sigma, & \tilde{q}_r>q_r^*\\(\tilde{w}^a-c_r-\tilde{\delta}^a-\tilde{f}^a)(u_0+v\tilde{\delta}^a)\\-k_T(\tilde{w}^a-c_r-\tilde{\delta}^a-\tilde{f}^a)\sigma, & \tilde{q}_r=q_r^*\\(\tilde{w}^a-c_r-\tilde{\delta}^a-\tilde{f}^a)(u_0+v\tilde{\delta}^a)-\lambda_{r2}\left(\dfrac{\Delta v-3u_0}{4}-v\tilde{\delta}^a\right)\\-k_T(\tilde{w}^a-c_r-\tilde{\delta}^a-\tilde{f}^a+\lambda_{r2})\sigma, & \tilde{q}_r<q_r^*\end{cases}\tag{7-17}$$

又因为 OEM 为风险规避型企业，其效用函数为：

$$E(U(\tilde{\pi}_M^a))=\begin{cases}(\tilde{w}^a-c_n)(\alpha-\beta\tilde{p}^a-u_0-v\tilde{\delta}^a)+\tilde{f}^a(u_0+v\tilde{\delta}^a)\\-\lambda_{n2}\left(\dfrac{3u_0-3\alpha-c_n\beta-\Delta v}{4}+\beta\tilde{p}+v\tilde{\delta}\right)\\-k_M(\tilde{f}^a+c_n-\tilde{w}^a-\lambda_{n2})\sigma, & \tilde{q}_n<q_n^*\\(\tilde{w}^a-c_n)(\alpha-\beta\tilde{p}^a-u_0-v\tilde{\delta}^a)+\tilde{f}^a(u_0+v\tilde{\delta}^a)\\-k_M(\tilde{f}^a+c_n-\tilde{w}^a)\sigma, & \tilde{q}_n=q_n^*\\(\tilde{w}^a-c_n)(\alpha-\beta\tilde{p}^a-u_0-v\tilde{\delta}^a)+\tilde{f}^a(u_0+v\tilde{\delta}^a)\\-\lambda_{n1}\left(\dfrac{3\alpha-3u_0+c_n\beta+\Delta v}{4}-\beta\tilde{p}^a-v\tilde{\delta}^a\right)\\-k_M(c_n-\tilde{w}^a+\tilde{f}^a+\lambda_{n1})\sigma, & \tilde{q}_n>q_r^*\end{cases}\tag{7-18}$$

由于零售商风险中性，故其效用函数就是它的期望利润函数：

$$E(U(\tilde{\pi}_R^a))=E(\tilde{\pi}_R^a)=(\tilde{p}^a-\tilde{w}^a)(\alpha-\beta\tilde{p}^a)\tag{7-19}$$

当 $\tilde{q}_r > q_r^*$ 时，效用函数式（7－19）和式（7－17）分别对 $\tilde{p}$ 和 $\tilde{\delta}$ 求二阶偏导数，得到：

$$\frac{\partial^2 E(U(\tilde{\pi}_R^a))}{\partial \tilde{p}^2} = -2\beta < 0 \tag{7-20}$$

$$\frac{\partial^2 E(U(\tilde{\pi}_T^a))}{\partial \tilde{\delta}^2} = -2v < 0 \tag{7-21}$$

由于零售商和 TPR 关于 $\tilde{p}^a$ 和 $\tilde{\delta}^a$ 的二阶偏导数小于 0，因此零售商和 TPR 的效用函数分别是零售价和回收价的凹函数。

对零售商效用函数式（7－19）和 TPR 效用函数式（7－17）分别关于零售价 $\tilde{p}^a$ 和回收价格 $\tilde{\delta}^a$ 求一阶偏导数，并令其为 0，可得：

$$\frac{\partial E(U(\tilde{\pi}_R^a))}{\partial \tilde{p}} = \alpha + \beta\tilde{w}^a - 2\beta\tilde{p}^a = 0 \tag{7-22}$$

$$\frac{\partial E(U(\tilde{\pi}_T^a))}{\partial \tilde{\delta}} = v(\tilde{w}^a - \tilde{f}^a - c_r - \lambda_{r1}) - u_0 - 2v\tilde{\delta}^a + k_T\sigma = 0 \tag{7-23}$$

对 OEM 效用函数求关于 $\tilde{f}$ 和 $\tilde{w}$ 的二阶偏导数，可以得到效用函数的海塞矩阵：

$$H_M = \begin{bmatrix} \dfrac{\partial^2 E(U(\tilde{\pi}_M))}{\partial \tilde{w}^2} & \dfrac{\partial^2 E(U(\tilde{\pi}_M))}{\partial \tilde{w}\partial \tilde{f}} \\ \dfrac{\partial^2 E(U(\tilde{\pi}_M))}{\partial \tilde{f}\partial \tilde{w}} & \dfrac{\partial^2 E(U(\tilde{\pi}_M))}{\partial \tilde{f}^2} \end{bmatrix} = \begin{bmatrix} -v-\beta & v \\ v & -v \end{bmatrix}$$

因为 $-v-\beta<0$，$|H_M| = \beta v > 0$，所以 OEM 的效用函数是批发价和技术授权费用的联合凹函数。由式（7－18）对 $\tilde{w}^a$ 和 $\tilde{f}^a$ 分别求一阶偏导数，并令其为 0，可得：

$$\frac{\partial E(U(\tilde{\pi}_M^a))}{\partial \tilde{w}} = 0 \tag{7-24}$$

$$\frac{\partial E(U(\tilde{\pi}_M^a))}{\partial \tilde{f}} = 0 \tag{7-25}$$

联立式（7－24）和式（7－25）可以求得最优批发价 $\tilde{w}^{a*}$ 和最优技术授权费用 $\tilde{f}^{a*}$。

再将最优批发价和最优技术授权费用代入式（7－22）和式（7－23），可求得最优零售价格 p^{a*} 和最优回收价格 δ^{a*}。

由于文章篇幅所限，另外两种情形 $\tilde{q}_r > q_r^*$ 和 $\tilde{q}_r = q_r^*$ 的讨论过程类似，不再赘述。故供需波动环境下，供应链成员企业的最优批发价、零售价、技术授权费用、回收价格分别为：

$$\tilde{p}^{a*}=\begin{cases}\dfrac{3\alpha+c_n\beta-\beta\lambda_{n2}}{4\beta}, & \varepsilon>u_2\\ \dfrac{3\alpha+c_n\beta}{4\beta}, & u_1\leqslant\varepsilon\leqslant u_2\\ \dfrac{3\alpha+c_n\beta+\beta\lambda_{n1}}{4\beta}, & \varepsilon<u_1\end{cases} \tag{7-26}$$

$$\tilde{w}^{a*}=\begin{cases}\dfrac{\alpha+c_n\beta-\beta\lambda_{n2}}{2\beta}, & \varepsilon>u_2\\ \dfrac{\alpha+c_n\beta}{2\beta}, & u_1\leqslant\varepsilon\leqslant u_2\\ \dfrac{\alpha+c_n\beta+\beta\lambda_{n1}}{2\beta}, & \varepsilon<u_1\end{cases} \tag{7-27}$$

$$\tilde{f}^{a*}=\begin{cases}\dfrac{v(\alpha-c_r\beta-\beta\lambda_{r1})+\beta(u_0+(k_T-2k_M)\sigma)}{2v\beta}, & \varepsilon>u_2\\ \dfrac{v(\alpha-c_r\beta)+\beta(u_0+(k_T-2k_M)\sigma)}{2v\beta}, & u_1\leqslant\varepsilon\leqslant u_2\\ \dfrac{v(\alpha-c_r\beta+\beta\lambda_{r2})+\beta(u_0+(k_T-2k_M)\sigma)}{2v\beta}, & \varepsilon<u_1\end{cases} \tag{7-28}$$

$$\tilde{\delta}^{a*}=\begin{cases}\dfrac{\Delta v-3u_0-v(\lambda_{n2}+\lambda_{r1})+k_T\sigma+2k_M\sigma}{4v}, & \varepsilon>u_2\\ \dfrac{\Delta v-3u_0+(k_T+2k_M)\sigma}{4v}, & u_1\leqslant\varepsilon\leqslant u_2\\ \dfrac{\Delta v-3u_0-v(\lambda_{n1}+\lambda_{r2})+(k_T+2k_M)\sigma}{4v}, & \varepsilon<u_1\end{cases} \tag{7-29}$$

式（7－26）和式（7－27）说明，当再制品的需求量在较小范围波动时，即$u_1 \leqslant \varepsilon \leqslant u_2$，零售价和批发价保持不变，具有一定的稳健性，这表明需求量的波动并非一定引起供应链决策的变化。

当市场需求量在较大范围波动时，新品、再制品的批发价和零售价会按再制品需求波动方向相反的方向进行调整。当再制品的需求波动量$\varepsilon < u_1$，即再制品需求量减少时，为满足市场总需求，新品需求量会相应增加。OEM 为满足增加的新品需求，需调整生产计划，付出额外的生产成本。因此，OEM 会提高产品批发价。随后，零售商会根据 OEM 的决策提高零售价。所以，产品零售价和批发价都比市场需求量确定环境时增加，其中零售价增加$\frac{\lambda_{n1}}{4}$，批发价增加$\frac{\lambda_{n1}}{2}$。同理，当再制品的需求量增加时，即需求$\varepsilon > u_2$，新品需求量会相应减少。此时，OEM 为了处理过剩的新品，需降低批发价刺激新品的销量。随后，零售商根据 OEM 新制定的批发价适当降低零售价格。所以，产品的零售价和批发价都比市场需求量确定环境时降低，其中零售价降低$\frac{\lambda_{n2}}{4}$，批发价降低$\frac{\lambda_{n2}}{2}$。

7.3 决策分析

命题7－1：在供需波动环境下，技术授权费用和新品的需求量都与 OEM 风险规避度负相关，回收价格与再制品的需求量与 OEM 风险规避度正相关。

证明：根据新品、再制品的需求函数式（7－13）和式（7－14）以及供需波动环境下供应链的各最优价格决策，易得新品、再制品的需求量。再由式（7－28）和新品、再制品需求量对制造商风险规避度求一阶偏导数可得：

$$\frac{\partial \tilde{f}^{a*}}{\partial k_M} = -\frac{\sigma}{v} < 0,\ \frac{\partial \tilde{q}_n^{a*}}{\partial k_M} = -\frac{\sigma}{2} < 0,\ \frac{\partial \tilde{q}_r^{a*}}{\partial k_M} = \frac{\sigma}{2} > 0,\ \frac{\partial \tilde{\delta}^{a*}}{\partial k_M} = \frac{\sigma}{2v} > 0 \tag{7-30}$$

证毕。

命题7－1说明，技术授权费用随着 OEM 风险规避度的增加而减小，再制品需求量随着 OEM 风险规避度的增加而增加，且这种关系不受需求波动大小的影响。也就是说，OEM 为规避风险，会降低技术授权费用；而对于 TPR，因为 OEM 降低了技术授权费用，故 TPR 可在保证自身利润不受损失的情况下适当调高回收价格，吸引消费者回收废旧产品，占据更多市场份额，因此再制品需求量增加，也提高了 TPR 参与再制造供应链的积极性。

命题 7 -2：供需波动环境下，技术授权费用、回收价格以及再制品需求量都与 TPR 风险规避度正相关。但若 TPR 风险规避度较高，则不利于 OEM 与其合作关系的持续发展。

证明：由式（7 -15）以及新品、再制品的需求量对 TPR 的风险规避度求一阶偏导数，可得

$$\frac{\partial \tilde{f}^{a*}}{\partial k_T} = \frac{\sigma}{2v} > 0,\ \frac{\partial \tilde{\delta}^{a*}}{\partial k_T} = \frac{\sigma}{4v} > 0,\ \frac{\partial \tilde{q}_n^{a*}}{\partial k_T} = -\frac{\sigma}{4} < 0,\ \frac{\partial \tilde{q}_r^{a*}}{\partial k_T} = \frac{\sigma}{4} > 0 \tag{7-31}$$

证毕。

命题 7 -2 说明，无论波动量如何变化，技术授权费用、废旧品回收价格和再制品需求量都随着 TPR 风险规避度的增加而增加，新品的需求量则随着风险规避度的增加而减小。当 OEM 观测到 TPR 风险规避程度增高，为了保证自己的利益，会调高技术授权费用，但根据式（7 -31），若 TPR 也提高回收价格，此时 TPR 要付出更多的成本，故此情形下 OEM 与 TPR 之间授权再制造的合作关系会终止。

结合命题 7 -1 和命题 7 -2 可知，当 OEM 为风险规避型企业，应优先选择风险中性的 TPR 合作，OEM 通过降低技术授权费用规避风险，可间接促进废旧品回收，提高 TPR 参与再制造的积极性。但若 TPR 较害怕风险，则不利于双方合作关系的持续发展。

命题 7 -3：需求不确定情形下，当需求偏差量在区间 $u_1 \leqslant \varepsilon \leqslant u_2$ 时：

（1）此时零售商的最优利润与需求确定情形下的相同：$\tilde{\prod}_R^* = \prod_R^*$；

（2）当 OEM 和 TPR 的风险规避度满足 $k_T \geqslant 2k_M$ 的条件时，OEM 的最优利润高于需求确定情形下的利润：$\tilde{\prod}_M^* \geqslant \prod_M^*$；

（3）TPR 若想获得高于需求确定情形下的最优利润，则 TPR 的风险规避度需满足条件

$$k_T \geqslant \frac{u_0 + \Delta v + 2k_M\sigma}{3\sigma} \tag{7-32}$$

证明：

（1）需求确定情形下，零售商的最优利润为 $\prod_R^* = \frac{(\alpha - c_n\beta)^2}{16\beta}$，当需求偏差量在区间 $u_1 \leqslant \varepsilon \leqslant u_2$ 时零售商的最优利润也为 $\tilde{\prod}_R^* = \frac{(\alpha - c_n\beta)^2}{16\beta}$，故 $\tilde{\prod}_R^* = \prod_R^*$。

（2）需求确定情形下，OEM 的最优利润为

$$\prod_M^* = \frac{u_0^2 + \Delta^2 v^2\beta + v(\alpha^2 - 2c_n\alpha\beta + \beta(2u_0\Delta + c_n^2\beta))}{8v\beta}$$

当需求波动量在区间 $u_1 \leqslant \varepsilon \leqslant u_2$ 时，OEM 的最优利润为

$$\prod_M^* = \frac{\Delta^2 v^2\beta + v(2\Delta u_0\beta + (\alpha - c_n\beta)^2 - 2\Delta(2k_M - k_T)\beta\sigma) + \beta(u_0 + (k_T - 2k_M)\sigma)^2}{8v\beta}$$

所以 $\tilde{\prod}_M^* - \prod_M^* = [(2k_M - k_T)\sigma]^2 + 2(k_T - 2k_M)\sigma(v\Delta + u_0)$，若 $k_T \geqslant 2k_M$，则一定有 $\tilde{\prod}_M^* \geqslant \prod_M^*$。

（3）需求确定情形下，TPR 的最优利润为

$$\prod_T^* = \frac{(u_0 + \Delta v + 2k_M\sigma - 3k_T\sigma)(u_0 + \Delta v + 2k_M\sigma + k_T\sigma)}{16v}$$

当需求波动量在区间 $u_1 \leqslant \varepsilon \leqslant u_2$ 时，零售商的最优利润为

$$\tilde{\prod}_T^* = \frac{(u_0 + \Delta v + 2k_M\sigma - 3k_T\sigma)^2}{16v}$$

所以 $\tilde{\prod}_T^* - \prod_T^* = -\frac{(u_0 + \Delta v + 2k_M\sigma - 3k_T\sigma)k_T\sigma}{4v}$，若 $k_T \geqslant \frac{u_0 + \Delta v + 2k_M\sigma}{3\sigma}$，则一定有 $\tilde{\prod}_T^* \geqslant \prod_T^*$。

证毕。

命题7－3 说明，当需求波动量处于 $u_1 \leqslant \varepsilon \leqslant u_2$ 区间时，零售价和批发价具有一定的稳健性（由命题7－2 亦可知），所以零售商的最优利润与需求确定情形下相同，OEM 若想获得不低于需求确定情形下的最优利润，则 OEM 的风险规避度应小于等于 TPR 风险规避度的一半。对于 TPR 来说，若 TPR 想获得不低于确定环境下的利润，则需调整自身的风险规避度满足某临界条件。

7.4 数值算例分析

7.4.1 不同风险规避程度下对供应链决策的影响

为更直观了解 OEM 和 TPR 风险规避度对产品定价决策及技术授权费用的影

响，本节通过数值算例来验证上述讨论结果。假设 OEM 和 TPR 各自的风险规避度已知，根据条件假设相关参数设置如下：$\alpha=300$，$c_n=30$，$c_r=10$，$\beta=5$，$\sigma=2$，$\lambda_{n1}=0.9$，$\lambda_{n2}=1.2$，$\lambda_{r1}=1$，$\lambda_{r2}=1.5$，$u=15$，$v=15$，$u_1=-0.53$，$u_2=1.75$。将数值分别代入有、无需求偏差量的模型，得到相关结果，如表 7.3 所示。

表 7.3　　不同风险规避度对供应链决策的影响

风险规避度	最优解	无需求波动	$\varepsilon<u_1$	$u_1\leqslant\varepsilon\leqslant u_2$	$\varepsilon>u_2$
$k_M=1,k_T=3$	p	52.5	52.725	52.5	52.2
	w	45	45.45	45	44.4
	δ	2.75	3.85	3.25	2.7
	f	26.5	27.45	26.7	26.2
	Π_M^*	893.125	953.156	904.725	878.8
	Π_R^*	281.25	264.628	281.25	304.2
	Π_T^*	165.313	116.487	127.513	130
$k_M=3,k_T=1$	p	52.5	52.725	52.5	52.2
	w	45	45.45	45	44.4
	δ	2.75	4.05	3.45	2.9
	f	26.25	27.45	25.5	25
	Π_M^*	879.356	953.156	838.125	818.8
	Π_R^*	281.25	264.628	281.25	304.2
	Π_T^*	165.313	177.987	183.013	180
$k_M=1,k_T=1$	p	52.5	52.725	52.5	52.2
	w	45	45.45	45	44.4
	δ	2.75	3.65	3.05	2.5
	f	26.5	27.05	26.3	25.8
	Π_M^*	893.125	927.756	881.725	858
	Π_R^*	281.25	264.628	281.25	304.2
	Π_T^*	165.313	152.187	159.613	158.8

首先，从表 7.3 可以看出，零售价和批发价在产品需求量增加到足够大时，会低于需求确定情形下的价格，反之，若产品需求量减小到足够小时，零售价和批发价会高于需求确定情形下的价格。而且，零售价的增减量是批发价增减量的一半。其次，在需求偏差量处于 $u_1\leqslant\varepsilon\leqslant u_2$ 区间时，零售商的零售价和最优利润与需求确定情形下相同。对 OEM 来说，在风险规避度 $k_M=3$，$k_T=1$ 时，其利润高于确定需求下的最优利润。这与命题 7 - 2 和命题 7 - 3 的结论一致。

最后，OEM 和 TPR 风险规避度大小关系的不同会影响需求不确定情形下 TPR 的最优利润是否高于需求确定情形下的最优利润。

7.4.2 参数敏感性分析

在给定已有参数的基础上，假定 $k_M \in [0, 15]$，$k_T \in [0, 15]$，分析 OEM 和 TPR 风险规避度的变化对技术授权费用、回收价格、新品的需求量以及再制品需求量的影响。

7.4.2.1 风险规避度对技术授权费用和回收价格的影响

从图 7.3 可以看出，在 OEM 风险规避度方向，技术授权费用总体是下降的，在 TPR 风险规避度方向，技术授权费用总体是上升的，这与命题7 -2 的结论一致。这是因为 OEM 规避风险是通过降低技术授权费用以增加再制品的需求量来实现利润最大化。从图 7.4 可以看出，回收价格在 OEM 和 TPR 的风险规避度方向都上升，但是从图 7.3 可以看到 TPR 规避风险，OEM 会提高技术授权费用，使得 TPR 最终无法承担高昂的成本而退出与 OEM 的授权合作关系。

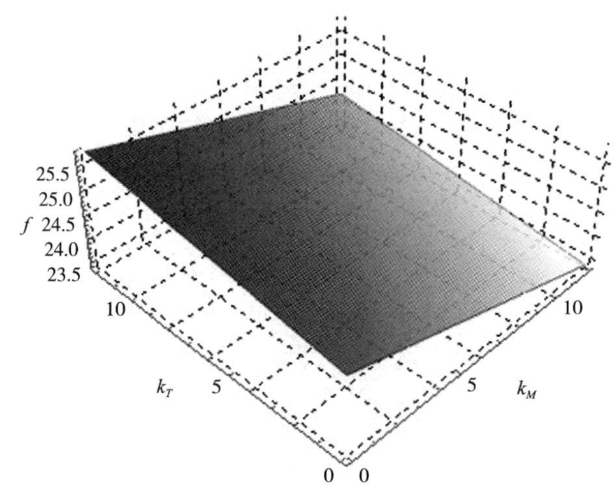

图 7.3 风险规避度对技术授权费用的影响

7.4.2.2 风险规避度对新品、再制品需求量的影响

由图 7.5、图 7.6 可以看出，OEM 和 TPR 风险规避度的增加对再制品需求量的增加有促进作用，对新品需求量的减少有促进作用。

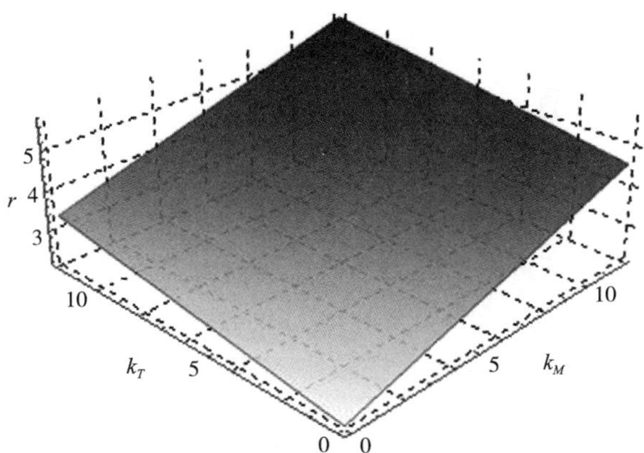

图 7.4 风险规避度对回收价格的影响

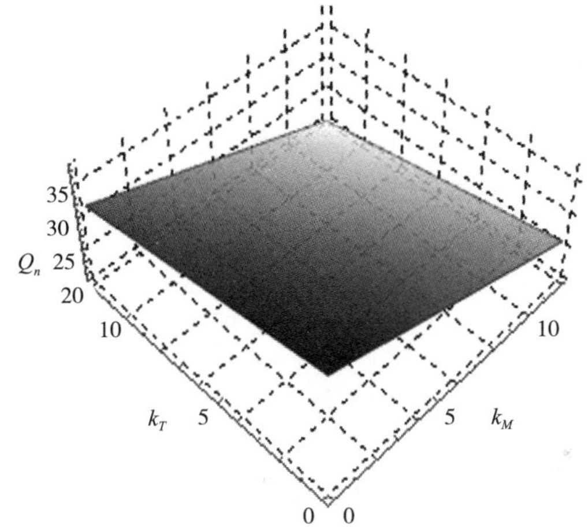

图 7.5 风险规避度对新品需求量的影响

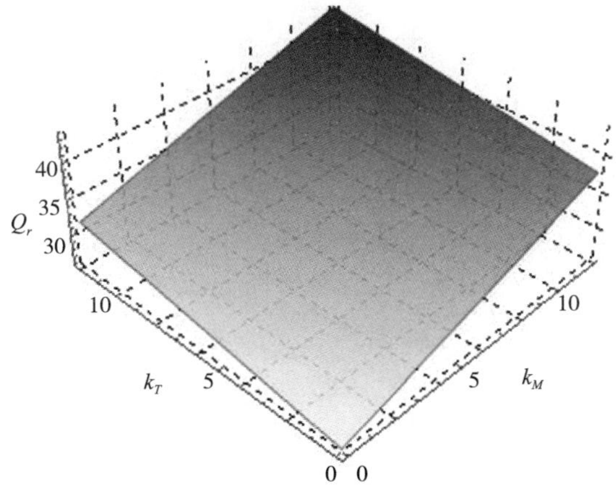

图 7.6 风险规避度对再制品需求量的影响

7.5 本章小结

本章综合考虑了产品市场需求不确定以及企业的风险规避性，通过建立OEM技术授权TPR进行再制造的闭环供应链模型，讨论了不同情形下的供应链最优决策，得到以下结论：

（1）当新品、再制品的需求量在较小范围内波动时，产品的零售价和批发价具有一定的稳健性，零售商的利润不会受到损害，OEM和TPR需考虑企业自身风险规避程度对各自决策的影响才能获得不低于需求确定情形下的利润。当市场需求量在较大范围波动时，新品、再制品的批发价和零售价会按再制品需求波动方向相反的方向进行调整。

（2）在供需波动环境下，无论波动量大小，OEM优先选择风险中性的TPR合作，OEM通过降低技术授权费用适当规避风险，使得TPR有提高回收价格的利润空间，进而有利于废旧品的回收及双方合作关系的持续发展；而若TPR风险规避程度较高，则不利于双方合作关系的持续发展。

8　突发事件干扰环境下电子产品闭环供应链定价模型

8.1　问题描述及基本假设

8.1.1　问题描述

与第 7 章类似，考虑由一个原始设备制造商（OEM）、一个零售商和一个第三方再制造企业（TPR）组成的闭环供应链，其结构如图 8.1 所示。OEM 通过技术授权的方式委托 TPR 回收废旧品并由 TPR 生产再制品，OEM 和 TPR 以相同的批发价卖给零售商新品和再制品。TPR 在进行旧品回收以及产品再制造过程会受到干扰事件的影响，该影响会对新品的生产销售造成一定冲击。

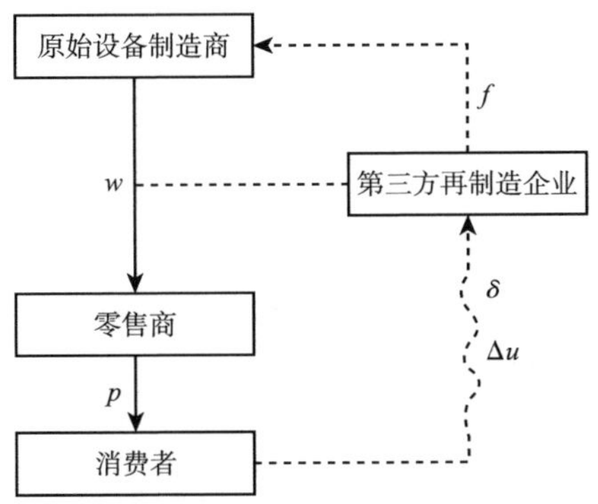

图 8.1　扰动环境下第三方企业再制造的闭环供应链结构

考虑在市场信息完全对称的条件下，供应链中原始设备制造商为领导者，利用斯塔克伯格博弈理论建立技术授权背景下的闭环供应链定价模型，以供应链成员利益最大化为决策目标，并采用相关方法如逆向归纳法对模型进行求解分析，确定供应链各成员企业的最优决策。

8.1.2 模型基本假设

模型符号及意义如表 8.1 所示。

表 8.1　模型符号及其含义

符号	含义
w	产品单位批发价
p	产品单位零售价
c_n	新品的单位制造成本
c_r	再制品的单位制造成本
Δ	再制造过程每单位产品的成本节约
δ	第三方再制造企业的回收价格
α	市场容量
β	消费者对零售价的敏感系数
$G(\delta)$	废旧品的回收函数
$D(p)$	市场总需求
v	消费者对回收价格的敏感程度
q_n	新品的需求量
q_r	再制品的需求量
Δ_u	回收扰动量
Δ_r	再制造成本扰动量

注：新品和再制品分别用下标 n 和 r 表示。

为了简化研究过程，本章做出如下假设。

假设 1：市场总需求为 $D(p) = \alpha - \beta p$，且 $\alpha > 0$，$\beta > 0$，$\alpha > \beta c_n$。

假设 2：废旧产品的回收量 $G(\delta) = u + v\delta$，u 表示当回收价格 δ 为 0 时，废旧产品的回收量。v 表示消费者对回收价格的敏感程度。

假设 3：假设回收的废旧品可全部用于再制造并被销售出去，所以再制品的订购量等于废旧产品的回收量（Huang & Wang，2018），即 $q_r = G(\delta)$，故新品需求量为 $q_n = D(p) - G(\delta)$。据朱蒂尼（Giutini，2003）的研究，再制造通常采用高技术标准来保证再制品在质量、功能和效用上不差于新品。而且，随着消费者个体环保意识以及对再制品认识的增强，已有越来越多的消费者考虑到再制造产品更加有利于节能环保，从而愿意接受以新品价格来购买此类产品（张焕勇和张震，2019）。故本书假设再制品在质量、功能和效用上和新产品完全相同，拥有相同的包装和价格。

假设4：假设再制品的单位制造成本小于新品的单位制造成本，$c_r < c_n$ 且 $c_n - c_r = \Delta$，Δ 表示再制造过程每单位产品的成本节约，且假设 $\Delta > \delta$，这使得再制造过程有利可图。

假设5：当干扰事件发生，引起废旧品的回收量、再制品再制造成本的扰动，Δ_u 表示回收扰动量，Δ_r 表示单位产品再制造成本扰动量。显然，此时扰动量 Δ_u 和 Δ_r 分别满足 $u + \Delta_u > 0$、$\Delta - \Delta_r > 0$ 才有实际意义。

假设6：干扰事件的发生将改变原有的生产计划，造成额外成本 λ_1 和 λ_2，其中 λ_1 为增加生产而导致的单位缺货成本，λ_2 为减少生产而导致的单位库存成本。不失一般性，假设 $\lambda_1 < c_n$，$\lambda_2 < c_n$。

8.2　模型的建立与求解

8.2.1　稳定环境下的闭环供应链模型

8.2.1.1　稳定环境下的集中式决策闭环供应链模型

无干扰事件发生时，在集中式决策情形下，整个闭环供应链系统被看作一个完整整体，其决策者只有一个，目标是使闭环供应链整体利益最大化，其利润函数为：

$$\begin{aligned}\pi^c &= (p - c_n)q_n + (\Delta - \delta)q_r \\ &= (p - c_n)(\alpha - \beta p) + (\Delta - \delta)(u + v\delta)\end{aligned} \tag{8-1}$$

集中式决策下供应链的整体利润可以看作由新品和再制品两部分构成。

在无干扰事件发生时，由供应链利润函数式（8-1）对零售价 p 和废旧品回收价 δ 求二阶偏导数，得到：$\frac{\partial^2 \pi^c}{\partial p^2} = -2\beta < 0$，$\frac{\partial^2 \pi^c}{\partial \delta^2} = -2v < 0$。

因此集中式决策供应链的利润是关于零售价和回收价的严格凹函数。再由式（8-1）分别对零售价格和回收价格求一阶偏导数得到以下等式：

$$\frac{\partial \pi^c}{\partial p} = \alpha + \beta w - 2\beta p \tag{8-2}$$

$$\frac{\partial \pi^c}{\partial \delta} = v\Delta - u - 2v\delta \tag{8-3}$$

令式（8－2）和式（8－3）等于0，可解得最优零售价和回收价为 $p^{c*}=\frac{\alpha+c_n\beta}{2\beta}$ 和 $\delta^{c*}=\frac{v\Delta-u}{2v}$。将最优零售价和最优批发价代入新品和再制品的需求函数，可以得到供应链新品和再制品的最优需求量分别为 $q_n^{c*}=\frac{\alpha-u-c_n\beta-v\Delta}{2}$ 和 $q_r^{c*}=\frac{u+v\Delta}{2}$。再将最优价格和最优需求量代入式（8－1）可得供应链集中决策下的最优利润为 $\pi^{c*}=\frac{u^2\beta+v^2\beta\Delta^2+v(\alpha^2-2c_n\alpha\beta+\beta(c_n^2\beta+2u\Delta))}{4v\beta}$。

8.2.1.2 稳定环境下的分散式决策闭环供应链模型

在分散式决策情形下，考虑原始设备制造商作为斯塔克伯格博弈的主导者，以最大化自身利润确定最优批发价和技术授权费用，随后零售商和第三方再制造商作为斯塔克伯格博弈的跟随者，同时确定最优零售价和废旧品回收价，采用逆向归纳法进行求解。根据前面的假设和分析，易知零售商的利润函数、OEM 的利润函数、TPR 的利润函数分别为：

$$\pi_R=(p-w)(q_n+q_r)=(p-w)(\alpha-\beta p) \tag{8-4}$$

$$\begin{aligned}\pi_M&=(w-c_n)q_n+fq_r\\&=(w-c_n)(\alpha-\beta p-u-v\delta)+f(u+v\delta)\end{aligned} \tag{8-5}$$

$$\pi_T=(w-c_r-\delta-f)q_r=(w-c_r-\delta-f)(u+v\delta) \tag{8-6}$$

式（8－4）中零售商利润指零售商销售的新品和再制品的利润之和。式（8－5）中制造商的利润由两部分构成：其一是将新品批发给零售商所得利润，其二是来自第三方再制造商再制品利润所得中抽取的技术授权费用。式（8－6）表示第三方再制造商的利润是由再制品批发价减去再制造成本、回收价以及技术授权费用所得。

由式（8－4）和式（8－6）分别对 p 和 δ 求二阶偏导数，得到：

$$\frac{\partial^2\pi_R}{\partial p^2}=-2\beta<0$$

$$\frac{\partial^2\pi_T}{\partial\delta^2}=-2v<0$$

由于零售商和 TPR 的利润函数关于零售价和回收价的二阶偏导数均小于0，因此零售商和 TPR 的利润函数分别是零售价和回收价的严格凹函数，存在唯一最优解。

式（8－4）和式（8－6）分别对 p 和 δ 求一阶偏导数，得到：

$$\frac{\partial \pi_R}{\partial p} = \alpha + \beta w - 2\beta p \tag{8-7}$$

$$\frac{\partial \pi_T}{\partial \delta} = v(w - f - c_r) - u - 2v\delta \tag{8-8}$$

对 OEM 的利润函数求关于 f 和 w 的二阶偏导数，可以得到关于 OEM 的利润函数的海塞矩阵：

$$H_M = \begin{bmatrix} \frac{\partial^2 \pi_M}{\partial w^2} & \frac{\partial^2 \pi_M}{\partial w \partial f} \\ \frac{\partial^2 \pi_M}{\partial f \partial w} & \frac{\partial^2 \pi_M}{\partial f^2} \end{bmatrix} = \begin{bmatrix} -v-\beta & v \\ v & -v \end{bmatrix}$$

因为 $-v-\beta<0$，$|H_M|=\beta v>0$，所以 OEM 的利润函数是批发价和技术授权费用的联合凹函数。由式（8－5）对批发价和技术授权费用分别求一阶偏导数，并令其为0，得到：

$$\frac{\partial \pi_M}{\partial w} = 0 \tag{8-9}$$

$$\frac{\partial \pi_M}{\partial f} = 0 \tag{8-10}$$

联立式（8－9）和式（8－10）求得最优批发价和技术授权费用：

$$w^* = \frac{\alpha + c_n \beta}{2\beta} \tag{8-11}$$

$$f^* = \frac{v\alpha - vc_r\beta + \beta u}{2v\beta} \tag{8-12}$$

把式（8－11）和式（8－12）代入式（8－7）和式（8－8）得到最优零售价和最优回收价格：

$$p^* = \frac{3\alpha + c_n \beta}{4\beta} \tag{8-13}$$

$$\delta^* = \frac{\Delta v - 3u}{4v} \tag{8-14}$$

进而可以求得新品再制品的需求量：

$$q_n^* = \frac{\alpha - u - c_n\beta - \Delta v}{4} \tag{8-15}$$

$$q_r^* = u + \frac{\Delta v - 3u}{4} \tag{8-16}$$

所以，在稳定环境的分散式供应链决策情形下，OEM 的最优批发价格为 $w^{a*} = \frac{\alpha + c_n\beta}{2\beta}$，最优技术授权费用为 $f^{a*} = \frac{v\alpha - vc_r\beta + \beta u_0}{2v\beta}$，OEM 可得最优利润为 $\Pi_M^{a*} = \frac{(\alpha - \beta c_n)^2}{8\beta} + \frac{(u_0 + \Delta v)^2}{8v}$，零售商的最优零售价格为 $p^{a*} = \frac{3\alpha + c_n\beta}{4\beta}$，零售商可得最优利润为 $\Pi_R^{a*} = \frac{(\alpha - c_n\beta)^2}{16\beta}$，TPR 的最优回收价格为 $\delta^{a*} = \frac{\Delta v - 3u_0}{4v}$，TPR 的最优利润为 $\Pi_T^{a*} = \frac{(u_0 + \Delta v)^2}{16v}$。最优决策下，新品的需求量为 $q_n^{a*} = \frac{\alpha - u_0 - c_n\beta - \Delta v}{4}$，再制品的需求量为 $q_r^{a*} = u_0 + \frac{\Delta v - 3u_0}{4}$。

8.2.2 干扰事件影响下的闭环供应链决策模型

当干扰事件的发生引起废旧品的回收量、再制品再制造成本的扰动后，扰动环境下的回收量为 $\tilde{G}(\delta) = u + \Delta_u + v\delta$，$\Delta_u$ 表示回收扰动量；再制造成本变化为 $\tilde{c}_r = c_r + \Delta_r$，$\Delta_r$ 表示扰动产生的单位再制造成本可变量。显然，此时扰动量 Δ_u 和 Δ_r 分别满足 $u + \Delta_u > 0$、$\Delta - \Delta_r > 0$ 才有实际意义。而且，干扰事件的发生将改变原有的生产计划，造成额外成本 λ_1 和 λ_2，其中 λ_1 为增加生产而导致的单位缺货成本，λ_2 为减少生产而导致的单位库存成本。不失一般性，假设 $\lambda_1 < c_n$，$\lambda_2 < c_n$。

8.2.2.1 干扰事件影响下的集中式决策闭环供应链模型

在集中式决策情形下，将整个闭环供应链系统看成一个完整整体，目标使闭环供应链整体利益最大化。不同情形下闭环供应链集中式决策模型的利润函数为：

$$\tilde{\pi}_c = \begin{cases} (p - c_n)(\alpha - \beta p) + (\Delta - \Delta_r - \delta)(u + \Delta_u + v\delta) \\ - \lambda_{n1}(\tilde{q}_n - q_n^*)^+ - \lambda_{r2}(q_r^* - \tilde{q}_r)^+, & \tilde{q}_n > q_n^* \text{ 且 } \tilde{q}_r < q_r^* \\ (p - c_n)(\alpha - \beta p) + (\Delta - \Delta_r - \delta)(u + \Delta_u + v\delta), & \tilde{q}_n = q_n^* \text{ 且 } \tilde{q}_r = q_r^* \\ (p - c_n)(\alpha - \beta p) + (\Delta - \Delta_r - \delta)(u + \Delta_u + v\delta) \\ - \lambda_{n2}(q_n^* - \tilde{q}_n)^+ - \lambda_{r1}(\tilde{q}_r - q_r^*)^+, & \tilde{q}_n < q_n^* \text{ 且 } \tilde{q}_r > q_r^* \end{cases} \tag{8-17}$$

其中，$\tilde{q}_n$和 $\tilde{q}_r$ 分别表示干扰事件发生情形下新品和再制品各自的需求量，因为缺货和库存不能同时发生，且市场总需求不变，所以在干扰事件发生情形下，再制品的需求量 $\tilde{q}_r > q_r^*$ 时，新品的需求量 $\tilde{q}_n < q_n^*$；当 $\tilde{q}_n > q_n^*$ 时，则 $\tilde{q}_r < q_r^*$。为了便于分析，根据扰动量处于的不同区间，可将干扰事件的发生分成三种情形进行讨论，不同情形下扰动量的扰动范围见表 8.2。表 8.2 是利用各最优价格，得到扰动环境下新品和再制品的需求量，再跟不存在扰动时的需求量做比较，可得出不同情形下回收规模扰动的取值范围。

表 8.2　　扰动量的扰动范围

情形	新品和再制品的需求量	扰动量的扰动范围
$\tilde{q}_r > q_r^*$ $\tilde{q}_n < q_n^*$	$\tilde{q}_r = q_r^* + \frac{\Delta_u}{2} - \frac{v(\Delta_r + \lambda_{n2} + \lambda_{r1})}{2}$ $\tilde{q}_n = q_n^* + \frac{\beta\lambda_{n2} - \Delta_u}{2} + \frac{v(\Delta_r + \lambda_{n2} + v\lambda_{r1})}{2}$	$\Delta_u > \beta\lambda_{n2}$ $\Delta_r < -(\lambda_{n2} + \lambda_{r1})$
$\tilde{q}_r < q_r^*$ $\tilde{q}_n > q_n^*$	$\tilde{q}_r = q_r^* + \frac{\Delta_u + v\lambda_{n1} + v\lambda_{r2}}{4} - \frac{v\Delta_r}{4}$ $\tilde{q}_n = q_n^* - \frac{\Delta_u + \beta\lambda_{n1}}{2} + \frac{v(\Delta_r - \lambda_{n1} - \lambda_{r2})}{2}$	$\Delta_u < -\beta\lambda_{n1}$ $\Delta_r > (\lambda_{n1} + \lambda_{r2})$
$\tilde{q}_r = q_r^*$ $\tilde{q}_n = q_n^*$		$-(\lambda_{n2} + \lambda_{r1}) \leqslant \Delta_r \leqslant (\lambda_{n1} + \lambda_{r2})$ $-\beta\lambda_{n1} \leqslant \Delta_u \leqslant \beta\lambda_{n2}$

此处只证明表 8.2 中的第一种情形，其他情况类似，不再赘述。事实上利用逆向归纳法求解，可以得到各情形下的最优价格以及新品、再制品的需求量。

$$\tilde{p}^{c*} = \begin{cases} \dfrac{\alpha + \beta(c_n - \lambda_{n2})}{2\beta}, \Delta_u > \beta\lambda_{n2} \text{ 且 } \Delta_r < -(\lambda_{n2} + \lambda_{r1}) \\ \dfrac{\alpha + c_n\beta}{2\beta}, -\beta\lambda_{n1} \leqslant \Delta_u \leqslant \beta\lambda_{n2} \text{ 且 } -(\lambda_{n2} + \lambda_{r1}) \leqslant \Delta_r \leqslant (\lambda_{n1} + \lambda_{r2}) \\ \dfrac{\alpha + \beta(c_n + \lambda_{n1})}{2\beta}, \Delta_u < -\beta\lambda_{n1} \text{ 且 } \Delta_r > (\lambda_{n1} + \lambda_{r2}) \end{cases} \tag{8-18}$$

$$\tilde{\delta}^{c*} = \begin{cases} \dfrac{v(\Delta - \Delta_r - \lambda_{r1} - \lambda_{n2}) - u - \Delta_u}{2v}, \Delta_u > \beta\lambda_{n2} \text{ 且 } \Delta_r < -(\lambda_{n2} + \lambda_{r1}) \\ \dfrac{\Delta v - u - v\Delta_r - \Delta_u}{2v}, -\beta\lambda_{n1} \leqslant \Delta_u \leqslant \beta\lambda_{n2} \text{ 且 } -(\lambda_{n2} + \lambda_{r1}) \leqslant \Delta_r \leqslant (\lambda_{n1} + \lambda_{r2}) \\ \dfrac{v(\Delta - \Delta_r + \lambda_{n1} + \lambda_{r2}) - u - \Delta_u}{2v}, \Delta_u < -\beta\lambda_{n1} \text{ 且 } \Delta_r > (\lambda_{n1} + \lambda_{r2}) \end{cases} \tag{8-19}$$

$$\tilde{q}_n^{c*} = \begin{cases} \dfrac{\alpha - u - c_n\beta - \Delta_u + \beta\lambda_{n2} + v(\Delta_r - \Delta + \lambda_{n2} + \lambda_{r1})}{2}, \Delta_u > \beta\lambda_{n2} \text{ 且 } \Delta_r < -(\lambda_{n2} + \lambda_{r1}) \\ \dfrac{\alpha - u - c_n\beta - \Delta_u + v(\Delta_r - \Delta)}{2}, -\beta\lambda_{n1} \leqslant \Delta_u \leqslant \beta\lambda_{n2} \text{ 且 } -(\lambda_{n2} + \lambda_{r1}) \leqslant \Delta_r \leqslant (\lambda_{n1} + \lambda_{r2}) \\ \dfrac{\alpha - u - c_n\beta - \Delta_u - \beta\lambda_{n1} + v(\Delta_r - \Delta - \lambda_{n1} - \lambda_{r2})}{2}, \Delta_u < -\beta\lambda_{n1} \text{ 且 } \Delta_r > (\lambda_{n1} + \lambda_{r2}) \end{cases} \quad (8-20)$$

$$\tilde{q}_r^{c*} = \begin{cases} \dfrac{u + v(\Delta - \Delta_r - \lambda_{n2} - \lambda_{r1}) + \Delta_u}{2}, \Delta_u > \beta\lambda_{n2} \text{ 且 } \Delta_r < -(\lambda_{n2} + \lambda_{r1}) \\ \dfrac{u + v(\Delta - \Delta_r) + \Delta_u}{2}, -\beta\lambda_{n1} \leqslant \Delta_u \leqslant \beta\lambda_{n2} \text{ 且 } -(\lambda_{n2} + \lambda_{r1}) \leqslant \Delta_r \leqslant (\lambda_{n1} + \lambda_{r2}) \\ \dfrac{u + v(\Delta - \Delta_r + \lambda_{n1} + \lambda_{r2}) + \Delta_u}{2}, \Delta_u < -\beta\lambda_{n1} \text{ 且 } \Delta_r > (\lambda_{n1} + \lambda_{r2}) \end{cases} \quad (8-21)$$

根据式（8－20）和式（8－21）以及无扰动环境下集中决策的最优性、再制品订购量，当 $\tilde{q}_r > q_r^*$，$\tilde{q}_n < q_n^*$ 时，最优订购量满足 $\tilde{q}_r = q_r^* + \frac{\Delta_u}{2} - \frac{v(\Delta_r + \lambda_{n2} + \lambda_{r1})}{2}$，$\tilde{q}_n = q_n^* + \frac{\beta\lambda_{n2} - \Delta_u}{2} + \frac{v(\Delta_r + \lambda_{n2} + v\lambda_{r1})}{2}$。此时，需满足 $\tilde{q}_r > q_r^*$，$\tilde{q}_n < q_n^*$ 两个条件，则有 $\frac{\Delta_u}{2} - \frac{v(\Delta_r + \lambda_{n2} + \lambda_{r1})}{2} > 0$，$\frac{\beta\lambda_{n2} - \Delta_u}{2} + \frac{v(\Delta_r + \lambda_{n2} + v\lambda_{r1})}{2} < 0$。联立可得 $\Delta_u < -\beta\lambda_{n1}$，$\Delta_r > (\lambda_{n1} + \lambda_{r2})$。证毕。

将式（8－18）~式（8－21）代入式（8－17）可以得到集中决策模式下供应链的最优利润 $\tilde{\pi}_{scd}^*$：

$$\tilde{\pi}_{scd}^* = \begin{cases} \dfrac{(u + \Delta_u)^2\beta + v(\alpha^2 - 2c_n\alpha\beta + \beta(c_n^2\beta + 2u(\Delta - \Delta_r) + 2\Delta_u(\Delta - \Delta_r - \lambda_{n2} - \lambda_{r1}))) + v^2\beta(\Delta^2 - 2\Delta\Delta_r + \Delta_r(\Delta_r + 2(\lambda_{n2} + \lambda_{r1})))}{4v\beta}, \quad \tilde{q}_n > q_n^* \text{ 且 } \tilde{q}_r < q_r^* \end{cases}$$

$$\tilde{\pi}_{scd}^{*}=\begin{cases}\dfrac{(u+\Delta_u)^2\beta+v^2\beta(\Delta-\Delta_r)^2+v(\alpha^2-2c_n\alpha\beta+\beta(c_n^2\beta+2(u+\Delta_u)(\Delta-\Delta_r)))}{4v\beta}, & \tilde{q}_n=q_n^{*}\text{ 且 }\tilde{q}_r=q_r^{*}\\ \dfrac{(u+\Delta_u)^2\beta+v(\alpha^2-2c_n\alpha\beta+\beta(c_n^2\beta+2u(\Delta-\Delta_r)+2\Delta_u(\Delta-\Delta_r+\lambda_{n1}+\lambda_{r2})))+v^2\beta(\Delta^2-2\Delta\Delta_r+\Delta_r(\Delta_r-2(\lambda_{n1}+\lambda_{r2})))}{4v\beta}, & \tilde{q}_n<q_n^{*}\text{ 且 }\tilde{q}_r>q_r^{*}\end{cases}\tag{8-22}$$

8.2.2.2 干扰事件影响下的分散式决策闭环供应链模型

受干扰事件影响，分散式决策下供应链的回收量与再制造成本会受到扰动，此模型下的假设与干扰事件下集中决策模型的假设一致，不再赘述。因此干扰事件发生情形下零售商的利润函数、OEM 的利润函数、TPR 的利润函数分别为：

$$\tilde{\pi}_R=(p-w)(q_n+q_r)=(p-w)(\alpha-\beta p)\tag{8-23}$$

$$\tilde{\pi}_M=(w-c_n)\tilde{q}_n+f\tilde{q}_r-\lambda_{n1}(\tilde{q}_n-q_n^{*})^{+}-\lambda_{n2}(q_n^{*}-\tilde{q}_n)^{+}\tag{8-24}$$

$$\tilde{\pi}_T=(w-c_r-\Delta_r-\delta-f)\tilde{q}_r-\lambda_{r1}(\tilde{q}_r-q_r^{*})^{+}-\lambda_{r2}(q_r^{*}-\tilde{q}_r)^{+}\tag{8-25}$$

式（8－23）中零售商利润指零售商销售的新品和再制品的利润之和。式（8－24）表示 OEM 的利润除了将新品批发给零售商所得利润和来自 TPR 销售再制品利润所得中抽取的技术授权费用外，还需减去新品产品数量变动带来的额外成本。式（8－25）表示 TPR 的利润是由再制品收入减去再制造成本、回收成本、技术授权费用以及新品、再制品数量变动造成的额外成本所得。

所以，TPR 的利润函数可写为

$$\tilde{\pi}_T=\begin{cases}(w-c_r-\Delta_r-\delta-f)(u+\Delta_u+v\delta)-\lambda_{r1}(\tilde{q}_r-q_r^{*}), & \tilde{q}_r>q_r^{*}\\ (w-c_r-\Delta_r-\delta-f)(u+\Delta_u+v\delta), & \tilde{q}_r=q_r^{*}\\ (w-c_r-\Delta_r-\delta-f)(u+\Delta_u+v\delta)-\lambda_{r2}(q_r^{*}-\tilde{q}_r), & \tilde{q}_r<q_r^{*}\end{cases}\tag{8-26}$$

OEM 的利润函数可写为

$$\tilde{\pi}_M = \begin{cases} (w-c_n)(\alpha-\beta p-(u+\Delta_u+v\delta)) \\ +f(u+\Delta_u+v\delta)-\lambda_{n2}(q_n^*-\tilde{q}_n), & \tilde{q}_r > q_r^* \\ (w-c_n)(\alpha-\beta p-(u+\Delta_u+v\delta))+f(u+\Delta_u+v\delta), & \tilde{q}_r = q_r^* \\ (w-c_n)(\alpha-\beta p-(u+\Delta_u+v\delta)) \\ +f(u+\Delta_u+v\delta)-\lambda_{n1}(\tilde{q}_n-q_r^*), & \tilde{q}_r < q_r^* \end{cases} \tag{8-27}$$

当 $\tilde{q}_r > q_r^*$ 时，零售商和 TPR 的利润函数式（8－23）和式（8－26）分别对零售价和回收价求二阶偏导数，得到：

$$\frac{\partial^2 \tilde{\pi}_R}{\partial p^2} = -2\beta < 0 \tag{8-28}$$

$$\frac{\partial^2 \tilde{\pi}_T}{\partial \delta^2} = -2v < 0 \tag{8-29}$$

由于零售商和 TPR 的利润函数关于零售价和回收价的二阶偏导数小于 0，因此零售商和 TPR 的利润函数分别是零售价和回收价的严格凹函数，存在唯一最优解。

然后，零售商利润函数式（8－23）和 TPR 利润函数式（8－26）分别对零售价和回收价格求一阶偏导数，并令其为 0，可得：

$$\frac{\partial \tilde{\pi}_R}{\partial p} = \alpha + \beta w - 2\beta p = 0 \tag{8-30}$$

$$\frac{\partial \tilde{\pi}_T}{\partial \delta} = 0 \tag{8-31}$$

最优零售价 $\tilde{P}^*$ 和最优回收价格 $\tilde{\delta}^*$ 可利用式（8－30）、和（8－31）求得。

对 OEM 的利润函数求关于 f 和 w 的二阶偏导数，可以得到效用函数的海塞矩阵：

$$H_M = \begin{bmatrix} \frac{\partial^2 E(U(\pi_M))}{\partial w^2} & \frac{\partial^2 E(U(\pi_M))}{\partial w \partial f} \\ \frac{\partial^2 E(U(\pi_M))}{\partial f \partial w} & \frac{\partial^2 E(U(\pi_M))}{\partial f^2} \end{bmatrix} = \begin{bmatrix} -v-\beta & v \\ v & -v \end{bmatrix}$$

因为 $-v-\beta<0$，$|H_M|=\beta v>0$，所以 OEM 的利润函数是批发价和技术授权

费用的联合凹函数。

由式（8－27）对批发价和技术授权费用分别求一阶偏导数，并令其为0，得到：

$$\frac{\partial \tilde{\pi}_M}{\partial w} = 0 \tag{8-32}$$

$$\frac{\partial \tilde{\pi}_M}{\partial f} = 0 \tag{8-33}$$

联立式（8－32）和式（8－33），可得最优批发价 $\tilde{w}^* = \dfrac{\alpha + c_n\beta - \beta\lambda_{n2}}{2\beta}$ 和技术授权费用 $\tilde{f}^* = \dfrac{\beta(u + \Delta_u) + v(\alpha - \beta(c_r + \Delta_r + \lambda_{r1}))}{2v\beta}$。将最优批发价和最优技术授权费用代入式（8－30）和式（8－31），可以得到最优的零售价 $\tilde{p}^* = \dfrac{3\alpha + c_n\beta - \beta\lambda_{n2}}{4\beta}$ 和回收价 $\tilde{\delta}^* = \dfrac{\Delta v - 3u - v\Delta_r - 3\Delta_u - v\lambda_{n2} - v\lambda_{r1}}{4v}$。

由于文章篇幅所限，另外两种情形的讨论过程类似。综上所述可以得到定理8－1。

定理8－1：当干扰事件造成回收量以及再制造成本在以下范围发生扰动时，供应链成员企业的最优批发价、零售价、技术授权费用、回收价格分别为：

$$\tilde{p}^* = \begin{cases} \dfrac{3\alpha + c_n\beta - \beta\lambda_{n2}}{4\beta}, & \Delta_u > \beta\lambda_{n2} \text{ 且 } \Delta_r < -(\lambda_{n2} + \lambda_{r1}) \\ \dfrac{3\alpha + c_n\beta}{4\beta}, & -\beta\lambda_{n1} < \Delta_u \leqslant \beta\lambda_{n2} \text{ 且 } -(\lambda_{n2} + \lambda_{r1}) \leqslant \Delta_r \leqslant (\lambda_{n1} + \lambda_{r2}) \\ \dfrac{3\alpha + c_n\beta + \beta\lambda_{n1}}{4\beta}, & \Delta_u < -\beta\lambda_{n1} \text{ 且 } \Delta_r > (\lambda_{n1} + \lambda_{r2}) \end{cases} \tag{8-34}$$

$$\tilde{w}^* = \begin{cases} \dfrac{\alpha + c_n\beta - \beta\lambda_{n2}}{2\beta}, & \Delta_u > \beta\lambda_{n2} \text{ 且 } \Delta_r < -(\lambda_{n2} + \lambda_{r1}) \\ \dfrac{\alpha + c_n\beta}{2\beta}, & -\beta\lambda_{n1} \leqslant \Delta_u \leqslant \beta\lambda_{n2} \text{ 且 } -(\lambda_{n2} + \lambda_{r1}) \leqslant \Delta_r \leqslant (\lambda_{n1} + \lambda_{r2}) \\ \dfrac{\alpha + c_n\beta + \beta\lambda_{n1}}{2\beta}, & \Delta_u < -\beta\lambda_{n1} \text{ 且 } \Delta_r > (\lambda_{n1} + \lambda_{r2}) \end{cases} \tag{8-35}$$

$$\tilde{\delta}^* = \begin{cases} \dfrac{\Delta v - 3u - v\Delta_r - 3\Delta_u - v\lambda_{n2} - v\lambda_{r1}}{4v}, & \Delta_u > \beta\lambda_{n2} \text{ 且 } \Delta_r < -(\lambda_{n2} + \lambda_{r1}) \\ \dfrac{\Delta v - 3u - v\Delta_r - 3\Delta_u}{4v}, & -\beta\lambda_{n1} \leqslant \Delta_u \leqslant \beta\lambda_{n2} \text{ 且 } -(\lambda_{n2} + \lambda_{r1}) \leqslant \Delta_r \leqslant (\lambda_{n1} + \lambda_{r2}) \\ \dfrac{\Delta v - 3u - v\Delta_r - 3\Delta_u + v\lambda_{n1} + v\lambda_{r2}}{4v}, & \Delta_u < -\beta\lambda_{n1} \text{ 且 } \Delta_r > (\lambda_{n1} + \lambda_{r2}) \end{cases} \tag{8-36}$$

$$\tilde{f}^* = \begin{cases} \dfrac{\beta(u + \Delta_u) + v(\alpha - \beta(c_r + \Delta_r + \lambda_{r1}))}{2v\beta}, & \Delta_u > \beta\lambda_{n2} \text{ 且 } \Delta_r < -(\lambda_{n2} + \lambda_{r1}) \\ \dfrac{\beta(u + \Delta_u) + v(\alpha - \beta(c_r + \Delta_r))}{2v\beta}, & -\beta\lambda_{n1} \leqslant \Delta_u \leqslant \beta\lambda_{n2} \text{ 且 } -(\lambda_{n2} + \lambda_{r1}) \leqslant \Delta_r \leqslant (\lambda_{n1} + \lambda_{r2}) \\ \dfrac{\beta(u + \Delta_u) + v(\alpha - \beta(c_r + \Delta_r - \lambda_{r2}))}{2v\beta}, & \Delta_u < -\beta\lambda_{n1} \text{ 且 } \Delta_r > (\lambda_{n1} + \lambda_{r2}) \end{cases} \tag{8-37}$$

8.3 决策分析

命题 8-1：在集中式决策供应链中，干扰事件发生环境下的产品零售价格和订购量满足以下关系式：

$$\tilde{p}^{c*} = \begin{cases} p^{c*} - \dfrac{\lambda_{n2}}{2}, & \Delta_u > \beta\lambda_{n2} \text{ 且 } \Delta_r < -(\lambda_{n2} + \lambda_{r1}) \\ p^{c*}, & -\beta\lambda_{n1} \leqslant \Delta_u \leqslant \beta\lambda_{n2} \text{ 且 } -(\lambda_{n2} + \lambda_{r1}) \leqslant \Delta_r \leqslant (\lambda_{n1} + \lambda_{r2}) \\ p^{c*} + \dfrac{\lambda_{n1}}{2}, & \Delta_u < -\beta\lambda_{n1} \text{ 且 } \Delta_r > (\lambda_{n1} + \lambda_{r2}) \end{cases} \tag{8-38}$$

$$\tilde{q}_n^{c*} = \begin{cases} q_n^{c*} + \dfrac{v(\Delta_r + \lambda_{n2} + \lambda_{r1}) + \beta\lambda_{n2} - \Delta_u}{2} < q_n^{c*}, & \Delta_u > \beta\lambda_{n2} \text{ 且 } \Delta_r < -(\lambda_{n2} + \lambda_{r1}) \\ q_n^{*} + \dfrac{v\Delta_r - \Delta_u}{2}, & -\beta\lambda_{n1} \leqslant \Delta_u \leqslant \beta\lambda_{n2} \text{ 且 } -(\lambda_{n2} + \lambda_{r1}) \leqslant (\lambda_{n1} + \lambda_{r2}) \\ q_n^{c*} + \dfrac{v(\Delta_r - \lambda_{n1} - \lambda_{r2}) - \beta\lambda_{n1} - \Delta_u}{2} > q_n^{c*}, & \Delta_u < -\beta\lambda_{n1} \text{ 且 } \Delta_r > (\lambda_{n1} + \lambda_{r2}) \end{cases} \tag{8-39}$$

$$\tilde{q}_r^{c*}=\begin{cases} q_r^{c*}+\dfrac{\Delta_u-v(\Delta_r+\lambda_{n2}+\lambda_{r1})}{2}>q_r^{c*}, & \Delta_u>\beta\lambda_{n2}\text{ 且 }\Delta_r<-(\lambda_{n2}+\lambda_{r1}) \\ q_r^{c*}+\dfrac{\Delta_u-v\Delta_r}{2}, & -\beta\lambda_{n1}\leqslant\Delta_u\leqslant\beta\lambda_{n2}\text{ 且 }-(\lambda_{n2}+\lambda_{r1})\leqslant\Delta_r\leqslant(\lambda_{n1}+\lambda_{r2}) \\ q_r^{c*}+\dfrac{\Delta_u+v(\lambda_{r2}+\lambda_{n1}-\Delta_r)}{2}<q_r^{c*}, & \Delta_u<-\beta\lambda_{n1}\text{ 且 }\Delta_r>(\lambda_{n1}+\lambda_{r2}) \end{cases} \tag{8-40}$$

证明：把 p^{c*} 代入式（8－18）可得到式（8－38），证毕。式（8－39）和式（8－40）证明类似，不再赘述。

从命题 8－1 可以看出，当回收扰动量和再制造成本扰动量均在较小范围扰动时，零售价具有一定的稳健性，此时的零售价格与没有扰动时相等，说明扰动事件的发生并非一定影响供应链决策，回收量扰动和再制造成本扰动之间存在着一种相互抗衡和制约的作用，也就是说一种扰动带来的不利影响被另一种扰动带来的有利影响抵消；当 $\Delta_u>\beta\lambda_{n2}$ 时，废旧品回收量的增加意味着 TPR 用于再制造的原料供应增加，由于规模效应的影响，生产再制品的单位再制造成本下降，引起零售价格降低，再制品需求量增加。当 $\Delta_u<-\beta\lambda_{n1}$ 时，废旧品回收量的减少意味着 TPR 用于再制造的原料供应减少，这使得生产再制品的单位再制造成本上升，引起零售价格增加，再制品需求量相应减少。而且，最优零售价格的调整量只与调整生产计划产生的额外成本有关。

命题 8－2：集中决策情形下，回收量受到较大程度正向扰动时的回收价格比较小程度扰动时的回收价格低，回收量受到较大程度负向扰动时的回收价格比较小程度扰动时的回收价格高。

证明：将无干扰事件影响的集中式决策供应链的最优回收价格 δ^{c*} 代入干扰事件影响下的集中式决策供应链的最优回收价格 $\tilde{\delta}^{c*}$，得到式（8－41）：

$$\tilde{\delta}^{c*}=\begin{cases} \delta^{c*}-\dfrac{v\Delta_r+\Delta_u}{2v}-\dfrac{(\lambda_{r1}+\lambda_{n2})}{2}, & \Delta_u>\beta\lambda_{n2}\text{ 且 }\Delta_r<-(\lambda_{n2}+\lambda_{r1}) \\ \delta^{c*}-\dfrac{v\Delta_r+\Delta_u}{2v}, & -\beta\lambda_{n1}\leqslant\Delta_u\leqslant\beta\lambda_{n2}\text{ 且 }-(\lambda_{n2}+\lambda_{r1})\leqslant\Delta_r\leqslant(\lambda_{n1}+\lambda_{r2}) \\ \delta^{c*}-\dfrac{v\Delta_r+\Delta_u}{2v}+\dfrac{(\lambda_{n1}+\lambda_{r2})}{2}, & \Delta_u<-\beta\lambda_{n1}\text{ 且 }\Delta_r>(\lambda_{n1}+\lambda_{r2}) \end{cases} \tag{8-41}$$

由命题 8－2 可知，干扰事件发生情形下，正向扰动量较大时的集中式决策供应链最优回收价格低于扰动量较小区间的回收价格；负向扰动量较大时的集中式决策供应链最优回收价格高于扰动量较小区间的回收价格。由于干扰事件的发生使得回收量明显减少时，再制品的再制造成本会明显提高，而且此时再制品供应量也大幅减少，为了保证供应链整体利润不受损失，需要提高回收价。反之，当回收量增加时，由于再制造成本下降，废旧品的回收价格可适当下调。

命题 8－3：扰动环境下分散式决策供应链的零售价和批发价满足以下关系式：

$$\tilde{p}^{*}=\begin{cases}p^{*}-\dfrac{\lambda_{n2}}{4}, & \Delta_u>\beta\lambda_{n2} \text{ 且 } \Delta_r<-(\lambda_{n2}+\lambda_{r1})\\ p^{*}, & -\beta\lambda_{n1}\leqslant\Delta_u\leqslant\beta\lambda_{n2} \text{ 且 } -(\lambda_{n2}+\lambda_{r1})\leqslant\Delta_r\leqslant(\lambda_{n1}+\lambda_{r2})\\ p^{*}+\dfrac{\lambda_{n1}}{4}, & \Delta_u<-\beta\lambda_{n1} \text{ 且 } \Delta_r>(\lambda_{n1}+\lambda_{r2})\end{cases} \tag{8－42}$$

$$\tilde{w}^{*}=\begin{cases}w^{*}-\dfrac{\lambda_{n2}}{2}, & \Delta_u>\beta\lambda_{n2} \text{ 且 } \Delta_r<-(\lambda_{n2}+\lambda_{r1})\\ w^{*}, & -\beta\lambda_{n1}\leqslant\Delta_u\leqslant\beta\lambda_{n2} \text{ 且 } -(\lambda_{n2}+\lambda_{r1})\leqslant\Delta_r\leqslant(\lambda_{n1}+\lambda_{r2})\\ w^{*}+\dfrac{\lambda_{n1}}{2}, & \Delta_u<-\beta\lambda_{n1} \text{ 且 } \Delta_r>(\lambda_{n1}+\lambda_{r2})\end{cases} \tag{8－43}$$

证明：把 p^* 代入式（8－34）可以得到式（8－42），证毕。式（8－43）证明类似，在此不再重复。

从命题 8－3 可以看出，分散式决策闭环供应链中，干扰事件的发生会影响供应链的决策：当 $\Delta_u>\beta\lambda_{n2}$ 时，单位再制造成本下降，引起批发价的降低，进而零售价格降低。当 $\Delta_u<-\beta\lambda_{n1}$ 时，单位再制造成本增加，引起批发价上涨，进而零售价上涨。当回收量 $-\beta\lambda_{n1}\leqslant\Delta_u\leqslant\beta\lambda_{n2}$ 时，批发价和零售价都表现出一定的稳健性。

命题 8－4：无成本扰动时，集中式决策闭环供应链的回收价和再制品订购量大于分散式决策闭环供应链的回收价和再制品订购量，而零售价小于分散式决策闭环供应链下的零售价。

证明：分别比较无干扰事件影响时，集中式决策与分散式决策闭环供应链的最优零售价、回收价以及再制品订购量，得到式（8－44）~式（8－46）。

$$p^{*}-p^{c*}=\frac{3\alpha+c_n\beta}{4\beta}-\frac{\alpha+c_n\beta}{2\beta}$$

$$= \frac{\alpha - c_n \beta}{4\beta} > 0 \tag{8-44}$$

$$\delta^* - \delta^{c*} = \frac{\Delta v - 3u}{4v} - \frac{v\Delta - u}{2v}$$

$$= \frac{-(\Delta v + u)}{4v} < 0 \tag{8-45}$$

$$q_r^* - q_r^{c*} = \frac{u + \Delta v}{4} - \frac{u + v\Delta}{2}$$

$$= -\frac{u + \Delta v}{4} < 0 \tag{8-46}$$

证毕。

命题 8 -4 表明，在集中式决策下，TPR 在利润最大化下回收价格要高于分散式决策下的回收价格，引起回收量增加，使得再制品供应量增加。而零售商的零售价格要低于分散模式下的零售价格。

命题 8 -5：在同一扰动区间，集中式决策闭环供应链的零售价小于分散式下的零售价，而集中式决策闭环供应链的回收价则高于分散式的回收价。

证明：

（1）当 $\Delta_u > \beta\lambda_{n2}$ 时，根据式（8 -34）和式（8 -18）得到：

$$\tilde{p}^* - \tilde{p}c^* = \frac{3\alpha + c_n\beta - \beta\lambda_{n2}}{4\beta} - \frac{\alpha + \beta(c_n - \lambda_{n2})}{2\beta}$$

$$= \frac{3\alpha + c_n\beta - \beta\lambda_{n2}}{4\beta} - \frac{2\alpha + 2\beta(c_n - \lambda_{n2})}{4\beta}$$

$$= \frac{\alpha - c_n\beta + \beta\lambda_{n2}}{4\beta}$$

$$> 0 \tag{8-47}$$

同理可证其余两种情形下 $\tilde{p}^* - \tilde{p}c^* > 0$ 也成立，由此可知，在同一扰动区间下都有 $\tilde{p}^* > \tilde{p}c^*$。

（2）当 $\Delta_u > \beta\lambda_{n2}$ 时，根据式（8 -36）和式（8 -19），得到：

$$\tilde{\delta}^* - \tilde{\delta}^{c*} = \frac{\Delta v - 3u - v\Delta_r - 3\Delta_u - v\lambda_{n2} - v\lambda_{r1}}{4v} - \frac{v(\Delta - \Delta_r - \lambda_{r1} - \lambda_{n2}) - u - \Delta_u}{2v}$$

$$= \frac{\Delta v - 3u - v\Delta_r - 3\Delta_u - v\lambda_{n2} - v\lambda_{r1}}{4v} - \frac{2v(\Delta - \Delta_r - \lambda_{r1} - \lambda_{n2}) - 2u - 2\Delta_u}{4v}$$

$$< \frac{-\Delta v - u - \Delta_u}{4v}$$

$$< 0 \tag{8-48}$$

当 $\Delta_u < -\beta\lambda_{n1}$ 时，可得

$$\begin{aligned}\tilde{\delta}^* - \tilde{\delta}^{c*} &= \frac{\Delta v - 3u - v\Delta_r - 3\Delta_u + v\lambda_{n1} + v\lambda_{r2}}{4v} - \frac{v(\Delta - \Delta_r + \lambda_{n1} + \lambda_{r2}) - u - \Delta_u}{2v} \\ &= \frac{\Delta v - 3u - v\Delta_r - 3\Delta_u + v\lambda_{n1} + v\lambda_{r2}}{4v} - \frac{2v(\Delta - \Delta_r + \lambda_{n1} + \lambda_{r2}) - 2u - 2\Delta_u}{4v} \\ &= \frac{-(u + \Delta_u) + v(\Delta_r - \Delta) - v\lambda_{n1} - v\lambda_{r2}}{4v} \\ &< 0 \end{aligned} \tag{8-49}$$

同理可证当 $-\beta\lambda_{n1} \leqslant \Delta_u \leqslant \beta\lambda_{n2}$ 时，有 $\tilde{\delta}^* < \tilde{\delta}^{c*}$。

命题 8－5 说明，无论扰动量在任何的变动范围，集中式决策闭环供应链的零售价均小于分散式下的零售价，集中式决策闭环供应链的回收价均高于分散式下的回收价。

综合命题 8－4 和命题 8－5 可知，无论是否发生干扰事件，集中式决策闭环供应链的零售价都小于分散式下的零售价，集中式决策闭环供应链的回收价都高于分散式下的回收价。可见，集中式供应链更有利于鼓励消费者参与旧品回收，有利于再制造。

命题 8－6：在分散模式下的回收价格与回收扰动量和再制造成本扰动量负相关；技术授权费用与回收扰动量正相关，而与再制造成本扰动量负相关。

证明：扰动环境下的最优回收价格和技术授权费用分别对 Δ_u 和 Δ_r 求偏导，可得：

$$\frac{\partial\tilde{\delta}^*}{\partial\Delta_u} = -\frac{3}{4v} < 0, \quad \frac{\partial\tilde{\delta}^*}{\partial\Delta_r} = -\frac{1}{4} < 0 \tag{8-50}$$

$$\frac{\partial\tilde{f}^*}{\partial\Delta_u} = \frac{1}{2v} > 0, \quad \frac{\partial\tilde{f}^*}{\partial\Delta_r} = -\frac{1}{2} < 0 \tag{8-51}$$

证毕。

命题 8－6 说明，对于分散式供应链，当回收扰动量正向增大时，回收价格会降低，技术授权价格会增加。这意味着，原始制造商会决定较高的技术授权费用，而且结合命题 8－3 可知，此时批发价格也会降低，因此第三方再制造企业为了保证自己的利润，会以较低的回收价格获得更多的废旧产品，以降低获得成本。同理，当再制造成本因干扰事件而增加时，第三方再制造企业为了节约再制造成本，会降低废旧产品的回收价格。

8.4 数值算例分析

为了进一步探究扰动量变化对企业决策的影响，更加直观地表现回收量扰动和再制造成本扰动对 OEM 和 TPR 各自利润、定价等相关决策的影响，采用 Mathematica 对定价过程进行数值模拟。首先，分析扰动量的变化对不同主体利润的影响。然后比较不同扰动量的变化对技术授权费用和回收价格的影响。为方便研究，假设相关变量的值如下：$c_n=30$，$c_r=10$，$\beta=5$，$\sigma=2$，$\lambda_{n1}=0.9$，$\lambda_{n2}=1.2$，$\lambda_{r1}=1$，$\lambda_{r2}=1.5$，$u=15$，$v=15$，$u_1=-0.53$，$u_2=1.75$。

8.4.1 不同扰动量变化对企业利润的影响

如图 8.2 所示，当只考虑回收扰动量时，可以看出随着回收扰动量的增加，OEM 和 TPR 的利润均会增加。当回收扰动处于负向较大区域时，OEM 和 TPR 的利润会明显低于扰动量变动较低时的利润。在这种情况下，TPR 的利润较低，OEM 很难通过技术授权费用抽取再制造产品销售所得的利润，所以技术授权费用会降低。当回收扰动处于正向较大区域时，OEM 和 TPR 的利润会明显增加。TPR 有较多利润意味着 OEM 可以通过提高技术授权费用从 TPR 的再制造活动中抽取更多的利润。

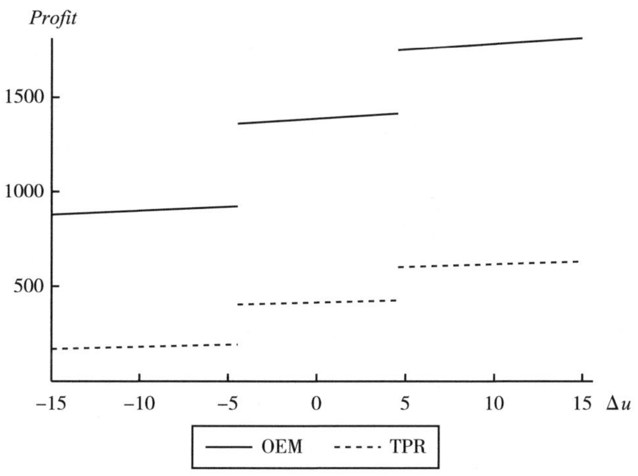

图 8.2 回收扰动量对企业利润的影响

如图 8.3 所示，当只考虑再制造成本扰动量时，可以看出随着再制造成本扰动的增加，OEM 和 TPR 的利润均会减少。当再制造成本扰动处于负向较大区域时，OEM 和 TPR 的利润会明显高于扰动量变动较低时的利润。在这种情形下，TPR 可以获得较高的利润，这使得 OEM 可以通过提高技术授权费用的方式抽取部分再制造产品销售所得的利润，所以此时 OEM 可以获得更高的利润。当再制造成本扰动处于正向较大区域时，OEM 和 TPR 的利润会明显降低。TPR 利润较低意味着 OEM 需降低技术授权费用以保证 TPR 和 OEM 合作关系的持续发展。

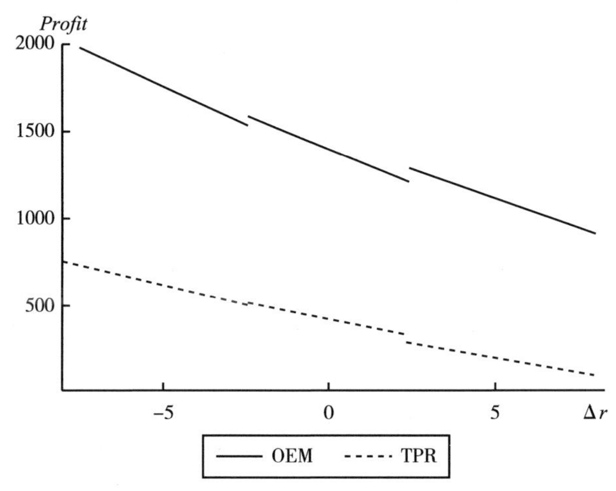

图 8.3　再制造成本扰动量对企业利润的影响

综合图 8.2 和图 8.3 可知，回收扰动量和再制造成本扰动量对于第三方再制造商和原始制造商的利润的影响是相似的。在相同扰动区间内，回收扰动量对企业利润的影响相比于再制造成本扰动量对于企业利润的影响是更平稳的。另外，从整体上看，随着再制造成本扰动量的变化，企业利润的变化接近于线性；而回收扰动量对于企业利润的影响是分段式的。

8.4.2　不同扰动量变化对价格的影响

如图 8.4 和图 8.5 所示，在相同扰动区间内，回收价格随着回收量扰动和再制造成本扰动的增加而减少。从整体上看，回收价格随扰动量变化的幅度相对较平稳，基本保持在稳定区间。

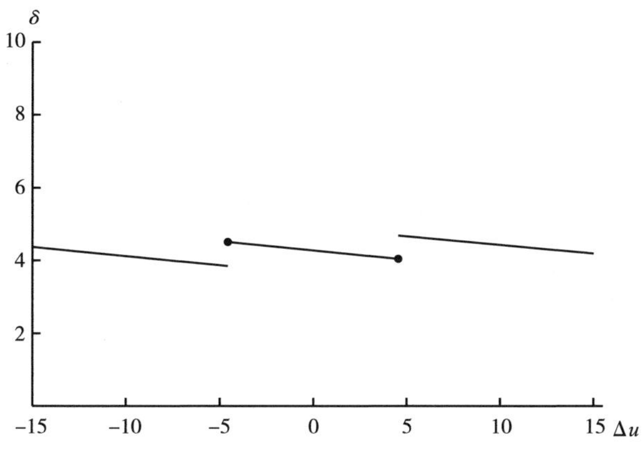

图 8.4　回收扰动量对回收价格的影响

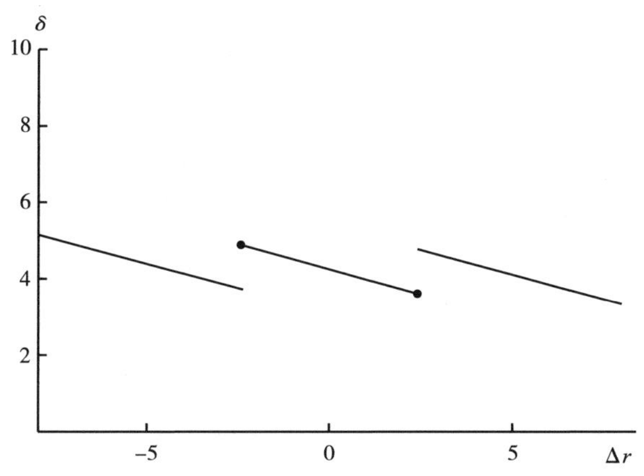

图 8.5　再制造成本扰动量对回收价格的影响

由图 8.6 和图 8.7 可知，技术授权费用随着回收扰动量的增加而增加，随再制造成本的增加而减少。这是因为当突发事件导致回收量的突然增加，使第三方制造商可以生产足够多的再制品，从而获得再制造的利润，而当第三方制造商有较多利润时，原始制造商可以通过提高技术收取费用的方式抽取相对多的利润。当再制造成本增加时，第三方再制造商的利润会减少，从而原始制造商会选择降低技术授权费用，以保证双方合作的持续性。从整体上看，回收量扰动和再制造成本扰动会使得技术授权费用有较大幅度的变动。

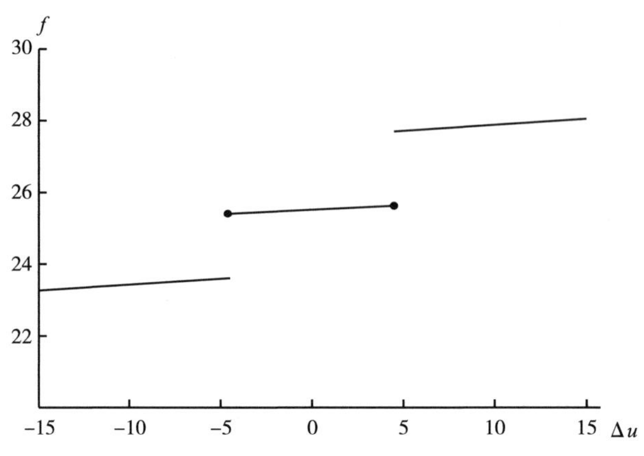

图 8.6 回收扰动量对技术授权费用的影响

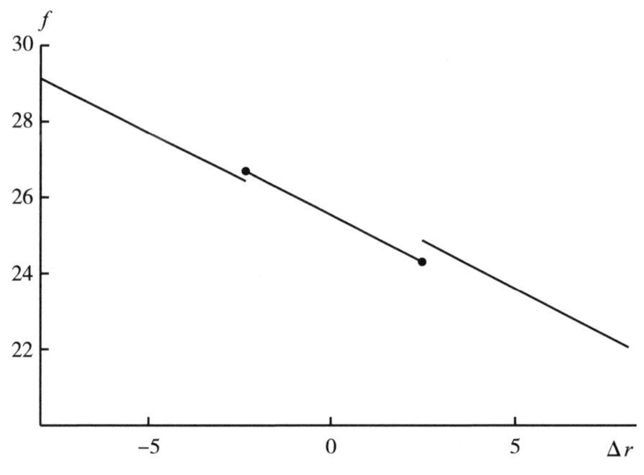

图 8.7 再制造成本扰动量对技术授权费用的影响

8.5 本章小结

本章以原始制造商技术授权第三方再制造的闭环供应链为研究对象，研究了回收数量和再制造成本扰动同时发生时如何影响最优定价决策以及供应链整体利润。研究发现：从分散式决策供应链的角度看，当回收数量增加而再制造成本随之降低时，原始设备制造商会采取更低的批发价格，以及更高的技术授权价格，从第三方再制造企业抽取更多利润。第三方再制造企业为了保证自己的利润，会采取更低的回收价格来控制成本。零售商的利润取决于批发价和零售价，因制造商设置更低的批发价格，因此零售商在回收量正向扰动时，会获得更多的利润。从集中式决策供应链的角度讲，当干扰事件发生使得回收数量降低到一定程度时，集中式供应链的利润一定会减小；其余的情形下，供应链若想获得更高的利润需考虑多方面的因素之间的关系。最后，无论是否发生干扰事件，集中式决策供应链相比分散式决策供应链会有更低的零售价和更高的回收价，所以集中式供应链更容易刺激消费者参与再制造活动。

9 总结与展望

9.1 本书总结

可持续发展是当今世界经济发展的主题。电器电子产品更新换代快，如何构建电器电子产品回收再造闭环供应链，妥善处理电子废旧物以降低环境伤害风险，发展循环经济，更好地保护环境已成为人类社会急需解决的重大课题。

（1）本书从风险视角，分别基于 ISM－AHP 和模糊 BP 神经网络模型对电子产品闭环供应链的风险进行评价。本书运用解释结构模型（ISM）建立了包括环境、合作、供应以及逆向风险 4 个方面 17 个风险指标在内的闭环供应链风险指标体系，并运用层次分析法（AHP）对电子产品闭环供应链风险进行评价，通过案例分析验证了所建闭环供应链风险评价模型的适用性和可行性。通过构建模糊 BP 神经网络模型对风险因素进行系统的综合评价，最终得到结论：从整体上看，废旧电子产品闭环供应链风险水平较高，主要是因为回收和再制造流程面临较高风险。

（2）本书从消费者偏好和效用角度，构建了制造商风险中性与风险规避两种情形下的回收再制造定价模型，研究了存在消费者偏好和供应链竞争的普通产品供应链和低碳产品供应链的新品与回收品定价决策问题，以及消费者对再制品存在偏好且回收品质量不确定的闭环供应链差别定价决策问题。研究结果表明：第一，在风险中性模型下，消费者低碳偏好增加时，低碳产品的零售价、需求量和低碳产品供应链利润均会增加，普通产品供应链中产品的零售价、需求量和供应链利润则相应降低，普通产品废旧品的回收价格会增加、回收数量会降低，而低碳产品废旧品回收价格会降低、回收数量增加；存在供应链竞争时，分散化决策模型下的供应链收益要优于集中化决策，这不同于传统的“双重边际化”理论；低碳产品废旧品的回收率高于普通产品废旧品的回收率时，低碳供应链利润始终高于普通产品供应链利润，故更有利于低碳产品的普及。第二，在风险规避模型下，新品的零售价和需求量不受制造商的风险态度和回收品质量的影响；四种回收模式下，零售商负责回收时再制品的批发价最高，

第三方回收商负责回收时再制品的零售价最高，集中化决策回收模式中再制品的批发价和零售价均最低；集中化回收模式下废旧品的回收价格最高，第三方回收商负责回收时废旧品的回收价格最低，零售商回收时和制造商回收时废旧品的回收价格大小与奖励分配比例有关；集中化决策中新品和再制品的需求量最高，第三方负责回收时再制品的需求量最高，新品需求量最低，制造商负责回收时新品的需求量最高，再制品需求量最低；分散化决策下，三种回收模式下制造商期望效用和零售商负责回收时零售商期望利润与消费者偏好呈 U 型变化关系，而第三方负责回收和制造商负责回收时零售商期望利润与消费者偏好呈现 M 型变化关系。并且在消费者偏好较大时，制造商回收时制造商所获得的期望效用最大，零售商回收时零售商所获得的期望利润最大；集中化决策模型下供应链总收益最高，第三方负责回收时供应链总收益最低。

（3）本书在技术授权背景下，研究了供需波动环境下供应链成员企业的风险规避性对原始设备制造商授权决策的影响，以及供需波动和突发事件扰动两种不确定情形下 OEM 技术授权 TPR 回收再造的闭环供应链定价决策。研究结果表明：第一，在市场外部环境相对稳定而供需波动情形下，当需求量在较小范围波动时，OEM 和 TPR 若想获得不低于确定情形下的利润需考虑企业风险规避程度的影响；当需求量在较大范围波动时，新品、再制品的批发价和零售价会随再制品需求波动方向相反的方向进行调整；不确定环境下，风险规避的 OEM 优先选择与风险中性的 TPR 合作，OEM 通过适当降低技术授权费用规避风险，使得 TPR 有利润空间来提高回收价格，进而有利于促进废旧品的回收以及双方合作关系的持续发展。第二，在市场外部环境受到突发事件干扰时，无论干扰事件是否发生，集中式决策下的供应链相比于分散式决策更能鼓励消费者参与废旧产品的回收，有利于再制造活动的开展；当回收扰动量受到较大范围正向扰动或者再制造成本受到较大范围负向扰动时，OEM 和 TPR 的利润均会大幅增长，此时 OEM 会通过提高技术授权费用以抽取更多 TPR 从事再制造活动所获得的利润；当回收扰动量受到较大范围负向扰动或者再制造成本受到较大范围正向扰动时，此时 OEM 和 TPR 的利润会大幅下降，OEM 会降低技术授权费用以减少 TPR 成本的支出，保证双方合作关系的可持续发展。此外，在突发事件干扰发生时，回收价格相比于技术授权费用不容易有较大幅度的变动。

9.2 研究展望

本书基于妥善处理电子废旧物以降低环境伤害风险，发展循环经济为出发点，研究基于风险视角的电器电子产品闭环供应链风险评价及定价决策问题，并得到了一些结论，可供企业及相关决策部门参考。

但本书在研究过程中也存在一些不足，如研究风险中性下基于低碳视角的新品与回收品定价决策模型中，两个闭环供应链回收再制造定价模型中对现实中的供应链进行了高度简化，均假设每条供应链中只包含单一的制造商和单一的零售商，而现实市场中往往存在多个零售商和多个制造商，因此在多对多的闭环供应链中如何建立回收再制造定价模型便值得考虑。同时关于回收渠道的假设也过于单一，与实际情况中网络状的供应链不符，关于产品的销售渠道和废旧品的回收渠道也可能是传统的实体渠道与网络直销渠道相结合的方式。在今后的研究中可进一步从以下几个方面拓展：

（1）混合渠道下的废旧品回收再制造定价决策。

（2）风险规避下基于回收质量视角的闭环供应链混合回收模式的定价决策。

（3）不确定环境下闭环供应链新品和再制品的异质定价。

（4）线上线下多渠道的供应链运作模式等。

另外，还可以结合大数据、区块链技术、智慧供应链等新理论、新方法进行深入研究。

参 考 文 献

[1] 曹柬，吴思思，张雪梅，等．基于 EPR 制度的企业再制造决策 [J]．控制与决策，2020 (7)：1703 - 1716.

[2] 曹晓刚，黄美，闻卉．考虑公平关切的闭环供应链差别定价决策及协调策略 [J]．系统工程理论与实践，2019，39 (9)：2300 - 2314.

[3] 曹晓刚，闻卉．随机需求下考虑零售商竞争的闭环供应链定价与协调 [J]．运筹与管理，2015，24 (1)：34 - 39.

[4] 曹晓刚，郑本荣，夏火松，等．具有风险规避型零售商的闭环供应链网络均衡分析 [J]．控制与决策，2014，29 (4)：659 - 665.

[5] 陈佳莉，郭春香．基于卡尔曼滤波需求预测的牛鞭效应研究 [J]．管理学报，2019，16 (5)：775 - 782.

[6] 陈良，胡劲松．风险规避对不同类型双渠道供应链决策的影响 [J]．山东大学学报 (理学版)，2018，53 (5)：34 - 44.

[7] 陈西婵．国家治理视角下的税收契约 [J]．技术经济与管理研究，2017 (6)：86 - 89.

[8] 陈银平．风险规避对制造商开通直销渠道的影响 [J]．工业工程，2018，21 (4)：94 - 103.

[9] 陈玙，钱钢，沈玲玲．考虑消费者环境偏好和制造商风险规避的定价策略分析 [J]．南京师范大学学报 (工程技术版)，2017 (2)：93 - 98.

[10] 程东波，霍佳震．低回收价值高环境影响末端产品再利用决策分析 [J]．同济大学学报 (自然科学版)，2017，45 (9)：1399 - 1406.

[11] 程发新，马方星，邵汉青．回收补贴下废旧产品质量不确定的闭环供应链定价决策及协调 [J]．软科学，2018，32 (7)：139 - 144.

[12] 邓乾旺，郭淑敏，任清华，等．回收质量不确定下的竞争性闭环供应链政策机制研究 [J]．工业技术经济，2017 (6)：137 - 145.

[13] 丁伟东，刘凯，贺国先．供应链风险研究 [J]．中国安全科学学报，2003 (4)：67 - 69.

[14] 樊松，张敏洪．闭环供应链中回收价格变化的回收渠道选择问题 [J]．中国科学院研究生院学报，2008，25 (2)：151 - 160.

[15] 范瑾．基于 ISM/AHP 方法的循环农业绿色供应链管理影响因素研究 [J]．安徽农业科学，2014，42（28）：9962－9965.

[16] 福特回收项目使汽车废弃零件得到再生 [J]．国外塑料，2013，31（1）：21.

[17] 傅端香，张子元，原白云．政府补贴政策下考虑风险规避的绿色供应链定价决策研究 [J]．运筹与管理，2019，28（9）：33－40，84.

[18] 高鹏，聂佳佳，谢忠秋．制造商风险规避下闭环供应链专利授权经营策略 [J]．计算机集成制造系统，2014，20（3）：680－688.

[19] 高阳，李辉．基于回收质量不确定的闭环供应链回收渠道选择 [J]．工业技术经济，2011，30（11）：5－11.

[20] 葛静燕，黄培清，王子萍．基于博弈论的闭环供应链协调问题 [J]．系统管理学报，2007a（5）：88－91.

[21] 葛静燕，黄培清．价格相依的闭环供应链渠道选择和协调策略 [J]．工业工程与管理，2007b，12（1）：29－34.

[22] 公彦德，蒋雨薇．闭环供应链混合回收模式定价及渠道选择研究 [J]．软科学，2018（5）：127－144.

[23] 宫艳雪．不确定条件下闭环供应链管理若干问题的研究 [D]．上海：华东理工大学，2011.

[24] 郭春香，谭越．规制环境下基于回收质量不确定的闭环供应链决策研究 [J]．软科学，2018，32（10）：112－118.

[25] 郭金森，周永务，任鸣鸣，等．基于风险厌恶零售商的双渠道闭环供应链运作策略 [J]．运筹与管理，2018（8）：32－40.

[26] 韩小花，董振宁．双边竞争型闭环供应链回收渠道的决策分析 [J]．工业工程，2010，13（4）：23－27.

[27] 韩小花．基于制造商竞争的闭环供应链回收渠道的决策分析 [J]．系统工程，2010，28（5）：36－41.

[28] 韩小花．再制造的闭环供应链回收渠道的决策研究 [D]．广州：暨南大学，2008.

[29] 贺政纲，甘俊伟，邹晔．报废汽车逆向物流研究综述 [J]．科技管理研究，2014（14）：162－166.

[30] 胡金辉，熊中楷．扩展 Hotelling 模型下双寡头制造商的低碳策略选择 [J]．科学决策，2014（4）：70－82.

[31] 黄大容．物流外包的合作风险分析与对策 [J]．物流技术，2005（11）：100－101.

[32] 黄辉，杨冬辉，严永，等．公平偏好下考虑产品绿色度的闭环供应链定价决策 [J]．工业工程与管理，2018，23（6）：166－176.

[33] 黄鲁成，赵志华，傅晓阳．产品技术成熟度研究综述 [J]．科学管理研究，2010，28（2）：38－41.

[34] 黄少辉，袁开福，何波，等．考虑废旧品质量的混合回收渠道下闭环供应链定价

研究［J］. 数学的实践与认识，2019，49（1）：15－23.

［35］霍亭亭，吴翠花. 基于ISM的心理契约对虚拟企业知识共享影响研究［J］. 工程管理学报，2012，26（6）：101－105.

［36］李晨，孙浩. 考虑制造商风险规避的闭环供应链回收渠道决策研究［J］. 物流科技，2017（10）：132－142.

［37］李芳，马鑫，洪佳，等. 政府规制下非对称信息对闭环供应链差别定价的影响研究［J］. 中国管理科学，2019（7）：116－126.

［38］李浩霖，汪传旭，李梦鸽. 考虑公平关切的闭环供应链定价和碳减排决策［J］. 上海海事大学学报，2018，39（3）：30－36.

［39］李利英. 市场竞争、利益分配与国有企业的"效率悖论"［J］. 中州学刊，2007（2）：54－57.

［40］李梅英，夏军剑，李亚玲. 零售商主导的双回收渠道闭环供应链研究［J］. 控制工程，2018（9）：1739－1744.

［41］李书娟，张子刚，黄洋. 风险规避对双渠道供应链运作模式的影响研究［J］. 工业工程与管理，2011（1）：32－36.

［42］梁工谦，闫峰，唐松祥，等. 产品回收数量不确定的再制造优化问题研究［J］. 工业工程与管理，2017，22（5）：142－149.

［43］梁晓萍. 考虑消费者环保意识的闭环供应链模型研究［D］. 重庆：重庆大学，2014.

［44］廖小伟，吕廷杰. 产品不完全同质的Hotelling模型［J］. 北京邮电大学学报，2004，27（4）：36－40.

［45］林杰，曹凯. 双渠道竞争环境下的闭环供应链定价模型［J］. 系统工程理论与实践，2014，34（6）：1416－1424.

［46］刘广东，杨天剑，张雪梅，等. 生产成本扰动下风险规避双渠道供应链定价决策［J］. 计算机集成制造系统，2018：1－26.

［47］刘会燕，戢守峰. 考虑消费者绿色偏好的竞争性供应链的产品选择与定价策略［J］. 管理学报，2017，14（3）：451－458.

［48］刘新民，蔺康康，王垒. 消费者异质偏好对绿色产品定价决策的影响研究［J］. 工业工程与管理，2018，23（4）：112－119.

［49］刘志峰，薛雅琼，黄海鸿. 我国大陆地区电器电子产品报废量预测研究［J］. 环境科学学报，2016，36（5）：364－371.

［50］陆忠平. 闭环供应链的渠道选择［J］. 物流技术，2002（11）：20－21.

［51］路正南，衣珊珊. 考虑碳税政策下的闭环供应链定价策略研究［J］. 生态经济，2019（9）：75－80，144.

［52］吕德宏，朱莹. 农户小额信贷风险影响层次差异性研究［J］. 管理评论，2017，29（1）：33－40.

［53］马方星，程发新，邵汉青. 不同补贴方式下考虑回收质量不确定的闭环供应链差

别定价模型［J］. 统计与决策，2018，34（19）：58－61.

［54］马士华. 如何防范供应链风险？［J］. 中国经济和信息化，2003（3）：21－21.

［55］迈克尔·V. 马恩，埃里克·V. 罗格纳. 卓越定价：创造价格优势的定价策略［M］. 北京：高等教育出版社，2008.

［56］孟丽君，黄祖庆，张宝友，等. 基于 OEM 与 IR 竞争的产品差异定价研究［J］. 中国管理科学，2017（11）：111－121.

［57］牟宗玉，曹德弼，刘晓冰，等. 需求扰动下差别定价闭环供应链的应对策略及协调分析［J］. 软科学，2014，28（11）：55－60.

［58］倪海云. 从惠普公司供应链危机看如何管理供应链风险［EB/OL］.（2006－04－18）. http：//news. carnoc. com/list/67/67362. html.

［59］倪明，梁丹，郭军华，等. 政府奖励不同主体下的废弃电子产品回收机制设计［J］. 工业工程，2016，19（2）：1－6.

［60］倪明，张族华，郭军华，杨善林. 不确定需求条件下双渠道回收闭环供应链回收模式比较［J］. 系统工程，2017，35（2）：60－68.

［61］裴小兵，刘孟英. 基于 ISM 的精敏供应链实施的影响因素分析［J］. 价值工程，2015（19）：76－79.

［62］申成然，熊中楷，彭志强. 专利保护与政府补贴下再制造闭环供应链的决策和协调［J］. 管理工程学报，2013，27（3）：132－138.

［63］孙多青，马晓英. 基于博弈论的多零售商参与下逆向供应链定价策略及利润分配［J］. 计算机集成制造系统，2012，18（4）：867－874.

［64］孙嘉楠，肖忠东. 考虑消费者双重偏好的低碳供应链减排策略研究［J］. 中国管理科学，2018，26（4）：49－56.

［65］王道平，李小燕，张博卿. 考虑政府碳排放奖惩的差别定价闭环供应链协调策略研究［J］. 管理工程学报，2019，33（1）：194－201.

［66］王道平，张博卿，王路. 考虑随机回收量的闭环供应链碳减排与定价策略研究［J］. 软科学，2017，31（8）：86－90.

［67］王玲媛. 需求扰动下三种回收模式的闭环供应链［D］. 杭州：浙江工业大学，2017.

［68］王文宾，陈琴，达庆利. 奖惩机制下制造商竞争的闭环供应链决策模型［J］. 中国管理科学，2013，21（6）：57－63.

［69］王文宾，达庆利. 零售商与第三方回收下闭环供应链回收与定价研究［J］. 管理工程学报，2010，24（2）：130－134.

［70］王文宾，邓雯雯，白拓，等. 碳排放约束下制造商竞争的逆向供应链政府奖惩机制研究［J］. 管理工程学报，2016，115（2）：193－199.

［71］王武. SDN 企业回收物流合作伙伴动态选择模型设计与仿真［D］. 南昌：华东交通大学，2012.

［72］王新利. 基于 BP 神经网络专家系统的供应链风险评价研究［J］. 中国流通经济，

2010（6）：27－30.

［73］王旭，王银河．需求和回收扰动的闭环供应链定价和协调［J］．计算机集成制造系统，2013，19（3）：624－630.

［74］王玉燕，李帮义，乐菲菲，等．两个闭环供应链的定价模型研究［J］．预测，2006，25（6）：70－73.

［75］王玉燕，李帮义，申亮．基于博弈论的闭环供应链定价模型分析［J］．南京航空航天大学学报，2008（2）：143－146.

［76］王哲，张军凯，王鑫．闭环供应链的整合及风险分析［J］．物流工程与管理，2014，36（12）：79－80.

［77］蔚小红，李晶峰，毋红波，王继光．需求不确定下闭环供应链动态产能规划研究［J］．经济问题，2016（12）：81－85.

［78］吴海燕，韩小花．再制造成本扰动情景下制造商竞争型闭环供应链的生产决策［J］．计算机集成制造系统，2016，22（4）：1129－1138.

［79］吴胜，雒兴刚，陈振颂，等．需求依赖于产品价格和消费者时间偏好的定价与订货决策［J］．控制与决策，2016，31（9）：1594－1602.

［80］夏文汇，夏乾尹，周娜，等．基于逆向物流的制造商回收废旧包装博弈模型［J］．重庆理工大学学报（自然科学），2018，32（2）：135－140.

［81］肖迪，黄培清，顾锋．需求不确定条件下供应链之间的库存竞争策略［J］．上海交通大学学报，2008，42（9）：1511－1514.

［82］肖迪，黄培清，夏海洋．基于品牌差异的供应链间价格竞争策略研究［J］．上海管理科学，2007，29（6）：1－4.

［83］肖复东，聂佳佳，赵冬梅，等．考虑零售商风险规避的闭环供应链回收策略研究［J］．工业工程与管理，2011，16（5）：60－67.

［84］肖美丹，李从东，张瑜耿．基于未确知模糊理论的供应链风险评估［J］．软科学，2007，21（5）：27－30.

［85］谢家平，陈荣秋．产品回收处理逆向物流的成本—效益分析模型［J］．中国流通经济，2003，17（1）：25－28.

［86］熊文，周石鹏．闭环供应链回收渠道的选择——以价格为决策变量的博弈分析［J］．物流科技，2008（6）：111－113.

［87］徐兵，杨金梅．需求与回收确定下闭环供应链的竞争与链内协调研究［J］．中国管理科学，2014，22（2）：48－55.

［88］徐家旺，姜波．需求不确定闭环供应链鲁棒运作策略设计［C］．第二十六届中国控制会议论文集，2007.

［89］许民利，莫珍联，简惠云，等．考虑低碳消费者行为和专利保护的再制造产品定价决策［J］．控制与决策，2016，31（7）：1237－1246.

［90］许民利，田成瑞，简惠云．专利保护下考虑技术创新的再制造供应链差异定价［J］．软科学，2019，33（9）：27－32.

［91］颜波，刘艳萍，李鸿媛．需求扰动下风险规避型零售商主导的双渠道供应链的决策［J］．南开经济研究，2016（2）：73－91.

［92］杨道箭，白寅．基于 Hotelling 模型的供应链间核心企业竞争与分散式［J］．系统工程理论与实践，2015，35（12）：3025－3037.

［93］杨淑华，郭笃发．浅议废旧电池的危害与我国回收现状［J］．山东师范大学学报（自然科学版），2004，19（1）：55－58.

［94］姚锋敏，滕春贤．零售商主导第三方回收竞争闭环供应链的决策及协调［J］．系统工程学报，2019，34（1）：93－103.

［95］叶飞，林强．风险规避型供应链的收益共享机制研究［J］．管理工程学报，2012，26（1）：113－118.

［96］叶飞．含风险规避者的供应链收益共享契约机制研究［J］．工业工程与管理，2006，11（4）：50－53.

［97］易余胤，陈月霄．需求不确定条件下的闭环供应链模型［J］．计算机集成制造系统，2010（7）：189－196.

［98］易余胤，梁家密．不确定需求下具奖惩机制的闭环供应链模型［J］．计算机集成制造系统，2012，18（9）：2041－2051.

［99］易余胤．不同主导力量下的闭环供应链模型［J］．系统管理学报，2010（4）：32－39.

［100］岳珍，赖茂生．国外“情景分析”方法的进展［J］．情报杂志，2006，25（7）：3.

［101］张晨阳，陈安．突发事件与应急管理研究的趋势分析［J］．农业图书情报学刊，2018，30（12）：18－23.

［102］张汉江，李聪颖，姚琴，等．闭环供应链上的最优回收激励契约与政府补贴再制造政策的最优化［J］．系统工程，2014（8）：74－79.

［103］张焕勇，张震．绿色消费者规模对闭环供应链成员定价决策的影响［J］．产经评论，2019，10（6）：46－57.

［104］张克勇，周国华．具有产品回收的闭环供应链差别定价策略研究［J］．数学的实践与认识，2008，38（12）：19－25.

［105］张克勇，周国华．零售商竞争环境下闭环供应链定价策略分析［J］．运筹与管理，2016，17（6）：44－49.

［106］张仕军．基于直觉模糊关系的供应链风险评估［J］．工业工程，2009，12（6）：70－79.

［107］张涛，顾锋，徐璐君，等．基于 Hotelling 模型的回收企业竞争策略［J］．系统管理学报，2015（4）：76－83.

［108］张永宾，陈培友．基于 ISM 的 MC－FPL 风险因素识别［J］．物流技术，2012，31（11）：297－336.

［109］赵丹，王宗军，张洪辉．产品异质性，成本差异与不完全议价能力企业技术许可

[J]. 管理科学学报，2012（2）：15－27.

[110] 赵道致，原白云，徐春秋. 考虑消费者低碳偏好未知的产品线定价策略[J]. 系统工程，2014（1）：77－81.

[111] 赵海霞，艾兴政，唐小我. 链与链基于价格竞争和规模不经济的纵向控制结构选择[J]. 控制与决策，2012，27（2）：193－198.

[112] 赵俊杰，汪传旭，徐朗. 链式竞争下基于Hotelling模型的定价与减排决策[J]. 华中师范大学学报（自然科学版），2018（1）：99－107.

[113] 周海霞，顾巧论，李莎. 再制造/制造集成供应链差别定价策略[J]. 信息与控制，2011，40（4）：553－557，562.

[114] 周雄伟，熊花纬，陈晓红. 基于回收产品质量水平的闭环供应链渠道选择模型[J]. 控制与决策，2017，32（2）：193－202.

[115] 朱晓东，吴冰冰，王哲. 双渠道回收成本差异下的闭环供应链定价策略与协调机制[J]. 中国管理科学，2017，25（12）：188－196.

[116] Adhitya A, Srinivasan R and Karimi I A. Supply chain risk identification using a HAZOP-based approach [J]. AIChE Journal, 2010, 55 (6): 1447－1463.

[117] Anderson E J, Bao Y. Price competition with integrated and decentralized supply chains [J]. European Journal of Operational Research, 2010, 200 (1): 227－234.

[118] Arora A, Ceccagnoli M. Patent protection, complementary assets, and firms' incentives for technology licensing [J]. Management Science, 2006, 52 (2): 293－308.

[119] Bhattacharya R, Kaur A. Allocation of external returns of different quality grades to multiple stages of a closed loop supply chain [J]. Journal of Manufacturing Systems, 2015 (37): 692－702.

[120] Blome C and Schoenherr T. Supply chain risk management in financial crises—A multiple case-study approach [J]. International Journal of Production Economics, 2011, 134 (1): 43－57.

[121] Bulmus S C, Zhu S X, Teunter R. Competition for cores in remanufacturing [J]. European Journal of Operational Research, 2014, 233 (1): 105－113.

[122] Chen L, Gilbert S M, Xia Y. Product line extensions and technology licensing with a strategy supplier [J]. Production and Operations Management, 2016, 25 (6): 1121－1146.

[123] Cheng J, Gong B, Li B. Cooperation strategy of technology licensing based on evolutionary game [J]. Annals of Operations Research, 2017: 1－18.

[124] Christopher M and Towill D. An integrated model for the design of agile supply chains [J]. International Journal of Physical Distribution and Logistic Management, 2001 (31): 235－246.

[125] Chuang C H, Wang C X, Zhao Y. Closed-loop supply chain models for a high-tech product under alternative reverse channel and collection cost structures [J]. International Journal of Production Economics, 2014 (156): 108－123.

[126] Dai Y. A perfect example for the BFGS method [J]. Mathematical programming, 2013 (13): 501－530.

[127] David B, Marija B. Measuring the supply chain risk and vulnerability in frequency space

[J]. International Journal of Production Economics, 2007, 108 (2): 291 - 301.

[128] Dennis J E and Schnable R I. Numerical Methods for Unconstrained Optimization and Nonlinear [M]. Prentice-Hall, 2009.

[129] Eeckhoudt L, Gollier C, Schlesinger H. The risk-averse (and prudent) newsboy [J]. Management Science, 1995, 41 (5): 786 - 794.

[130] Ferrer G, Swaminathan J M. Managing new and differentiated remanufactured products [J]. European Journal of Operational Research, 2010, 203 (2): 370 - 379.

[131] Ferrer G. The economics of tire remanufacturing [J]. Resource, Conservation and Recycling, 1997, 19 (4): 221 - 255.

[132] Fisher M L. What is the right supply chain for your product? [J]. Harvard Business Review, 1997 (75): 105 - 116.

[133] Gavareshki M H K, Hosseini S J, Khajezadeh M. A Case Study of Green Supplier Selection Method Using an Integrated ISM-Fuzzy MICMAC Analysis and Multi-Criteria Decision Making [J]. Industrial Engineering & Management Systems An International Journal, 2017, 16 (4): 562 - 573.

[134] Giutini R, Gaudette K. Remaufacturing: The next great opportunity for boosting US productivity [J]. Business Horizons, 2003, 46 (6): 41 - 48.

[135] Gordana, Radivojevic and V. Gajovic. Supply chain risk modeling by AHP and Fuzzy AHP methods [J]. Journal of Risk Research, 2013, 17 (3): 337 - 352.

[136] Guide V D R, Teunter R H, Wassenhove L N V. Matching Demand and Supply to Maximize Profits from Remanufacturing [J]. Manufacturing & Service Operations Management, 2011, 5 (4): 303 - 316.

[137] Hallikas J, Karvonen I, Pulkkinen U, et al. Risk management processes in supplier networks [J]. International Journal of Production Economics, 2004, 90 (1): 47 - 58.

[138] He Y. Supply risk sharing in a closed-loop supply chain [J]. International Journal of Production Economics, 2017 (183): 39 - 52.

[139] Hong X, Govindan K, Xu L, Du P. Quantity and collection decisions in a closed-loop supply chain with technology licensing [J]. European Journal of Operations Research, 2017, 256 (3): 820 - 829.

[140] Hotelling H. Stability in competition [J]. The Economic Journal, 1929, 39 (153): 41 - 57.

[141] Hou Y T. The modified limited memory BFGS method for large-scale optimization [J]. Journal of Qufu Normal University, 2013, 397 (2): 15 - 19.

[142] Hu C and Lv C. Method of risk assessment based on classified security protection and fuzzy neural network [C]. Asia-Pacific Conference on Wearable Computing Systems, June 2010.

[143] Huang M, Song M, Lee L H, Ching W K. Analysis for strategy of closed-loop supply chain with dual recycling channel [J]. Int. J. Production Economics, 2013, 144 (2): 510 - 520.

[144] Huang Y T, Wang Z J. Demand disruptions, pricing and production decisions in a closed-loop supply chain with technology licensing [J]. Journal of cleaner production, 2018 (191): 248-260.

[145] Huang Y, Wang Z. Closed-loop supply chain models with product take-back and hybrid remanufacturing under technology licensing [J]. Journal of cleaner production, 2017a (142): 3917-3927.

[146] Huang Y, Wang Z. Information sharing in a closed-loop supply chain with technology licensing [J]. International Journal of Production Economics, 2017b (191): 113-127.

[147] Jammernegg W, Kischka P. Risk-averse and risk-taking newsvendors: a conditional expected value approach [J]. Review of Managerial Science, 2007, 1 (1): 93-110.

[148] Ji J, Zhang Z, Yang L. Carbon emission reduction decisions in the retail-/dual-channel supply chain with consumers′preference [J]. Journal of Cleaner Production, 2017 (141): 852-867.

[149] Li Bo, Chen Ping, Li Qinghua, et al. Dual-channel supply chain pricing decisions with a risk-averse retailer [J]. International Journal of Production Research, 2014, 52 (23), 7132-7147.

[150] Liu T, et al. Assessment of artillery fire application plan based on improved fuzzy BP neural network [J]. Command Control & Simulation, 2017, 39 (1): 25-29.

[151] Mangla S K, Kumar P and Barua M K. Risk analysis in green supply chain using fuzzy AHP approach: A case study [J]. Resources Conservation & Recycling, 2015 (104): 375-390.

[152] Mathiyazhagan K, Govindan K, NoorulHaq A, Geng Y. An ISM approach for the barrier analysis in implementing green supply chain management [J]. Journal of Cleaner Production, 2013 (47): 283-297.

[153] McGuire T W, Staelin R. An Industry Equilibrium Analysis of Downstream Vertical Integration [J]. Marketing Science, 1983, 2 (2): 161-191.

[154] Milliken F J. Three types of perceived uncertainty about the environment: state, effect, and response uncertainty [J]. Academy of Management Review, 1987 (12): 133-143.

[155] Nallusamy S, Balakannan K and Chakrabortym P S. A mixed-integer linear programming model of closed loop supply chain network for manufacturing system [J]. International Journal of Engineering Research in Africa, 2018 (35): 198-207.

[156] Oraiopoulos N, Ferguson M E, Toktay L B. Relicensing as a secondary market strategy [J]. Management Science. 2012, 58 (5): 1022-1037.

[157] Prakash A, Agarwal A and Kumar A. Risk assessment in automobile supply chain [J]. Materials Today: proceedings, 2018, 5 (2): 3571-3580.

[158] Savaskan R C, Bhattacharya S, Van Wassenhove L N. Closed-loop supply chain models with product remanufacturing [J]. Management Science, 2004, 50 (2): 239-252.

[159] Savaskan R C, Wassenhove V L N. Reverse Channel Design: The Case of Competing Retailers [J]. Management Science, 2006, 52 (1): 1-14.

[160] Savaskan R C. Channel choice and coordination in a remanufacturing environment [J].

Discussion Papers, 2001, 20 (35): 749 - 761.

[161] Schoenherr T, RaoTummala V M, Harrison T P. Assessing supply chain risks with the analytic hierarchy process: Providing decision support for the offshoring decision by a US manufacturing company [J]. Journal of Purchasing & Supply Management, 2008, 14 (2): 100 - 111.

[162] Sofyalıoğlu Ç, Kartal B. The selection of global supply chain risk management strategies by using fuzzy analytical hierarchy process a case from Turkey [J]. Procedia-Social and Behavioral Sciences, 2012 (58): 1448 - 1457.

[163] Tang C S. Perspective in supply chain Risk Management [J]. International Journal of Production Economics, 2006, 103 (2): 451 - 488.

[164] Teunteerh F. Optimal core acquisition and remanufacturing policies under uncertain incorporation equality fractions [J]. European Journal of Operational Research, 2011, 210 (2): 241 - 248.

[165] Tsay A A. Risk sensitivity in distribution channel partnerships: Implications for manufacturing return policies [J]. Journal of Retaining, 2002, 7 (8): 147 - 160.

[166] Wang C X, Webster S. Channel coordination for a supply chain with a risk-neutral manufacturer and a loss-averse retailer [J]. Decision Sciences, 2007, 38 (3): 361 - 389.

[167] Wang C X. Random yield and uncertain demand in decentralized supply chains under the traditional and VMI arrangements [J]. International Journal of Production Research, 2009, 47 (7): 1955 - 1968.

[168] Wang L, Ma L, Wu KJ, Chiu ASF, Nathaphan S. Applying fuzzy interpretive structural modeling to evaluate responsible consumption and production under uncertainty [J]. Industrial Management & Data Systems, 2018, 118 (2): 432 - 462.

[169] Wang X, Chan H K, Yee R W, et al. A two-stage fuzzy-AHP model for risk assessment of implementing green initiatives in the fashion supply chain [J]. Int. J. Production Economics, 2012 (135): 595 - 606.

[170] Wei J, Wang Y, Zhao J, et al. Analyzing the performance of a two-period remanufacturing supply chain with dual collecting channels [J]. Computers & Industrial Engineering, 2018 (135): 1188 - 1202.

[171] Wilson M C. The impact of transportation disruptions on supply chain performance [J]. Transportation Research Part E: Logistics and Transportation Review, 2007, 43 (4): 295 - 320.

[172] Winter A. A risk assessment model for supply chain design [J]. International Conference on Logistics Operations Management, 2018.

[173] Wu D. Bargaining in competing supply chains with uncertainty [J]. European Journal of Operational Research, 2009, 197 (2): 548 - 556.

[174] Wu H Y, Han X H, Yang Q X. Production and coordination decisions in a closed-loop supply chain with remanufacturing cost disruptions when retailers compete [J]. Journal of Intelligent Manufacturing, 2018, 29 (1): 227 - 235.

[175] Wu T, Blackhurst J, Chidambaram V. A model for inbound supply risk analysis [J]. Computers in Industry, 2006, 57 (4): 350-365.

[176] Yang L, Xu M, Yu G, et al. Supply chain coordination with CVaR criterion [J]. Asia-Pacific Journal of Operational Research, 2009, 26 (1): 135-160.

[177] Yu G, Qi X. Disruption Management: Framework, Models and Applications [M]. World Science Publishing Co. Pte. Ltd, 2004.

[178] Zhang J P., Hou Y T. and Wang Y J. The LBFGS quasi-Newtonian method for molecular modeling prion AGAAAAGA amyloid fibrils [J]. Natural Science, 2012 (4): 1097-1108.

[179] Zhang J, Lin Y and Yan Y. Research of risk in supply chain based on fuzzy evaluation and BP neural network [C]. 2009 International Conference on Computational Intelligence & Software Engineering.

[180] Zhang Y M, Chen W D, Mi Y. Third-party remanufacturing mode selection for competitive closed-loop supply chain based on evolutionary game theory [J]. Journal of Cleaner Production, 2020 (263): 121305.1-121305.16.

[181] Zhao J, Wei J, Li M. Collecting channel choice and optimal decisions on pricing and collecting in a remanufacturing supply chain [J]. Journal of Cleaner Production, 2017 (167): 530-544.

[182] Zhu Q, Geng Y, Sarkis J. Motivating green public procurement in China: An individual level perspective [J]. Journal of Environmental Management, 2013 (126): 85-95.

[183] Zou Z B, Wang J J, Deng G S, Chen H. Third-party remanufacturing mode selection: outsourcing or authorization? [J]. Transport Research Part E, 2016 (87): 1-19.